Guilt|Pleasure, TogaQ & Kichiku Neko

Persona non Grata

The Doll Sequel

Kapitel 1

Ich hatte meine Identität zurückgelassen. Ich hatte einen neuen Namen angenommen. Ich hatte alle Spuren vernichtet, die mich mit Kai in Verbindung bringen könnten.

Wir hatten unsere komplizierte Vergangenheit hinter uns gelassen und gegen ein einfaches Leben in Belgien eingetauscht. Die einzige Verbindung, die es noch gab, war rein elektronisch. Ich beobachtete die Vorgänge bei Gen-Tech. Es war, als hätte ich immer gewusst, dass sie eines Tages kommen würden, um sich Kai zu schnappen.

Und als dieser Tag kam, war nicht einmal ein Jahr vergangen.

Die Männer waren Profis. Sie bewegten sich schnell und geräuschlos. Ich war in meinem Arbeitszimmer, als ich hörte, wie die Vordertür eingetreten wurde. Ich zog die beiden Waffen heraus, die ich in einem Waffensafe unter meinem Schreibtisch aufbewahrte. Mein erster Gedanke war, dass ich zu Kai in sein Zimmer musste.

Als ich aus dem Arbeitszimmer trat, bogen zwei Männer in Schwarz mit A2-Gewehren um die Ecke des Flurs. Einen erschoss ich. Der andere zog sich schnell in die Richtung zurück, aus der er gekommen war. Auf Deutsch hörte ich ihn sagen: »Er ist hier!«

Ich ging im angrenzenden Zimmer in Deckung, weil ich wusste, dass die bewaffneten Männer schon bald den Flur abgeriegelt haben würden. Ich verschloss die Tür und schob ein Sofa dagegen, bevor ich aus dem Fenster kletterte.

Einen halben Kilometer entfernt, auf einer Wiese, kaum verdeckt von den Bäumen, standen vier schwarze Vans ohne Beschriftung oder Nummernschilder. Bei den Autos schien sich niemand mehr aufzuhalten. Ich hockte mich hin und lauschte. Ich zählte die Schritte und hörte gedämpfte Stimmen, die Deutsch und Niederländisch sprachen. Es waren viele. Ich kam auf mehr als ein Dutzend und ich wusste, dass es noch mehr sein mussten.

»Sichert erst das Ziel«, sagte einer. »Er ist erst mal egal.«

Ich befand mich in der Nähe des Erkerfensters an der Seite des Hauses, als ich Kai hörte. Er protestierte und rief meinen Namen. Ein schneller Blick durch das Fenster zeigte mir einen großen Mann – einer der wenigen, die keine Maske trugen –, der ihn zur Haustür zerrte. Er hatte mit Kai leichtes Spiel, war aber sichtlich genervt.

»Er wird zu viel Aufmerksamkeit erregen«, sagte er. »Fesselt ihn.«

Ein anderer Mann nickte und ging. Es waren immer noch fünf Männer im Wohnzimmer. Aus anderen Teilen des Hauses hörte ich den Krach umgeworfener Möbel. Sie versuchten nicht länger, ihre Anwesenheit zu verbergen. Doch selbst nachdem sie Kai in Gewahrsam hatten, schienen sie nicht verschwinden zu wollen. Sie warteten auf etwas. Auf jemanden.

»Er ist weg«, meldete ein Mann, der ins Wohnzimmer kam. Er war wahrscheinlich der Partner des Mannes, den ich erschossen hatte. »Wir haben keine Chance, ihn in der Dunkelheit und auf fremdem Terrain aufzuspüren. Verschwinden wir, bevor die Situation aus dem Ruder läuft und die Polizei hier auftaucht.«

Einer der Männer, die Kai festhielten, verzog das Gesicht. Sein Griff um Kais Arm wurde so fest, dass dieser aufschrie.

»Findet ihn! *Er* schneidet uns die Eier ab, wenn er davonkommt, verstanden?« Sein Gesicht lief dunkelrot an, während er schrie. Er blickte zu Kai und warf ihn zu Boden. Auch wenn Kai keinen Ton von sich gab, schien es ihm wehzutun – unglücklicherweise löste das etwas in mir aus und ich erschoss den Mann.

Ich empfand es als unglaublich befriedigend, ihn durch die Glasscheibe zu erschießen, die dabei in tausend Teile zersprang. Die Kugel drang in sein linkes Auge ein und trat am Hinterkopf wieder aus, sodass die helle Wand hinter ihm in Rot getaucht wurde. Dann fiel er nach vorne. Der wütende Ausdruck lag noch auf seinem Gesicht. Er war wahrscheinlich tot, bevor er begriffen hatte, dass er getroffen worden war. Dann folgte die Reue, auch wenn ich wusste, dass ich keine Wahl gehabt hatte. Ich beschloss, so viele von ihnen wie möglich zu töten.

Ich kletterte durch das zerbrochene Fenster und feuerte dabei meine Waffen ab. Dabei zählte ich die Schüsse – schon bald würde mir die Munition ausgehen. Es dauerte weniger als eine Minute, bis ich von einer Kugel getroffen wurde, die wahrscheinlich meine linke Schulter zerschmetterte. Mit dieser Hand konnte ich die Waffe anschließend nicht mehr festhalten. Dann ging mir die Munition der Glock in meiner rechten aus. Drei Männer rissen mich zu Boden und hielten mich dort fest.

Aus dem Augenwinkel konnte ich sehen, dass Kai weinte und versuchte, auf mich zuzukriechen. Er wurde aufgehalten, als ein Mann eine Spritze seitlich in seinen Hals rammte.

»Leg dich nicht mit uns an, Kumpel«, warnte ein Mann, als er mich am Nacken packte. Er hatte einen starken New Yorker Akzent. »Du kannst froh sein, dass wir deine Organe nich perforieren, nachdem du unsere Leute umgebracht hast. Jemand will dich sehen, bevor wir dich ausschalten.«

Ich hatte keine Zeit, um zu verarbeiten, was der Mann gesagt hatte, oder es auch nur ansatzweise zu begreifen. Stille hatte sich über den Raum gelegt und alles war wie erstarrt. Jemand anders hatte das Haus betreten. Ich konnte hören, wie die schweren Absätze seiner Stiefel auf dem Holzboden polterten. Doch sie hatten meinen Kopf weggedreht, sodass ich ihn nicht sehen konnte.

»Hallo, Bruder«, sagte er. Er war umgeben von diesem einzigartigen Duft kubanischer Zigarren, die er so liebte. Einen Schritt von mir entfernt blieb er stehen. Ich konnte nur die Stahlkappen seiner Stiefel sehen. Er ging in die Hocke.

»Lange nicht gesehen«, fuhr er fort.

Die Hände, die mich am Boden hielten, ließen ein wenig locker. Ich schaffte es, zu ihm aufzublicken. Seit über zehn Jahren hatte ich ihn nicht gesehen und konnte nicht sagen, ob er sich verändert hatte. Körperlich ja. Sein dunkles Haar war raspelkurz geschnitten und betonte die scharfen Konturen seines Schädels. Auf seinem Gesicht zeichneten sich Narben ab. Die auf seiner linken Wange – die durch seine gebräunte Haut noch deutlicher hervortrat – hatte er schon gehabt, als ich ihn kennengelernt hatte. Einer der Männer hatte ihn schikaniert, als er der Truppe beigetreten war. Drei Tage später fand man jenen ausgeweidet auf einem Feld. Zwei andere Narben – ein gezackter Riss über seinem rechten Auge und eine lange Narbe, die sich von seiner linken Schläfe bis zum Haaransatz zog – waren neu. Ansonsten schien er unverändert. Er wirkte wie ein Raubtier oder ein Psychopath. Die Narben betonten seine Monstrosität noch – etwas, worauf er immer sehr stolz gewesen war.

»Vor zehn Jahren hättest du dich von keinem von denen in die Enge treiben lassen«, sagte er, während er seine dicken Lederhandschuhe auszog. »Du hast nachgelassen.«

»Was willst du von mir?!«, fragte ich. Es fiel mir schwer zu sprechen, weil sich einer der Männer mit einem Großteil seines Gewichts auf mich lehnte und mir das Knie in die Wirbelsäule drückte.

»Ich bin hier, um das Spielzeug abzuholen«, erwiderte er und blickte über seine Schulter zu Kai. Was auch immer sie ihm verabreicht hatten, es hatte ihn ausgeknockt. Zwei Männer hatten schwarze Riemen um ihn gewickelt, um seine Arme an seinen Seiten festzuschnüren und seine Knie und Knöchel zusammenzubinden. Ein weiterer öffnete den Reißverschluss eines weißen Leichensacks.

»Und um dich auszuschalten«, ergänzte er und blickte wieder zu mir. »Ich weiß noch nicht, ob ich angepisst oder froh sein soll, dass du nur vier meiner Männer erschossen hast.«

Ein Adrenalinrausch durchfuhr mich in dem Moment, als sie Kais Körper in den Sack legten und den Reißverschluss zuzogen. Ich warf den Mann ab, der mich am Boden hielt und meinen Nacken umklammert hielt.

Doch bevor ich auf die Beine kommen konnte, trat mir Bianchi hart gegen den Schädel. Die Stahlkappe seines Stiefels riss meine Wange auf. Ich konnte spüren, wie das Blut herausströmte und sich in meinem Kragen sammelte. Für einen Augenblick war ich orientierungslos. Er trat noch einmal zu, fester dieses Mal. Sein Stiefel traf mich in der Magengrube. Der plötzliche scharfe Schmerz und das anhaltende Stechen verrieten mir, dass er mir eine oder mehrere Rippen gebrochen hatte.

»Bleib unten«, knurrte er. Er trat mir brutal in den Nacken und stellte seinen Fuß darauf, um die Hand zu ersetzen, die mich festgehalten hatte. »Wenn du noch mal versuchst aufzustehen, brech ich dir dein scheiß Genick.«

Seine Stimme hob sich um einige Oktaven, als er seine Männer anschrie. »Warum trägt er keine Handschellen?! Er hat vier von euch nutzlosen Arschlöchern getötet und ihr haltet ihn nur fest?« Um seinen Ärger zu betonen, übte sein Fuß noch mehr Druck aus. Mein Adams-apfel wurde gegen den Boden gepresst – es schnürte mir die Luft ab. Er fluchte, während meine Hände auf meinen Rücken gezerrt und gefesselt wurden. Erst dann nahm er seinen Fuß weg und ich konnte wieder atmen.

»Bringt die Ware raus und sagt Team November, dass es sich auf den Weg machen soll.«

Ich konnte nur aus dem Augenwinkel beobachten, wie einer der Männer mit dem Leichensack auf den Armen das Haus verließ. Die drei verbliebenen Männer steckten die Leichen ihrer toten Kameraden in schwarze Leichensäcke.

»Ich bin ziemlich überrascht, was aus dir geworden ist«, sagte Bianchi. Die Wut war aus seiner Stimme verschwunden. Er lächelte wieder. »Früher hatte ich Angst vor dir. Ein Monster, das Blutvergießen und Töten geliebt hat …« Er lachte. »Andererseits … habe ich das immer an dir bewundert. Ich wollte genau wie du sein.«

Er legte seinen Waffengürtel ab. Links hing eine alte Winchester, die früher mir gehört hatte, während auf der rechten Seite eine Heckler & Koch mit zwei Magazinen steckte.

»Ich habe sie behalten. Ich trage sie immer bei mir«, erklärte er und blickte auf die .45er. »Auch wenn sie eigentlich nur totes Gewicht ist. Sie ist immer geladen – für *besondere* Anlässe. Wie heute.«

»Du willst mich also mit einer Waffe erschießen, die ich dir geschenkt habe«, bemerkte ich. »Wie passend, dass du ein gottverdammter Poet geworden bist.«

Er lachte. Die Männer, die die Leichen in die Säcke gepackt hatten, waren fertig und schleiften sie nach draußen. Blutlachen waren in die Teppiche eingesickert und hatten sie dunkel verfärbt. Zwei der Männer kamen zurück.

»Ich würde dich nie auf so vulgäre Weise ins Jenseits befördern«, beteuerte er. Er drückte den Waffengürtel einem seiner Männer in die Hände. »Raus! Das hier ist persönlich«, befahl er ihnen. Die Männer nickten und gingen. Ich konnte hören, wie draußen die Autotüren zuschlugen.

Bianchi zog einen Sessel heran und stellte ihn ein paar Meter vor mich. Er setzte sich und überschlug die Beine.

»Du warst so viel mehr als nur ein Kollege für mich. So viel mehr als ein Bruder. Niemand anders hat mich je so fasziniert.«

»Hat Gen-Tech dich geschickt?«, fragte ich, obwohl daran kein Zweifel bestand. Sein Desinteresse an meiner Frage bestätigte das.

»Wir könnten wieder ein Team sein«, fuhr er fort, während er ein großes Buschmesser aus Karbonstahl aus dem Stiefel seines überschlagenen Beins zog. Mit dem Daumen fuhr er zärtlich über die silberne Schneide der scharfen Klinge. »Du hast eine wundervolle Gabe, die du darauf verschwendet hast, kümmerlichen Kopfgeldern hinterherzujagen.«

»Du mieses Stück Scheiße, wieso glaubst du, dass ich mich auf dein Niveau herablassen würde?«

Er schüttelte den Kopf. Auf seinem Gesicht lag ein Ausdruck übertriebener Enttäuschung. »Was hat dich nur so verändert? Du hast alles weggeworfen und bist zu einem Niemand geworden«, sagte er, stand von seinem Platz auf und trat wieder an meine Seite. »War es dieses künstliche Ding?«

»Dieses Ding hat mehr Seele als du.«

Er verzog das Gesicht. Dieses Mal war es nicht gespielt. Der Ausdruck in seinen Augen veränderte sich. Er hockte sich hin.

»Ich wünschte, ich könnte das verdammte Ding vor deinen Augen zerlegen. Beobachten, wie du reagierst, wenn ich dieses Etwas vom Mund über die Kehle bis zum Bauch aufschlitze. Nur um zu sehen, wie es von innen aussieht. Und dann dürften meine Jungs sich einen runterholen und in die offenen Eingeweide abspritzen. Es ist ein Jammer, dass mein Befehl lautet, das Ding in einem Stück zurückzubringen.«

Er fuhr mit den Fingern durch meine Haare und packte ein Büschel. Er zog meinen Kopf hoch, bis ich auf Augenhöhe mit ihm war.

»Verdammt noch mal, ich will dich schreien hören!«

Es entstand eine kurze Pause, als würde er auf eine Antwort warten. Als ich schwieg, rammte er meinen Kopf auf den Boden. Für einen Moment wurde mir schwarz vor Augen, als der Schmerz in meinem Kopf explodierte. Er tat es wieder und wieder, ich wusste nicht, wie oft, aber als er endlich mein Haar losließ und mich auf den Rücken rollte, blutete ich aus Platzwunden über meinen Augenbrauen und an meiner Stirn. Das Blut, das mir in die Augen gelaufen war, brannte. Es war ein weiterer Schmerz, der sich zu dem dumpfen Pochen, das meine Schulter ausstrahlte, gesellte.

»Es ist wirklich traurig, dass unser Abschied so aussehen muss«, sagte er. Er klang, als wäre er außer Atem, aber ich konnte ihn nicht richtig sehen. Ich versuchte, mir das Blut aus den Augen zu blinzeln. Ich konnte verschwommen seine Gestalt ausmachen, die zwischen meinen Füßen stand. Als sich mein Blick für ein paar Momente klärte, erkannte ich den aufgeregten Ausdruck auf seinem Gesicht. Ich konnte mich nicht einmal auf meine Ellbogen aufrichten. Meine gefesselten Handgelenke waren unter meinem Körper begraben. In meinem Kopf drehte sich alles und mein Verstand konnte die Realität nicht verarbeiten, nicht einmal, als er das Messer in den Boden rammte, damit er beide Hände frei hatte, um meine Hose aufzuknöpfen.

Instinktiv trat ich aus. Ich traf ihn in die Magengrube und er stolperte rückwärts. Das schien ihn eher wütend zu machen, als ihm Schmerzen zu bereiten. Er zog das Messer aus dem Boden und über meine Brust. Die Messerspitze schlitzte mein Hemd auf und ritzte meine Haut. Der Schnitt war nicht tief, aber er tat weh. Schnell breitete sich auf der ehemals weißen Vorderseite meines Hemds ein roter Fleck aus und es klebte an meiner Haut.

»Nimm es einfach wie ein Mann«, sagte er und hielt mir das Messer vor die Augen. Seine Atmung war beschleunigt und seine Pupillen vor Aufregung erweitert. »Wenn du noch mal irgendwelche Dummheiten versuchst, schwöre ich, ich schneide dir den Schwanz ab und stopfe ihn dir in den Rachen. Und dann fick ich dich trotzdem. Kapiert?«

»Du solltest mich besser gleich töten …«, warnte ich. Meine Stimme war heiser und ich brachte kaum ein Wort heraus.

»Sonst was?«, fragte er mit einem Lächeln. Er legte das Messer wieder zur Seite, um meinen Reißverschluss zu öffnen und mir die Hose auszuziehen. »Willst du mich töten? Nur zu. Ich warte darauf.«

Ich zuckte zusammen, als er an meiner Unterwäsche zerrte. Er machte sich nicht die Mühe, sie mir auszuziehen, sondern schlitzte sie auf und drückte dann die flache Seite der Klinge gegen meinen Schwanz.

»Egal, welche Waffen wir erschaffen, um uns gegenseitig zu verletzen und zu töten«, sagte er, während sich seine Hand um meinen Schaft schloss und er ihn unsanft wrang, »am Ende läuft es doch immer auf das hier hinaus, oder?«

Ich atmete ein und hielt die Luft an. Kein Laut entrang sich meinem Mund. Er zerrte heftig an mir, wie ein ungeschicktes Kind, das versucht, sich eine Erektion abzuringen. Die scharfe Messerspitze glitt über die Innenseite meiner Oberschenkel und meine Eier – immer wieder, damit ich sie nicht vergaß und auf dumme Ideen kam.

»Wie kann ein Mann einen anderen wirklich besitzen? Brich seinen Stolz und es bleibt nichts von ihm übrig … Ganz einfach.«

Er lachte über seine eigenen Worte und legte das Messer wieder zur Seite. Dieses Mal machte er sich an den Knöpfen und dem Reißverschluss seiner eigenen Hose zu schaffen.

»Jemand wie du musste wahrscheinlich noch nie seinen Arsch hinhalten«, sagte er und zog seine Erektion durch den offenen Hosenstall. Er war hart – die Vorhaut spannte sich über dem dicken Schaft. Für einen Moment stellte ich mir vor, wie ich nach dem Messer griff und sie abschnitt.

»Allein bei dem Gedanken, dass ich der Einzige bin, der dir das hier je angetan hat, könnte ich kommen …«

Er wirkte vollkommen irre, als er sich rittlings auf mich setzte. Seine Knie ruhten auf beiden Seiten meiner Brust. Während er mit einer Hand weiterhin seinen eigenen Schwanz bearbeitete, knöpfte er mit der anderen mein blutgetränktes Hemd auf.

»Am liebsten würde ich dich trocken ficken, damit du alles fühlen kannst, aber ich steh nicht auf den Schmerz, den ich selbst dabei haben würde«, erklärte er.

Er klappte mein Hemd auf. Ich fluchte – es war das einzige Geräusch, das ich von mir gab, als er mit seinem Schwanz über den Schnitt auf meiner Brust fuhr. Er stieß ein lusterfülltes Wimmern aus, während er seine Erektion an meiner Brust rieb. Die Spitze zeichnete den Bogen des Schnitts nach. Es war widerlich und grauenhaft, als seine Hand und sein Schwanz sich von meinem Blut rot färbten.

Schließlich stieß ich einen Schrei aus, als er die Wunde mit dem Fingernagel weiter aufriss, um die Blutung zu verstärken.

»Du siehst verdammt gut aus«, sagte er. Er war völlig außer Atem. »Ich könnte auf der Stelle kommen …«

Seine Worte ergaben für mich keinen Sinn. Mein Kopf drehte sich durch den Blutverlust. Ich empfand Schmerzen – einen nach dem anderen. Als er sich in mich drängte, reagierte mein Körper, bevor ich es überhaupt gespürt hatte. Feucht von meinem Blut konnte sein Schwanz leicht eindringen. Es war eng. Die Grimasse auf seinem Gesicht verriet mir, dass es auch für ihn nicht angenehm war, aber das wahnsinnige Grinsen

verrutschte nicht, während er sich bis zur Wurzel in mich schob. Das Gefühl, aufgerissen zu werden, folgte, als er sich bewegte.

»Es ist keine Schande, zu schreien«, sagte er und stieß in einem hohen Tempo zu. »Außer mir wird dich niemand hören.«

Ich beschimpfte ihn erneut. Die Flüche, die ich ihm an den Kopf warf, ersetzten die Schreie. Jeder Teil von mir spürte es. Der intime Schmerz, aufgerissen zu werden dämpfte all die anderen Schmerzen, die von meinen Wunden und gebrochenen Knochen ausgingen. Außerdem erkannte ich in diesem Moment, dass ich noch nie jemanden so gehasst hatte wie Bianchi – der Schmerz hatte mich schwach gemacht und gab mir das Gefühl, vollkommen hilflos und ohne Hoffnung zu sein, während seine harten Stöße meinen gesamten Körper erschütterten.

»Verstehst du es jetzt, Vincent?«, fragte er mich. Er beugte sich vor und lehnte sich auf seine Hände, die er zu beiden Seiten meines Kopfes aufstützte. Er schwitzte vor Anstrengung – auf seinem Gesicht schimmerte ein Schweißfilm. Er hatte das Tempo verlangsamt, doch sein Schwanz steckte immer noch in mir. Ich konnte ihn spüren – er füllte mich so sehr aus, dass ich das Gefühl hatte, ihn in meiner Kehle zu merken. »Ich hätte dich genauso lieben können, wie ich dich jetzt hasse.«

Nur seine Hüften bewegten sich noch. Sie kreisten von einer Seite zur anderen. Er beugte sich vor und leckte mit der Zungenspitze über die Platzwunden an meiner Stirn. Zärtlich und vorsichtig, als hätte er Angst, mich zu verletzen.

»Es ist noch nicht zu spät«, erklärte er. Seine Stimme war sanft und leise. »Das hier könnte einfach nur Teil deiner Bestrafung sein, weil du deine Vergangenheit zurückgelassen hast. Weil du mich zurückgelassen hast.«

Das letzte bisschen von mir, das noch übrig war, spuckte ihn an. Er schien unbeeindruckt, als er sich mit dem Handballen den Speichel von der Wange wischte und das Messer wieder nahm. Er hielt es an meine Kehle.

»Es war mein vollster Ernst, als ich gesagt habe, dass ich dich bewundere«, beteuerte er. Er drückte die Klinge fester gegen meine Kehle. Ich konnte fühlen, wie die Schneide die Haut ritzte, ein haarfeiner Schmerz.

Er stieß wieder wie wild in mich hinein und beobachtete mich, während das Messer weiterhin gegen meine Haut drückte. Die Erschütterungen erzeugten oberflächliche Schnitte an meinem Hals.

Ich erwartete, dass das Messer jeden Augenblick in mich hineingetrieben würde, um mich zu enthaupten. Er wäre pervers genug, mich im Moment seines Orgasmus auf diese Weise zu töten. Dann konnte ich nur noch an Kai denken und daran, dass ich darin versagt hatte, ihn zu beschützen. Und an das Leben, das er von nun an führen würde. Ein Leben, das schlimmer war als meine letzten verbleibenden Augenblicke. So viel schlimmer, weil es für ihn niemals enden würde.

Bianchi heulte auf, das Zeichen seines nahenden Orgasmus. Das Messer wurde tiefer in meine Haut getrieben und kratzte stark genug an ihrer Oberfläche, um sie zum Bluten zu bringen. Seine brutalen Stöße hörten abrupt auf. Er erstarrte, sein gesamter Körper spannte sich an und dann erzitterte er, als er sich in mich ergoss. Er stieß ein weiteres Stöhnen aus, bevor er sich aus mir zurückzog.

Er beugte sich wieder vor und küsste meine Wange. »Ich liebe dich, Bruder. Ich werde dich nie vergessen.«

Ich spürte, wie die Klinge des Messers in meine Kehle eindrang. Der Einschnitt war tief – ich wusste, dass er tief war. Ich hätte schwören können, dass ich das Metall der Klinge schmeckte, als sie über meine Kehle fuhr und sie aufschlitzte. Ich konnte ihn nur anstarren, während er sich aufrichtete. Als er mich aufgeschlitzt hatte, war Blut auf sein Gesicht gespritzt. Er wischte das blutige Messer an seinem Ärmel ab und steckte es wieder in seinen Stiefel.

Er stopfte seinen halb steifen Schwanz zurück in seine Hose. Auf seinem Gesicht lag ein trauriger Ausdruck.

»Ich wollte dir nicht den Kopf abschneiden«, sagte er, während er seine Uniform richtete. »Ich will, dass du deine letzten Minuten damit verbringst, über deinen Tod nachzudenken. Darüber, was mit dir geschehen ist. Und über mich.«

Seine Stimme schien nun aus weiter Ferne zu kommen. Wie ein Echo. Ich fühlte mich plötzlich erschöpft. Eine Kälte überkam mich. Ich schloss meine Augen. Ich dachte tatsächlich über mein Leben nach. Auch wenn ich in Gedanken nur immer wieder meine Entschuldigung an Kai wiederholen konnte. Die wunderschönen Erinnerungen an ihn wurden ersetzt durch die letzten Bilder, wie man ihn in einen Leichensack gelegt hatte. Was mit mir geschehen war, spielte keine Rolle. Ich hatte den Tod erwartet. Mein ganzes Leben lang hatte ich gewusst, dass ich gewaltsam sterben würde.

Das war mein letzter Gedanke, als ich hörte, wie Bianchi sich verabschiedete, und die Welt um mich herum schwarz wurde.

Kapitel 2

Ich war erwacht.

Mehr wusste ich eine ganze Weile lang nicht. Ich verstand gar nichts mehr. Es dauerte einige lange Minuten, bis ich erkannte, dass ich an eine bemalte Decke starrte – Putten in Wolken, von denen einige auf mich herabblickten, festgehalten in einem Fresko. Die Farbe war gesprungen und mit dem Alter ausgeblichen, aber es war dennoch ein wunderschönes Gemälde. Eines, das ich schon einmal gesehen hatte.

Ich kniff die Augen zu. Die Decke hatte angefangen, sich gemächlich zu drehen, und ich verstand nicht, warum. Dann kehrten langsam die Erinnerungen zurück, sie tröpfelten herein wie ein fast vergessener Gedanke. Es waren nur Gefühlseindrücke zurückgeblieben, die auf eine tiefgreifende, intime Art schmerzten, die ich nicht kannte. Ich stellte fest, dass ich wütend war. Mehr wusste ich nicht, bis das Bild von Kai zurückkehrte.

Er war weg.

Es war der einzige anhaltende Gedanke, auch wenn dieser keine Bedeutung für mich hatte. Dann wuchs das körperliche Unbehagen. In meinem gesamten Körper klangen Schmerzen nach. Erst als ich den dumpfen Schmerz in meiner Kehle spürte, erinnerte ich mich wieder.

Ich erinnerte mich an alles.

Ich drehte meinen Kopf nach links. Das kostete mich sehr große Anstrengung und der Schmerz in meiner Kehle nahm zu. Ich blickte in ein Schlafzimmer, das ich nicht sofort erkannte. Das Fenster auf der anderen Seite des Raums stand offen und eine Brise ließ die transparenten Vorhänge flattern.

Draußen war ein heller, sonniger Tag – blauer Himmel mit kleinen weißen Wölkchen. Der Raum war schlicht und mit alten Möbeln eingerichtet. Er wirkte vertraut. Ich war schon einmal hier gewesen. Ich konnte mich nur nicht entsinnen, wann.

»Das wird auch Zeit«, sagte jemand zu meiner Rechten.

Ich konnte den Kopf nicht schnell genug drehen, um den Sprecher zu sehen. Er trat an mein Bett.

»Nicht sprechen«, mahnte er und hielt eine Hand hoch. »Oder besser, versuch es nicht. Ich muss erst einen Scan machen, um zu sehen, wie die Stimmbänder verheilen. Sonst machst du meine ganze Arbeit zunichte.«

Anders Le war Arzt und ein Nachbar, der zweihundertfünfzig Meter von meinem Haus entfernt lebte. Er war der erste Mensch gewesen, den ich kennengelernt hatte, als ich nach Belgien gezogen war, und der einzige, dem ich vertraute. Ich hatte Notfallknöpfe in Kais Zimmer, dem Wohnzimmer und der Küche installiert. Jeder der Knöpfe würde Le alarmieren, Kai abzuholen, sollte der einzige Fall eintreten, in dem Kai ihn betätigen würde: Wenn ich ihn nicht mehr beschützen konnte, wenn ich nicht mehr am Leben war. Le würde Kai erben, wenn ich nicht mehr bei ihm sein konnte.

»Ich habe gesehen, wie sie abgehauen sind«, sagte Le und legte eine Hand auf meine Kehle. »Dann bin ich reingegangen. Da war so viel Blut. Du warst kaum noch am Leben.« Er zog die Decke zurück und begutachtete meine Brust. Er nickte.

»Du warst zweiundvierzig Tage bewusstlos«, fuhr er fort. »Die Hälfte davon hast du in meiner Notaufnahme in der Stadt verbracht. Ich habe dich zum Genesen hergebracht … und für den Fall, dass diese Kerle rausfinden sollten, dass du nicht tot bist.«

Le ging zur Kommode und durchsuchte sie. Er kam mit einem Handspiegel aus Holz zurück und setzte sich auf einen Stuhl neben dem Bett. »Ich kann nicht sagen, wie schwer die Nervenschäden sind, bis du wieder auf den Beinen bist. Ich bin nicht mal sicher, ob du je wieder sprechen können wirst. Aber du hattest unglaubliches Glück.«

Er hielt den Spiegel hoch und ließ mich einen Blick auf die Stiche auf meiner Brust und an meinem Hals werfen. Schwarze Fäden hielten die Schnitte zusammen – darunter hatten sich bereits blasse Narben gebildet.

»Er hat die Halsschlagader nicht durchtrennt. Ich vermute, dass das keine Absicht war, aber es hat dir ein wenig Zeit verschafft. Du wärst verblutet, wenn ich auch nur wenige Minuten später eingetroffen wäre.« Ich schloss meine Augen und atmete aus. Er nahm den Spiegel weg und legte ihn auf den Nachttisch.

»Ich werde nicht ins Detail gehen, aber lass es mich so formulieren: Bei den Wunden, die du erlitten hast, gehe ich nicht davon aus, dass es ein Akt der Gnade war, dass er dich fast tot zurückgelassen hat statt ganz tot.«

Ich rührte mich nicht. Ich wollte nicht, dass er von jenem Tag sprach, aber ich konnte auch nichts tun, um ihn davon abzuhalten.

»Kai ist weg«, sagte er und zog die Decke wieder über meine Brust. Er seufzte tief. »Bringen wir dich wieder auf die Beine, damit du ihn zurückholen kannst.«

Er tätschelte meine Schulter und stand auf. Ich kniff die Augen zu und hörte, wie er wegging – seine nackten Füße tapsten vom Bett weg, durch die Tür und den Flur hinunter.

Ich berührte meine Kehle und fuhr die Naht mit dem Finger nach. Es schmerzte, als ich zu schlucken versuchte. Aber dieser Schmerz war nicht so schlimm wie jener, der sich in meiner Brust ausbreitete.

Es dauerte noch drei Tage, bis ich selbstständig das Bett verlassen konnte, und weitere anderthalb Wochen, bis ich anfangen konnte zu laufen und zu trainieren. Ich hatte einiges an Gewicht, Stärke und Ausdauer verloren. Selbst wieder eine Waffe zu halten fühlte sich seltsam fremd an, als hätte ich völlig vergessen, wie das ging. Meine Schießleistung war entsprechend.

»Das kommt wieder«, war alles, was Le sagte, nachdem er zugesehen hatte, wie ich ein Zehn-Schuss-Magazin auf eine Pappfigur geleert hatte. Er hatte seinen Keller ausgeräumt und ließ mich dort schießen und mit Gewichten trainieren. Es waren fast zwei Monate vergangen, seit ich aus dem Koma erwacht war.

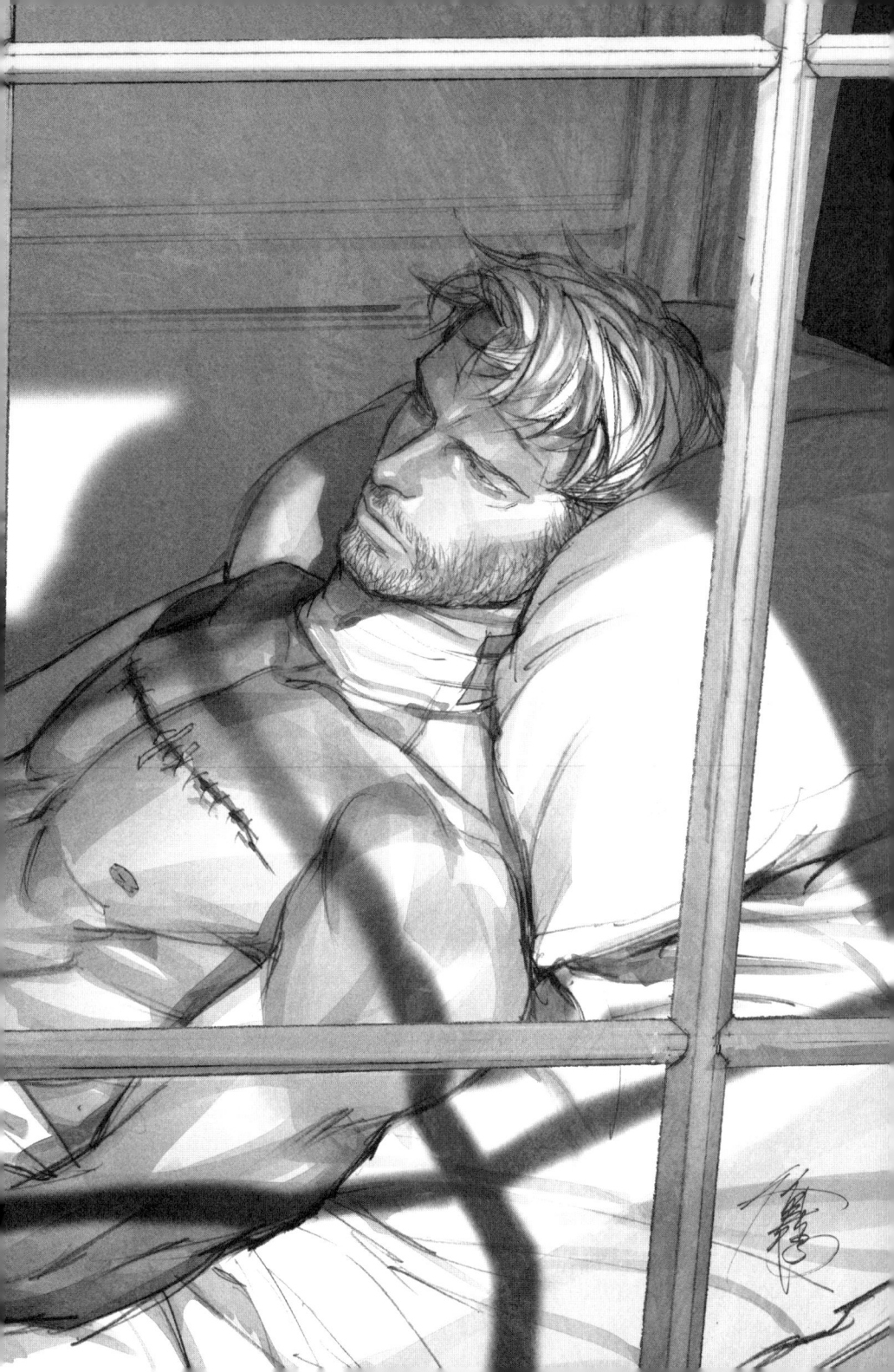

»Ja, klar«, erwiderte ich. Ich hatte immer noch gelegentlich Schmerzen, wenn ich sprach.

»Männer wie du sind wie Kakerlaken«, meinte er und stand von dem Metallklappstuhl auf. »Nicht totzukriegen und nervtötend.«

Ich nickte und lud ein weiteres Magazin – ich drückte die Kugeln aus der Schachtel mit dem Daumen gegen die Feder des Magazingehäuses.

»Komm in zwanzig Minuten hoch und trink einen Tee mit mir. Ich will dir was zeigen.«

»Ich trinke keinen Tee«, entgegnete ich.

»Du wirst trinken, was ich dir vorsetze«, sagte er und deutete mit Zeigefinger und Daumen auf mich. »Du bist vielleicht stark genug, um mir mit einer Hand das Genick zu brechen, aber noch habe ich hier das Sagen.« Er krümmte den Daumen und machte ein klickendes Geräusch, bevor er ging – die schwere Eichentür schloss sich hinter ihm.

Zehn Minuten später folgte ich ihm nach oben – ich war zu dem Schluss gekommen, dass drei Schachteln Munition zu verschwenden und dabei nur in siebzig Prozent der Fälle das Ziel zu treffen für einen Tag genug Schaden an meinem Ego angerichtet hatte. Le war in der Küche damit beschäftigt, Wasser zu kochen und Scones aufzubacken, die er am Morgen aus der Bäckerei geholt hatte.

Ich wusch mich in meinem Zimmer und zog mir ein anderes Hemd an, bevor ich in die Küche zurückkehrte. In diesen wenigen Minuten hatte Le den Tisch gedeckt, den Tee aufgebrüht und eingeschenkt und die Scones auf die Teller gelegt. Clotted Cream war in einer kleinen Porzellanschale in der Mitte des Tischs angerichtet. Rechts von meinem Platz stand sein Laptop.

»Ich habe etwas Interessantes über die Firma entdeckt, von der du gesprochen hast«, sagte Le, während er ein Stück braunen Kandis in seinen Tee fallen ließ. »Gen-Tech entwickelt sich zu einer interessanten Anomalie in der Welt der fortgeschrittenen Medizin. Natürlich nur den Reichen zugänglich.«

Ich klappte den Laptop auf und der Bildschirm erwachte zum Leben. Ein Dokument mit dem Logo von Gen-Tech in der oberen Ecke war einer der wenigen Reiter, die geöffnet waren. Ich las es, während ich meinen Tee trank. Es war vierzig Seiten lang. Le war still, trank zwei Tassen Tee und aß ein Scone, während er durch die Lokalzeitung blätterte.

»Sie verkaufen zweite Chancen«, fasste ich zusammen, nachdem ich fertig gelesen hatte.

»Das ist sehr viel fortschrittlicher als die letzten dieser ... Dolls, die du gesehen hast«, stellte er fest. »Könnten die Daten, die sie aus Kai gewonnen haben, diese Informationen enthalten haben?«

»Ich weiß nicht. Ich habe nicht viel Zeit im Labor verbracht und ich weiß auch nicht, wie viele Daten sie schon hatten. Hast du eine gesehen?«

Er schüttelte den Kopf. »Diese Modelle sind neu. Sie sollen steinreiche Kunden ansprechen, die jemanden aus ihrer Vergangenheit zurückhaben wollen oder sich vielleicht einfach nach jemand Wunderschönem sehnen, der sie nie verlassen wird.«

»Sie haben keinen Verstand. Abgerichtete Haustiere, die wie ihre verlorene Liebe aussehen.«

»Für dich vielleicht«, erwiderte Le, »aber die meisten Leute sind sentimental. Sie brauchen nur ein Bild anzusehen, um den Verlust und die Liebe zu spüren.«

Ich stand auf und ging zum Herd, um mir neuen Tee einzuschenken. »Es ist mehr als das«, erklärte ich. »Sie verkaufen eine Illusion.«

»Ist Kai nicht theoretisch genauso?«

Ich nickte und setzte mich wieder an den Tisch. Ich schwieg, weil ich nicht über Kai reden wollte.

»Gen-Tech drängt also Ärzte dazu, den Reichen die Dolls als Ersatz für ihre toten Familienmitglieder anzudrehen?«, fragte ich.

»So was in der Art. Wobei dieses Memo nur unter namhaften Ärzten herumgegangen ist, die mächtige Politiker und Führungskräfte behandeln. Natürlich reden einige der Ärzte in gehobenen Positionen gern

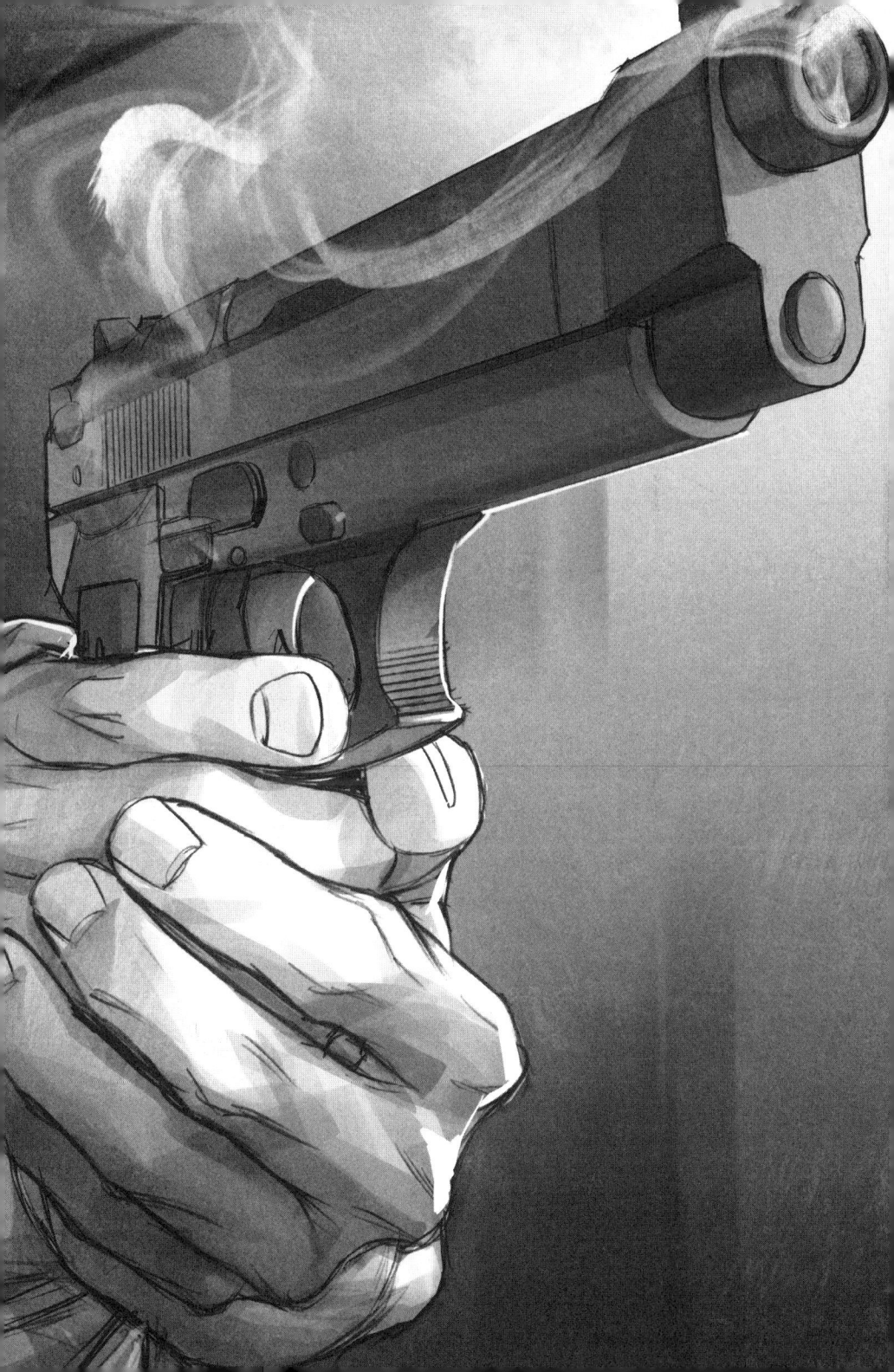

über die neuesten und größten Errungenschaften, an denen sie teilhaben dürfen. Diese ganze Selbstbeweihräucherung ist erst so richtig befriedigend, wenn man vor anderen damit angeben kann und sie einen beneiden.«

»Wer hätte geahnt, dass Ärzte so egoistische Mistkerle sind.«

Er zuckte mit den Schultern. »Tja.«

»Gibt es irgendeine Möglichkeit, dir ein Treffen mit einem der Vertreter von Gen-Tech zu erschleichen?«

Er schüttelte den Kopf. »Sie führen gründliche Background-Checks durch. Ich müsste schon sehr exklusive, hochrangige Patienten haben, damit sie mich überhaupt als einen potenziellen Partner in Betracht ziehen würden. Meine Klinik wird besucht von ... Proleten, in ihren Augen. Die Dolls stehen zwar zum Verkauf, aber das hängen sie nicht an die große Glocke. Was sie tun, ist nicht illegal, aber moralisch gesehen könnte es negative Aufmerksamkeit erregen.«

»Was ist mit dem egoistischen Mistkerl, der dir diese Memos gegeben hat?«

Er schüttelte erneut den Kopf. »Nur weil er in seinem teuren neuen Schlitten vorbeigekommen ist, um anzugeben, heißt das nicht, dass er mich eine Probefahrt machen lassen würde.«

Er riss ein Stück von einem weiteren Scone ab und aß es. Für eine Weile schwieg er und starrte auf die Rückseite des Laptops.

»Ich würde wirklich gern sehen, dass du dich wieder an die Arbeit machst«, sagte er plötzlich. »Andererseits bringt mich das wegen des Hippokratischen Eids in einen Interessenskonflikt. Ich weiß, eine Menge Leute werden sterben, wenn du dich entschließt, wieder an die Arbeit zu gehen.«

»Wie bitte?«

»Bevor ich eine legale Klinik eröffnet habe«, erklärte er, »habe ich Flickarbeiten für ... nennen wir sie ... Untergrundunternehmen erledigt. Das hat gutes Geld eingebracht. Dumme Arschlöcher schießen sich gegenseitig an, können aber nicht ins Krankenhaus gehen – es ruft die

Polizei auf den Plan, wenn man Kugeln aus ihren Eingeweiden holt. Ich habe meine Fähigkeiten prostituiert, um Geld für eine legale Praxis zu sparen. Einige Mädchen strippen, um sich eine bessere Zukunft zu ermöglichen. Aber ich kann nicht tanzen.«

»Ich bin sicher, du warst damals niedlich genug, um dir ein paar Extradollar zu verdienen.«

»Natürlich war ich das, aber darum geht es hier nicht«, erwiderte er. »Sechs Jahre lang habe ich im Wohnzimmer meiner Wohnung Stichwunden zusammengenäht und Kugeln aus diesen Männern geholt – aus Männern, die ihren Lebensunterhalt damit verdienen, andere zu töten. Ich weiß, wie sie sich gebärden, kenne diese bösartige, animalische Seite an ihnen, die sie nie ablegen können – auch wenn sie mich anlächelten und mir dankten. Ich habe keinen Zweifel daran, dass es dasselbe Lächeln ist, das sie auch tragen, wenn sie ihre Aufträge ausführen und in der Nähe ihrer Zielpersonen sitzen.«

Eine Pause entstand. Ich wusste, worauf er mit seiner Geschichte hinauswollte, aber ich entschied mich, ihn ausreden zu lassen. Ich erhob mich wieder vom Tisch, dieses Mal, um mir eine Tasse Kaffee zu machen. Le war kein Kaffeetrinker, aber er hatte immer kleine Päckchen mit Instantkaffee für seine Gäste im Haus.

»Als wir uns das erste Mal getroffen haben, habe ich dasselbe in dir gesehen.«

Ich sagte nichts. Ein kleiner Sturm braute sich in meinem Innersten zusammen, als ich seine Worte hörte. Ich erinnerte mich an Bianchi und an das, was er war – was ich war.

»Ich weiß nicht, welche Geschichte dich mit den Männern verbindet, die dich zum Sterben zurückgelassen haben, aber ich vermute, dass du vom selben Schlag bist.«

»Worauf willst du hinaus?«, fragte ich. Ich musste mich anstrengen, um meine Stimme ruhig zu halten, während ich sprach.

»Was immer du gewesen sein magst – vielleicht warst du jemand anders, jemand Furchterregendes, aber jetzt bist du ein guter Mann. Als du mit Kai hierherkamst, sah ich einen Mann, der endlich sein neues Leben genoss, und das habe ich dir gegönnt. Aber ich denke, du wirst dein früheres Ich niemals vollständig abschütteln können. Deine Vergangenheit hat dich fast umgebracht.«

Er schwieg für eine Weile, vielleicht um mir die Chance zu geben, Stellung dazu zu nehmen. Das tat ich nicht.

»Damals habe ich erkannt«, fuhr er fort, »dass einige Leute ihre Vergangenheit einfach nicht hinter sich lassen können. Ihnen das Herz ihres Wesens zu nehmen würde sie töten.«

Er zog den Laptop zu sich und tippte etwas. Als er fertig war, hatte ich mit meinem Kaffee wieder Platz genommen. Er drehte mir den Bildschirm zu. Er zeigte ein Bild von einem gesellschaftlichen Dinner im Ballsaal eines Hotels. Eine attraktive Frau in einem blauen Kleid lehnte sich für das Foto zu einem alten Mann im Smoking. Auf den Tellern lagen marinierte Steaks und daneben standen Gläser mit Rotwein.

»Wenn du in diese Kreise reinwillst«, erklärte er, »brauchst du sie zur Freundin. Zur guten Freundin.«

»Erst erzählst du mir, dass ich vielleicht ein mordendes Arschloch mit einem Lächeln auf den Lippen bin«, entgegnete ich, »und jetzt rätst du mir, ein überheblicher Frauenaufreißer zu sein und diese Frau in den Ruin zu stürzen, solange ich nur gute, wenn auch egoistische Motive habe?«

»Ich denke, was ich sagen wollte, ist, vergiss nicht, was du wirklich bist. Ich kann sehen, wie du mit dem Gefühl des Identitätsverlusts ringst, wenn du mit der Waffe kämpfst. Du darfst dich nicht vor dem fürchten, was du bist.«

»Hast du das im Psychologiejournal gelesen?«

Er lachte. »Ich kann dich mit ihr zusammenbringen, sobald du dich wieder gefangen hast«, versprach er. »Sie hat Verbindungen zu einigen politischen und wirtschaftlichen Strippenziehern und alten, sterbenden Milliardären. Keine Ahnung, ob sie wirklich ihre Ärztin ist oder nur Rollenspiele mit ihnen spielt, aber ich weiß, dass Gen-Tech an sie herangetreten ist. Sie ist immer auf der Suche nach Bodyguards. Sie wechselt sie ständig, sobald sie mit ihnen fertig ist.«

»Ah«, sagte ich. »*Die* Art von Bodyguard.«

»Gutes Aussehen allein reicht nicht, um den Job zu bekommen, du musst schon wissen, was du tust. Verstanden?«

»Mit meiner animalischen Seite in Kontakt treten. Schon klar.«

»Zwei Monate. Schaffst du das?«

»Ich bin in einem so weit«, erwiderte ich.

Kapitel 3

Ihr Name war Ella Pierson, ihr Akzent walisisch. Ihr aufwendig frisiertes Haar und ihr von einem Profi aufgetragenes Make-up verliehen ihr ein exklusives Auftreten. Bereit für die Kamera. Ihr kleines Schwarzes mit den Tahitiperlenstickereien schmiegte sich um ihren Körper und warf nicht eine Falte. Sie sah nicht aus wie eine Ärztin. Sie nannte ihren Namen und streckte ihre rechte Hand aus. Für einen Handschlag hielt sie sie zu hoch, also nahm und küsste ich sie, wobei ich einen Hauch eines exotischen Parfüms wahrnahm.

Le hatte zwei Plätze bei der Spendengala eines Lokalpolitikers gebucht, nachdem er ihren Namen auf der Gästeliste entdeckt hatte. Die Veranstaltung fand im Marriott Hotel in Brüssel statt. Es waren bereits fünf Wochen vergangen, seit Le sie mir auf seinem Laptop gezeigt hatte.

»Von ihm habe ich gesprochen«, sagte Le und deutete mit dem Daumen auf mich. »Für den Fall, dass Sie auf der Suche nach einem neuen Bodyguard sind.«

Ich hielt Ellas Hand noch ein bisschen länger fest, bevor ich sie losließ, und nannte ihr meinen Namen. Sie lächelte strahlend.

»Ich bin immer auf der Suche nach einem guten Mann. Sie sehen aus, als hätten Sie reichlich Erfahrung, Mr Lynch«, sagte sie.

»Sie würde für mehrere Leben reichen«, entgegnete ich und erwiderte ihr Lächeln.

Sie lachte leise und nickte. Sie blickte sich im Ballsaal um, wo man sich vor der Veranstaltung begrüßte und Visitenkarten austauschte. Erst in einer Stunde würden alle zu ihren Plätzen geführt werden.

»Sie sehen nicht aus, als würden Sie sich für Politik interessieren«, bemerkte sie.

»Ich habe viele verborgene Seiten«, antwortete ich.

Sie kicherte – ein einstudierter glockenheller Ton. »Ich mag vielseitige Männer.« Eine Pause entstand, dann blickte sie zu Le. »Würden Sie

Mr Beauchamp mein Bedauern ausrichten, dass ich die Veranstaltung frühzeitig verlassen musste?«, fragte sie und hakte sich bei mir unter.

»Ich verstehe«, sagte Le. »Es ist wichtig, potenzielle Geschäftspartner genau unter die Lupe zu nehmen. Ich werde ihm Ihre Grüße ausrichten.«

Ellas Arm schlang sich enger um meinen und sie schmiegte sich dichter an mich. Nachdem ihre Lippen ein stilles Danke geformt hatten, führte sie mich aus dem Ballsaal und zum Haupteingang des Hotels. Sie erklärte mir, dass sie in der Limousine von jemand anderem gekommen sei, und wir nahmen ein Taxi zu ihrer Wohnung.

Ich blieb vier Tage bei ihr, in denen wir nur sehr wenig über meine Qualifikationen sprachen. Sie starrte oft auf die frische Narbe an meiner Kehle und fuhr einige Male mit dem Finger darüber. Auch wenn sie nie danach fragte, war ihre Faszination nicht zu übersehen.

»Mehr muss ich nicht über dich wissen«, sagte sie, als wir im Bett lagen. Sie lag auf mir und ihr Kinn ruhte auf ihren verschränkten Armen. »Nur dass du das überlebt hast … und mit so einer wunderschönen Narbe davongekommen bist.«

Ich verstand sie nicht, aber ich hatte in den vergangenen Tagen eine Menge über sie gelernt, hauptsächlich durch das, was sie nicht gesagt hatte. Diese Frau hatte ein Auftreten von Grazie und zarter Schönheit, doch sie wurde von Gewalt angezogen. Sie schien davon fasziniert zu sein. Es ergab fast Sinn, dass sie Ärztin war, doch in den Tagen, die wir zusammen verbrachten, besuchte sie weder irgendwelche Kliniken noch Patienten. Ich fragte aber auch nicht weiter nach.

»Wenn ich besser in meinem Job gewesen wäre, hätte ich diese Narbe vielleicht gar nicht.«

Sie lachte und gab mir einen Kuss. »Wenn du nicht bei etwas schrecklich versagt und dich wieder aufgerappelt hättest«, sagte sie, »hätte ich dich wahrscheinlich gar nicht gewollt. Das beweist, dass du dich von Rückschlägen nicht entmutigen lässt.«

Ich lächelte über ihre Logik und tätschelte ihren Hintern. »Das war das längste und interessanteste Vorstellungsgespräch, das ich je hatte«, erklärte ich, rollte mich auf die Seite und legte sie auf die Matratze, damit ich mich aufsetzen konnte. Ich sammelte die Kleidung, die einer ihrer Assistenten für mich gekauft hatte, vom Boden auf und zog sie an.

»Gehst du?«

»Ich muss ein paar Leute treffen«, erwiderte ich. Um ehrlich zu sein, ich wollte einfach nur weg. So oft Ella auch den starken Wunsch geäußert hatte, mich einzustellen, hatte sie sich doch nicht festgelegt. Ich wollte nicht noch mehr Zeit mit wiederholten One-Night-Stands verschwenden.

»Geh nach Hause und pack deine Sachen zusammen«, sagte sie und setzte sich auf. Sie goss sich einen Bourbon aus der halb leeren Karaffe auf dem Nachttisch ein und nahm einen Schluck. »Ich schicke George, um dich heute Abend abzuholen.«

Ich zog mich weiter an. Noch immer hatte ich nicht gehört, was ich hören wollte.

»Sag deine anderen Treffen ab«, fuhr sie fort, nachdem sie das Glas geleert hatte. »Du arbeitest jetzt für mich.«

Ich nickte nur zum Abschied und stopfte die Krawatte in meine Tasche. Seltsamerweise fühlte ich mich nicht so gut, wie ich erwartet hatte, wenn man bedachte, dass ich mir gerade einen Job bei einer wunderschönen Frau gesichert hatte, die mir mehr zahlte, als ich wert war – und das eher für meine Gesellschaft als für meine Fähigkeiten.

»Dann sehen wir uns heute Abend«, erwiderte ich und sie schenkte sich einen weiteren Drink ein.

Le war nicht zu Hause, als ich zurückkam. Er hatte mir auf dem Küchentisch eine Nachricht hinterlassen. Er würde für mindestens eine Woche in seiner Klinik bleiben, um eine Bande neuer Praktikanten zu beaufsichtigen. Auf denselben Zettel schrieb ich, dass ich auf unbestimmte Zeit bei Ella wohnen würde.

Bevor ich meine spärlichen Habseligkeiten in Les Haus zusammenpackte, ging ich zu meinem eigenen. In meinem Testament hatte ich Le das Grundstück vermacht. Er würde alles bekommen, was mit meiner kurzzeitigen neuen Identität in Verbindung stand. Nachdem er die Sterbeurkunde für diesen ein Jahr alten Namen ausgestellt hatte, würde er alles erben.

»Es wäre vielleicht gut, wenn du einen richtigen Neustart versuchen würdest«, hatte er zu bedenken gegeben, als ich ihm erzählt hatte, dass ich meinen echten Namen wieder annehmen würde. »Sie könnten nach dir suchen.«

Wir waren die amerikanischen Dokumente aus meinem Safe durchgegangen, die er für mich geholt hatte.

»Sie könnten auch nach dem vorübergehenden Namen suchen«, hatte ich erwidert, während ich durch die Papiere geblättert und eine kleine hellblaue Karte mit angestoßenen Ecken aus einer Plastikhülle gezogen hatte. »Außer dir weiß niemand, dass hier ein Vincent Lynch existiert.«

Ich hatte die blaue Karte hochgehalten und ihn angelächelt. »Und als amerikanischer Steuerzahler werde ich meine Sozialhilfe einstreichen, wie es mir zusteht. Vielleicht stelle ich sogar einen Antrag auf Erwerbsunfähigkeitsrente, wenn das, was ich vorhabe, nicht funktioniert.«

»Klar, weil du dringend dein Millionen Dollar schweres Bankkonto aufmöbeln musst.«

»Das ist der Sinn der Sache.«

»Was soll ich mit dem Haus und dem Geld machen?«

Ich hatte mit den Schultern gezuckt. Dann hatte ich den Pass und den Führerschein herausgezogen und sie auf den Stapel gelegt, den ich mitnehmen würde. »Ist mir egal«, hatte ich geantwortet. »Mach ein Waisenhaus draus. Eine Reha-Klinik. Mach ein Tierheim draus. Mach, was du willst. Ich werde sowieso nicht in das Haus zurückkehren. Aber sieh zu, dass erst ein Reinigungsteam die Bude von oben bis unten schrubbt.«

Er hatte mir einen nachdenklichen Blick zugeworfen, aber nichts weiter gesagt, während ich die Papiere durchgegangen war. Stattdessen hatte er die Hand ausgestreckt und meine Sozialversicherungskarte genommen.

»Ich schätze, es freut mich, Sie endlich kennenzulernen, Vincent Christian Lynch«, hatte er gesagt.

Ich betrachtete das Haus, das ich einst mit Kai bewohnt hatte. Der Hof war mit Gras und Unkraut überwuchert. Von dem kleinen Garten, den Kai gehegt und gepflegt hatte, war nur noch ein braunes Feld mit Löwenzahn übrig. Die Fenster waren vernagelt, die Scheiben dreckverschmiert. Die Fensterscheiben, die ich zerschossen hatte, waren durch Bretter ersetzt worden. An der Eingangstür waren drei Vorhängeschlösser angebracht. Ein Stück Polizeiabsperrband hing noch in der Ecke der Tür und flatterte in der gelegentlich aufkommenden Brise.

Seit jenem Tag war ich nicht mehr im Haus gewesen. Le hatte meine Waffen, Unterlagen und einige Kleidungsstücke herausgeholt, bevor er es versiegelt hatte. Er hatte mir nicht gesagt, wie es innen aussah, und ich hatte nicht gefragt.

Ich stand vor dem Backsteinhaus und betrachtete es. Das hatte ich zuletzt getan, als ich Les Haus das erste Mal verlassen hatte, um joggen zu gehen. Damals war ich von einem starken Gefühl des Bedauerns ergriffen worden.

Die Erinnerungen standen mir frisch vor Augen. Ich konnte fast das Blut und das Schießpulver riechen. Aber in diesem Moment regte sich nichts in mir. Ich hatte meinen Frieden mit meinem Versagen gemacht.

Nach ein paar Minuten kehrte ich zu Les Haus zurück, um zu packen. Es waren noch vier Stunden Zeit, bis ich abgeholt werden sollte. Doch ich beschloss, nicht zu warten. Ich fügte der Nachricht an Le ein »Danke« hinzu, rief ein Taxi und fuhr zu Ellas Wohnung.

Kapitel 4

Das Leben mit Ella war sehr gewöhnlich. Langweilig. Sie hatte einen vorhersehbaren Tagesablauf und eine kurze Liste von Klienten, mit denen sie sich traf. Manchmal begleitete ich sie zu Partys und Hausbesuchen. Nachts schlief ich oft im selben Bett wie sie. Bisher hatte es keine Gelegenheiten für mich gegeben, meinen Pflichten als Bodyguard nachzukommen. Die meiste Zeit verbrachte ich mit Trainieren.

Fünf Monate waren vergangen, seit ich Les Haus verlassen hatte, um für Ella zu arbeiten und bei ihr zu wohnen.

Ella war auch ohne ihre Praxis eine wohlhabende Frau. Sie kam aus einer vermögenden Familie. Ihr Vater war ein äußerst erfolgreicher Anwalt und ihre Mutter die Erbin eines Bauunternehmens. Sie war bereits einmal verheiratet gewesen, aber jung in diese Ehe gegangen.

»Ein mittelloser Aristokrat verheiratet mit einer reichen, aber standeslosen Frau«, hatte Ella es zusammengefasst. »Meine Eltern hassten ihn. Aber sie mussten ihren Groll gegen ihn und gegen mich, weil ich ihn gegen ihren Willen geheiratet hatte, nicht lange hegen.«

Ella trank oft, während sie über ihre Vergangenheit sprach. Dann wurde sie immer ein wenig geschwätzig. Sie trank jeden Abend nach dem Essen. Ich hörte nur zu. Ich spendete ihr weder Trost, noch bot ich ihr einen Rat an.

»Das Arschloch hat mich verprügelt, wenn ich ihm nicht genug Geld gegeben habe, das er dann für irgendwelche Nutten verjubeln konnte, die er in den Niederlanden aufgerissen hatte. Dafür und für Drogen. Er verschwand tagelang auf einem verdammten Haschischtrip mit den Prostituierten aus dem Rotlichtviertel.«

In dieser Nacht trank sie mehr als gewöhnlich. Ich wusste nicht, was an diesem Tag geschehen war, und ich fragte auch nicht nach. Ich saß ihr am Esstisch gegenüber, nachdem George den Tisch abgeräumt und die Karaffe mit dem gereiften Whiskey und zwei Gläser dagelassen hatte. Sie hatte mir zwar auch einen Drink eingeschenkt, doch ich rührte ihn nicht an.

»Schließlich habe ich meine Scham überwunden«, sagte sie und kippte den Rest des Whiskeys in ihrem Glas herunter. Sofort griff sie wieder nach der Kristallkaraffe und schenkte sich nach. »Weißt du, ich hatte immer vorgegeben, dass wir eine glückliche Ehe führen, und vor meinen Freunden, meiner Familie und jedem, den es interessierte, mit dem großen Namen angegeben. Aber das war vorbei, nachdem er mich eines Tages, nachdem ich ihm den Geldhahn zugedreht hatte, so schwer verprügelt hat, dass mein Arm gebrochen war und ich fast ein Auge verloren hätte.«

Sie streckte ihre Hände aus und ergriff eine von meinen. Ihre zarten kleinen Hände waren wie die einer Puppe. Die manikürten, lackierten Nägel und die teuren Ringe, die an drei ihrer Finger steckten, standen in starkem Kontrast zu meinen Händen.

»Alles, was ich vom Leben will, ist, von einem guten Mann geliebt zu werden«, erklärte sie. »Mich sicher und begehrt fühlen, wenn ich bei ihm bin.«

Ich nickte. Mehr konnte ich ihr nicht geben.

»Ich könnte dein Leben verändern«, bot sie an und ein Lächeln breitete sich auf ihren Lippen aus, »wenn du nur …« Sie sprach nicht weiter. Stattdessen seufzte sie und ließ meine Hand los, damit sie ihr Glas wieder nehmen und austrinken konnte.

Anschließend stand sie auf, richtete ihr Kleid und strich die Falten glatt. Obwohl ich wusste, dass sie betrunken war, verlor sie weder das Gleichgewicht noch die Fassung. Sie war daran gewöhnt.

»Du musst heute Nacht nicht mit in mein Zimmer kommen«, sagte sie. »Wir müssen morgen früh raus. George wird dir den Terminplan geben.«

Dann ging sie. Ihre Schritte auf den Stilettos waren ein wenig unsicher, als sie das Esszimmer verließ, aber irgendwie gelang es ihr, nicht zu stolpern. Sekunden später, als hätte er die ganze Zeit mit den Unterlagen an der Tür gewartet, kam George herein.

Der alte Mann war schon in Ellas Elternhaus angestellt gewesen. Er gehörte zu den Bediensteten, die Ella aufgezogen hatten, und verbrachte nun den Herbst seines Lebens bei ihr. Er erinnerte mich sehr an Le.

Er legte ein zusammengeheftetes dreiseitiges Dokument vor mich und räumte die Gläser und die Karaffe vom Tisch.

Das Dokument enthielt eine Buchungsbestätigung für einen Flug nach New York, der Brüssel um zehn Uhr am nächsten Morgen verlassen würde. Die zweite Seite war eine detaillierte Namensliste, die mir nichts sagte. Das Logo von Gen-Tech auf der letzten Seite erregte meine Aufmerksamkeit – ich setzte mich gerade hin.

»Ein Kongress?«, fragte ich, nachdem ich den Inhalt des Briefes überflogen hatte.

George nickte.

»Er findet zweimal im Jahr statt«, erklärte er. »Bei Ihrer Ankunft erwartet Sie ein Wagen am Flughafen. Er wird Sie zum Hotel bringen. Die weiteren Details erhalten Sie vor Ort.«

»Was ist das für ein Kongress, dass ich Miss Ella dorthin eskortieren muss?«

»Die Art, bei der ein Haufen reicher Ärzte voreinander damit angeben, wie reich sie sind«, erwiderte er mit einem Lächeln.

Ich traf mich mit Pete am Flughafen, nachdem Ella und ich durch die Zollkontrolle und an der Menschenmenge vorbei waren, die mit Schildern und Blumen bewaffnet auf die Ankommenden warteten. Ella entdeckte einen Chauffeur in einem strengen schwarzen Anzug und mit seiner Schirmmütze unter dem Arm. Er hielt ein Schild, auf dem ›Ms Pierson‹ stand. Sie winkte ihm zu, während sie auf ihn zuging. Ich folgte ihr und zog ihren Koffer hinter mir her. Meine Reisetasche hatte ich über die Schulter geworfen.

Pete saß auf einem der mit Metallstangen verbundenen unbequemen Plastikstühle im Wartebereich. Er grinste und tippte sich zur Begrüßung lässig an die Stirn.

Ich drückte dem Chauffeur die Taschen in die Hand und erklärte ihm, dass ich noch auf die Toilette müsste. Als ich auf die Waschräume zuging, folgte Pete mir. Wir trafen uns an den Waschbecken.

Pete verzog das Gesicht, als er die Narbe an meinem Hals sah, sagte aber nichts, während er mir eine zerknitterte Tüte von Macy's reichte.

»Wird auch Zeit, dass du nach Hause kommst, Yankee«, sagte er.

»Hast du die Informationen, um die ich dich gebeten habe?«

Er zuckte mit den Schultern. »Ist ja nicht so, als könnte ich das einfach aus dem Netz ziehen«, erwiderte er und kramte in seiner Tasche. Er zog einen kleinen Plastikpanda heraus und hielt ihn hoch. »Alles, was ich finden konnte, ist hier drauf.«

Er legte den USB-Stick auf meine ausgestreckte Handfläche. Am Hals des Pandas war ein Spalt – der lächelnde Kopf verbarg den USB-Anschluss.

»Das wird dich dieses Mal eine siebenstellige Summe kosten. Ich musste eine Menge teurer Leute verführen«, erklärte er. »Das kommt alles auf die Rechnung.«

Ich nickte und steckte den USB-Stick in meine Tasche.

»Und … weil ich eine satte Aufwandsentschädigung für diesen Auftrag bekomme, habe ich dir ein Geschenk mitgebracht.« Er zog einen kleinen weißen Umschlag aus seiner Gesäßtasche. »Grand Central Station. Schwartz Travel. Ich habe dir einen Handgepäckkoffer mit drei 9-Millimetern und ein paar Hundert Hohlspitzgeschossen hinterlegt.«

»Guter Junge«, lobte ich. »Ich wusste doch, ich habe dich aus gutem Grund vom Kinderstrich gerettet.«

»Der Abholschein und der Kofferschlüssel«, sagte er und drückte mir den Umschlag in die Hand.

Er zwinkerte mir zu und ging. Ich trat in eine der Kabinen und studierte den Inhalt der Macy's-Tüte. Er hatte mir ein Wegwerfhandy mitgebracht. Seine Nummer war die einzige, die eingespeichert war. In einem Hüftholster steckte eine Glock. Sie war bereits mit einem vollen Magazin geladen. Dazu gab es zwei volle Ersatzmagazine. Ich befestigte das Holster an meiner Hüfte – mein Jackett verdeckte es, sodass seine Form nicht zu erkennen war. Die beiden Magazine steckte ich in die Innentasche.

Als ich herauskam, saß Ella bereits in der Limo – sie sprach an ihrem Handy mit jemandem auf Französisch. Der Fahrer stand neben der offenen Tür der Rücksitzbank und wartete geduldig darauf, dass ich zu Ella in den Wagen stieg.

»Danke fürs Warten«, sagte ich und stieg ein. Der Fahrer nickte nur und schloss die Tür hinter mir. Während Ella weiter in ihr Handy sprach, legte sie eine Hand auf meinen Oberschenkel und streichelte und drückte ihn, ohne sich dessen wirklich bewusst zu sein. Ich hatte nur einen Gedanken: In ein paar Tagen würde ich mich von ihr trennen und sie wahrscheinlich nie wiedersehen.

Wir wurden zum Plaza Hotel gebracht. Der Kongress selbst fand im Javits Center statt. Die Agenda sowie unsere Eintrittsausweise lagen auf dem Tisch unserer Suite. Jeden Tag gab es einen neuen Ausweis und die Sitzplätze waren reserviert. Ich blätterte durch die Unterlagen, während Ella ihre Kleidung auspackte und ihr Make-up auffrischte.

Die Unterlagen enthielten einen detaillierten Zeitplan für jeden Tag. Einige waren als Vortrag bezeichnet, andere einfach nur als »Demonstration«. Die Tage waren kurz – sie begannen um zehn und endeten um vier. Dazwischen gab es eine zweistündige Mittagspause. Jeden Abend gab es einen Dinnerempfang in einem anderen Fünf-Sterne-Hotel.

Tag vier war der einzige, der mich interessierte – der letzte Kongresstag würde direkt bei Gen-Tech stattfinden. Vermutlich handelte es sich um eine Besichtigung der Regale voller fertiger künstlicher Menschen, die zum Verkauf bereitstanden. Ich studierte den Ausweis für diesen Tag – eine einfache weiße Plastikkarte mit dem Gen-Tech-Logo und einem eingebauten Chip. Ich steckte einen der beiden in meine Tasche und verstaute die Unterlagen wieder in dem Umschlag.

An diesem Abend gab es einen Cocktailempfang und ein Dinner im Four Seasons. Ich erklärte Ella, dass ich die Veranstaltung auslassen wollte, um mir die Sicherheit und die Mitarbeiter des Kongresszentrums anzusehen. Sie hatte keine Einwände. Die hatte sie fast nie, wenn ich sagte, dass es um die Arbeit ging. Sie war die Art Frau, die nicht lange nach Gesellschaft suchen musste. Ich war nur eine ihrer unzähligen Zerstreuungen. Spät an diesem Nachmittag, wenige Stunden nachdem wir uns in unserer Suite eingerichtet hatten, wurde sie von ein paar älteren Herren abgeholt, um zu einem Cocktailempfang vor dem Essen zu gehen. Ich ging in die öffentliche Bibliothek von Midtown, um den Inhalt des USB-Sticks zu studieren.

Er enthielt einige interessante Informationen über Gen-Tech, auch wenn keine davon bahnbrechend war. Die Daten, die ich für fast eine Million erstanden hatte, umfassten die Blaupausen des Gebäudes, das einst Crawford gehört hatte – dasselbe, in dem ich damals angeheuert worden war, im Konferenzraum im obersten Stock. Es war das Gebäude, in dem sich die Labore befanden, die das Doll-Projekt und seine fertiggestellten Produkte beherbergten. Es gab auch Blaupausen von einem neuen Gebäudekomplex, der in Upper Manhattan gebaut wurde. Er sollte in anderthalb Jahren fertiggestellt werden. Der Keller und die ersten zehn Stockwerke waren bereits bezogen und in Benutzung.

Die anderen Dateien waren Zusammenfassungen der finanziellen und logistischen Struktur und der Geschichte von Gen-Tech. Das Unternehmen war von einem der größten Pharmakonzerne der Welt gegründet worden. Sie kauften häufig Firmen unterschiedlicher Größen auf und beförderten dann eine der internen Führungskräfte, um die neue Einheit zu leiten. Der Konzern verleibte sich regelmäßig Unternehmen wie Crawfords ein. Schon bevor sie dessen Unternehmen geschluckt hatten, schien Gen-Tech in Deutschland und Kanada bereits vor über zehn Jahren ähnliche Doll-Technologien entwickelt zu haben. Ich konnte nur vermuten, dass Gen-Tech trotz jahrzehntelanger Arbeit und Milliarden, die investiert worden waren, nichts hatte, was fortgeschritten genug war, um damit auf den Markt zu gehen. Und Crawford durch einen Auftragsmörder aus dem Unternehmen zu befördern wäre wesentlich billiger gewesen, vor allem wenn Crawford nicht hatte verkaufen wollen.

Das war nur eine Vermutung und ohne Beweise war sie vollkommen wertlos. Ich zog das Handy heraus und schickte eine kurze Nachricht an Pete. Ich wollte alles über Oshihara erfahren, was es zu wissen gab. Er war Crawfords rechte Hand gewesen. Es war unwahrscheinlich, dass er nicht genauestens über Crawfords letzte Tage Bescheid wusste. Auf jeden Fall war es undenkbar, dass ihm nicht aufgefallen war, dass Kai nicht auf der Inventarliste aufgeführt war oder in welcher Verbindung ich zum Unternehmen stand. Nur drei Leute kannten meinen Namen und die Rolle, die ich in der Wiederbeschaffung von Kai gespielt hatte. Dieselben drei Leute, die wussten, dass ich irgendwie als Kais neuer Benutzer mit ihm verbunden war. Und einer von ihnen war tot.

Ich beschloss, ein Auto zu mieten und dem zweiten heute Abend einen Besuch zu Hause abzustatten.

Moore war nicht zu Hause, als ich nach sieben an diesem Abend bei ihm ankam. Es war noch hell draußen. Die Kinder waren auf ihren Fahrrädern unterwegs oder spielten auf den Plastikgeräten des Spielplatzes. Vor Moores Haus malten drei Kinder auf dem Bürgersteig. Ich saß in einem halben Block Entfernung in meinem Wagen, neben einem künstlichen Teich, der mit einem schicken schmiedeeisernen Zaun abgegrenzt war.

Ein paar Erwachsene, vorwiegend Frauen, starrten mich unverhohlen an und versuchten gar nicht erst, ihre Verwunderung zu verbergen. Es hatte jedoch niemand die Polizei gerufen. Schließlich war es nicht sehr wahrscheinlich, dass jemand in einem Anzug und einem neuen Auto diesen bescheidenen Vorort für einen Raubüberfall ausspionieren würde.

Vierzig Minuten später kam Moore endlich nach Hause. Er fuhr in einem gelben Kombi vor, stieg aus dem Auto und ging auf die drei Kinder zu, die mit bunter Kreide willkürliche Muster auf den Gehweg malten. Er ging in die Hocke und lächelte sie an. Tiefe Krähenfüße bildeten sich in seinen Augenwinkeln.

Er wirkte deutlich älter als damals, als ich ihn im Waldorf Astoria zuletzt gesehen hatte. Sein graumeliertes Haar war inzwischen vollkommen weiß geworden.

Ich startete den Wagen und fuhr hinüber. Er blickte auf, als ich hinter ihm in der Einfahrt parkte. Zunächst erstarrte er. Seine Augen waren weit aufgerissen. Eine Weile starrte er mich einfach nur an – er bewegte sich nicht, als sein Blick meinen traf. Dann stand er langsam auf. Er schien hin- und hergerissen zu sein, was er tun sollte. Schließlich trat er an mein Fenster und sah auf mich herunter. Sein Mund öffnete sich, doch er brachte keinen Ton hervor.

»Der Versuch, mich zu ermorden, ist fehlgeschlagen«, sagte ich.

Er nickte langsam, blickte zu seinem Haus und wieder zurück zu mir.

»Kann ich meiner Frau erst sagen, dass ich zu Hause bin? Ich muss mit Ihnen sprechen«, erklärte er.

Ich sagte ihm, dass das in Ordnung sei. Erst ging er zu seinem Auto, um einen Aktenkoffer herauszuholen, dann verschwand er im Haus. Einige Minuten später tauchte er wieder auf und stieg in meinen Wagen. Er meinte, wir sollten uns in einem Diner in der Nähe unterhalten, und gab mir unterwegs Richtungsanweisungen.

»Ich habe ... *davon* gehört«, sagte er.

»Von?«

»Ein paar der Männer, die den Überfall durchgeführt haben, arbeiten für den Sicherheitsdienst der Hauptniederlassung.«

»Wie es scheint, haben wir einiges zu besprechen«, bemerkte ich und sah ihn an. »Hauptniederlassung. Gehe ich recht in der Annahme, dass Sie jetzt für Gen-Tech arbeiten?«

Er blickte auf die Narbe an meinem Hals und in seinen Augen stand nackte Angst. Er senkte den Blick auf seinen Schoß.

»Ja«, antwortete er mit entschuldigendem Unterton.

Wir sprachen nicht weiter, bis wir das Diner erreicht hatten. Es war ein kleiner Laden, dessen Einrichtung Jahrzehnte alt war. Die Musik, die aus den Lautsprechern drang, stammte aus derselben Zeit. Es waren nur ein paar andere Gäste anwesend. Moore winkte einem Mann mittleren Alters zu, der hinter dem Tresen stand und eine blaue Schürze, die das Logo des Diners zierte, trug.

»Ich muss mir mal deinen Festsaal leihen«, erklärte Moore ihm, als wir an ihm vorbeigingen. »Nur Kaffee bitte, Mel.«

Der Festsaal war ein kleiner Raum im hinteren Bereich neben der Küche, in dem ein Tisch für zwölf Personen stand. Er war mit einem weiß-rot karierten Tischtuch gedeckt. In der Mitte stand ein Arrangement aus Plastikblumen, die ausgeblichen und verstaubt waren. Vier Stühle mit abgenutzten Polstern waren an den Tisch geschoben – die restlichen waren in einer Ecke aufgestapelt. Es gab ein Fenster, dessen Jalousien heruntergelassen waren. Eine Lichterkette rahmte es ein. Sie war nicht eingeschaltet. Wahrscheinlich wurde sie angemacht, wenn der Raum von zahlenden Gästen genutzt wurde.

Kurz kam mir der Gedanke, wo ich in diesem Moment eigentlich hätte sein sollen – bei einem Dinner im Four Seasons, wo ein Gericht zweitausend Dollar kostete, umgeben von Politikern und Ärzten in exklusiven Anzügen und Kleidern. Ich musste lächeln, als ich erkannte, dass ich lieber hier in diesem kleinen Festsaal war, der nach Frühlings-regen-Teppichreiniger roch, als bei diesem Dinner.

»Als sie Kai zurückgebracht haben, haben sie mich gebeten, zurück-zukommen und für Gen-Tech zu arbeiten«, begann Moore. Er zog einen der Stühle heraus und setzte sich. »Es gab nicht viele Leute, die wussten, wie sie mit Kai umgehen sollten.«

Ich zog meine Jacke aus, hängte sie über den Stuhl gegenüber von ihm und setzte mich ebenfalls. Bevor Moore fortfahren konnte, kam Mel mit einer weißen Kaffeekanne und zwei Porzellantassen herein. Er stellte sie ab und nickte Moore nur zu, als dieser sagte: »Danke, Mel.«

Mel ging und warf mir einen weiteren eindringlichen Blick zu, bevor er die Tür hinter sich schloss.

»Ein paar der Jungs haben mir erzählt, was an jenem Tag passiert ist, als sie ihn abholen sollten, nachdem ich ihnen ein paar Scheine zugeschoben hatte«, erklärte Moore und schenkte Kaffee in die beiden Tassen. Er nahm sich eine. »Sie haben nicht gesagt, wie Sie gestorben sind, nur dass sie absolut sicher wären, dass Sie tot sind. Bianchi lässt niemanden am Leben.«

»Sie kennen ihn«, stellte ich fest. »Arbeitet er noch für Gen-Tech?«

Er nickte, hielt die Tasse mit beiden Händen und betrachtete die Narbe an meiner Kehle.

»Ich schätze, die Geschichten über Sie waren nicht übertrieben«, bemerkte er. »Sie sind so Furcht einflößend, dass sie sogar dem Tod entkommen können.«

»Ich hatte Hilfe«, erwiderte ich. »Wo ist Kai?«

Er schüttelte den Kopf. »Ich war in der Anfangsphase bei ihm. Gen-Tech war nur hinter den Daten her. Wochenlang haben sie ihn verkabelt und ihm ununterbrochen Daten entzogen.«

Er blickte auf seine Tasse und stellte sie wieder auf den Tisch. Seine Mundwinkel zeigten nach unten. »Er hat immer nur nach Ihnen gefragt«, sagte er mit gesenkter Stimme. »Immer und immer wieder ... über all die Wochen. Er hat geweint und nach Ihnen gefragt, als wäre das das Einzige, wozu er in der Lage war.«

Er machte eine lange Pause. Ich ließ ihm Zeit.

»Ich war nicht dabei, als sie ihn schließlich deaktiviert haben. Sie haben mir nur gesagt, dass sie es getan hätten. Und dass es endgültig wäre.«

»Er ist also erneut gestorben«, sagte ich.

Er nickte. Er sah immer noch nicht auf, aber sein Mund war angespannt. Ich wusste, dass er versuchte, die Tränen zurückzuhalten.

»Sie haben mir gesagt, dass sie ihn nicht mehr brauchten ...« Seine Stimme war nicht mehr als ein Flüstern. »Sie wollten nur die Daten.«

Er nahm seine Brille ab und rieb sich die Augen.

»Wo ist er jetzt?«

Erneut schüttelte er den Kopf. »Ich weiß es nicht.«

Er setzte seine Brille wieder auf und seufzte. »Das war vor sechs Monaten. Ich bin im Unternehmen geblieben, um ihn vielleicht eines Tages zu finden.«

Wieder verfiel er in Schweigen. Dieses Mal hatten Moores Worte mich getroffen. Mir schnürte sich die Brust zu. Ich bemerkte, dass ich immer wieder die Hände zu Fäusten ballte. Es waren nicht Schuld oder Trauer, die in mir aufwallten. Es war Wut und für einen Moment konnte ich sie kaum unterdrücken. Ich biss die Zähne so fest zusammen, dass ich das Gefühl hatte, sie würden zersplittern.

Ich stand auf und ging in dem kleinen Raum auf und ab, um die Wut, die so plötzlich in mir hochgekocht war, abzubauen, damit ich wieder klar denken konnte. Moore starrte nur auf seine Hände, während die Minuten vergingen.

Als ich mich etwas beruhigt hatte, setzte ich mich wieder.

»Sie müssen mir alles erzählen, was Sie wissen«, forderte ich. »Über die Geschäftsführung, angefangen bei Wade. Über die Sicherheitsprotokolle. Über die aktuellen Projekte – vor allem die Dolls, von denen Sie wissen, dass sie entwickelt wurden, nachdem sie Kai in ihren Fängen hatten. Einfach alles.«

Er wirkte entsetzt.

»Ich weiß weniger, als Sie vermuten«, erklärte er. »Ich bin bei Gen-Tech nicht annähernd so wichtig, wie ich es für Mr Crawford war. Ich habe eine sehr niedrige Sicherheitsfreigabe – ich habe nur zu ein paar Laboren Zugang, in denen ich arbeite. Ich passe die Dolls an die Wünsche der Kunden an.«

»Die Art Kunden, die von den piekfeinen Medizinern angeworben werden, die in den kommenden Tagen an dem Kongress im Javits Center teilnehmen?«

»Ja. Woher wissen Sie das?«, fragte er, nahm die Tasse und trank endlich daraus.

»Ich arbeite für eine dieser Medizinerinnen.«

Er zuckte mit den Schultern. »Wenn Sie es so weit geschafft haben, wissen Sie wahrscheinlich mehr als ich.«

»Diese Dolls, die Gen-Tech anpreist ... Sind sie fortgeschrittener als die, die ich vor ein paar Jahren gesehen habe? Die Dolls, die einfache Bürotätigkeiten verrichtet haben und für nächtliche Vergnügungen vermietet wurden.«

»Ja, sehr viel fortgeschrittener«, erwiderte er und drehte die Tasse zwischen seinen Händen. »Von Kai haben sie gelernt, wie man Fragmente der Erinnerung bewahren und sogar vom Menschen in die Maschine transferieren kann.«

»Warum ist das so wichtig?«

»Es ist wichtig, wenn jemand bereit ist, sehr viel Geld auszugeben, um etwas Verlorenes mit einer exakten Kopie zu ersetzen, statt sich einfach nur ein Spielzeug zu kaufen, um den Verlust zu vergessen.«

»Oder um sich die Unsterblichkeit zu erkaufen.«

»Oder das«, bestätigte er. »Kai besaß noch Erinnerungsfragmente aus seiner Kindheit. Nicht viele, aber genug, um das Interesse von Gen-Tech zu wecken. Das wurde dokumentiert, bevor Sie ins Spiel kamen. Nachdem er dann technisch gesehen gestorben war, nachdem Sie ... Sie wissen schon ... bewahrte er sich Erinnerungen an Sie. All das machte ihn besonders und sehr wichtig für Gen-Tech. Eine Wiedergeburt ist so viel wertvoller als ein Gefährte.«

»Sie müssen also hinter sein Geheimnis gekommen sein, sonst hätten sie Kai nicht deaktiviert.«

»Ja«, stimmte er zu. »Zumindest gehe ich davon aus. Ich war am Prozess der Datengewinnung beteiligt, aber nicht an der Auswertung.«

»Trotzdem ergibt es keinen Sinn, dass sie Kai vernichtet haben sollen«, sagte ich. »Es sollte nicht möglich sein, innerhalb weniger Monate alles herauszufinden.«

»Das denke ich auch, aber mein Zugang ist sehr beschränkt. Wahrscheinlich auf Anraten von Oshihara.«

»Aha? Er steht also ganz oben in der Nahrungskette?«

»Oh ja. Er ist Wades persönlicher Berater.«

Das Puzzle fügte sich zusammen. Mit einem Mal wurde mir alles klar. Oshihara war der Drahtzieher hinter allem, was geschehen war. Diese Erkenntnis machte mich glücklich. Es war eine klare Spur, nachdem ich die ganze Zeit im Dunkeln getappt hatte. Ich konnte mein Lächeln nicht verbergen und das machte Moore unruhig.

»Ich traue mich kaum zu fragen«, begann er.

»Je weniger Sie wissen, desto besser«, erwiderte ich. Ich sah auf die Uhr. Es war fast zehn. Ich war ein wenig überrascht, dass Ella mich noch nicht angerufen hatte. Aber andererseits auch wieder nicht. Sie hatte für heute Nacht aller Wahrscheinlichkeit nach einen anderen Begleiter gefunden. Vermutlich war sie noch nicht einmal wieder im Hotel. Ich war ihr nicht gerade ein liebevoller Gefährte gewesen. Es fiel mir schon schwer, auch nur so zu tun, als würde sie mir etwas bedeuten.

»Ich muss leider los«, sagte ich. »Die Informationen, um die ich gebeten habe, auch wenn sie trivial erscheinen mögen – ich brauche sie. Vor allem das Sicherheitssystem. Wie die Labore gesichert sind und welche Sicherheitsprotokolle angewendet werden.«

Ich zog das Wegwerfhandy heraus und las ihm die Nummer, die auf dem Display stand, vor, damit er sie in sein eigenes Telefon einspeichern konnte.

»Wenn Sie alles auf einer CD oder einem USB-Stick zusammengetragen haben, rufen Sie diese Nummer an und nennen Sie ihm die Adresse dieses Diners. Übergeben Sie die Informationen an Pete. Er wird sie dann an mich weitergeben. Ich brauche sie innerhalb der nächsten vierundzwanzig Stunden.«

»Sie verlangen eine ganze Menge«, erwiderte er. »Ich weiß nicht …«

Er seufzte und nickte. »Ich werde sehen, was sich machen lässt.«

»Riskieren Sie nicht Ihre Position dafür«, warnte ich. »Sie müssen noch eine Weile dortbleiben.«

»Wofür?«

»Was auch immer in den nächsten Tagen mit mir passiert, jemand muss da sein, um sich um Kai zu kümmern«, erklärte ich. »Jemand muss ihn wieder in Besitz nehmen.«

Ein Mundwinkel verzog sich nach oben und er lachte nervös. »Sie klingen, als hätten Sie vor, zu sterben«, sagte er.

Ich erwiderte sein Lächeln. »Ich habe nicht vor zu versagen, aber ich bin nicht so arrogant, zu glauben, dass ich dem Tod noch mal von der Schippe springen kann.«

Kapitel 5

Es war fast Mitternacht, als ich ins Hotel zurückkam. Ella war nicht da. Ihr offener Koffer lag noch auf dem Bett. Die Hälfte des Inhalts hing entweder über dem Stuhl neben dem Nachttisch oder war auf der Tagesdecke ausgebreitet. Der Raum sah noch genauso aus, wie sie ihn eine Stunde vor mir verlassen hatte.

Ich holte den Koffer ab, den Pete bei Schwartz Travel für mich hinterlegt hatte, ließ die Munition im Kofferraum des Mietwagens und nahm nur die Waffen in einem metallenen Aktenkoffer mit. Ich bestellte mir beim Zimmerservice ein Sandwich und aß es, während ich die Waffen untersuchte, die unter dem Schaumstofffutter des Aktenkoffers versteckt waren. Zwei CZ Phantoms und eine Baby Eagle. Die Eagle hatte zusätzlich noch einen Schalldämpfer zum Aufschrauben.

Ich verschloss die Waffen im Safe und ging unter die Dusche. Danach begab ich mich mit einer Flasche Wasser auf den Balkon. Ich sehnte mich nach einer Zigarette und einem Drink, den ich mir jetzt nicht mehr erlauben konnte. Ich beobachtete die Stadt unter mir, die um ein Uhr nachts immer noch voller Leben war – zwischen den erleuchteten Gebäuden floss ein beständiger Strom von Scheinwerfern und Rücklichtern dahin. Das Summen meines Wegwerfhandys rief mich wieder ins Zimmer.

Pete hatte mir Oshiharas Adresse in Newark, New Jersey geschickt. Eine kurze Onlinerecherche verriet mir, dass es sich um einen Wohnkomplex in der Nähe der U-Bahn-Station handelte. Er war offensichtlich ein praktisch denkender Mann. So musste er nicht mit dem Auto nach Manhattan reinfahren, um zur Arbeit zu kommen. Aber mir kam die Erinnerung, dass er einen Ring am Finger getragen hatte, als wir uns begegnet waren. Bei dem Geld, das er verdienen musste, ergab es keinen Sinn, dass er mit einer Familie in einer Wohnung lebte, nur um näher bei der Arbeit zu sein. Ich studierte noch die Satellitenfotos des Wohnkomplexes, der in einem ganzen Block mit ähnlichen Bauten und stuckverzierten Gebäuden stand, als Pete mir erneut schrieb.

Geschieden. Lebt allein. An Werktagen nach drei und meistens das gesamte Wochenende zu Hause. Zugangscode: 4214#.

Ich schickte ihm ein Danke und ging ins Bett.

Als Ella zurückkam, war es nach drei Uhr. Sie war, wie nicht anders zu erwarten, betrunken. Ich lauschte ihren Absätzen, die unrhythmisch ins Badezimmer klackerten. Das Geräusch laufenden Wassers lullte mich wieder in den Schlaf. Ich wurde erneut geweckt, als sie zu mir ins Bett schlüpfte. Obwohl sie nach Seife duftete und ihre Haut immer noch leicht feucht war, haftete ihr ein leichter Geruch nach Alkohol an.

Sie schmiegte sich nackt an mich. Obwohl sie ihre Arme um mich schlang, reagierte ich nicht. Ich lag wach und starrte an die dunkle Decke, an der ich die Umrisse des Kronleuchters ausmachen konnte. Ich erwiderte ihre Avancen nicht und schon bald war sie eingeschlafen. Ich lag bis zum Morgen wach und dachte über Gen-Tech und meine Unterhaltung mit Moore nach.

Ich zog mich gerade an, als Ella endlich erwachte. Sie hatte noch eine Stunde, bevor die Limo sie abholen würde, um sie zum Kongress zu bringen. Ich wusste, dass sie es nicht schaffen konnte, rechtzeitig fertig zu sein. Sie würde mindestens drei Stunden brauchen, um sich zurechtzumachen, und ganz offensichtlich war sie auch noch verkatert.

»Leg dich wieder hin«, sagte ich, während ich meine Krawatte band. »Heute steht nichts Wichtiges an, nur die Einführung. Ich werde Bescheid sagen, dass du dich nicht wohlfühlst und nicht teilnehmen wirst.«

Leise murmelte sie etwas, das ich nicht verstand, setzte sich auf und vergrub ihr Gesicht in ihren Händen.

»Schlaf noch ein bisschen und geh nachher in Ruhe zu dem Cocktailempfang und dem Dinner.« Ich zog mein Jackett an.

»Netzwerken ist bei diesen Veranstaltungen wichtiger als eine vierstündige Werbeveranstaltung, die du morgen noch mal geboten kriegst.«

Sie nickte.

Ich ging zur Bar und schaute in den kleinen Kühlschrank darunter. Er enthielt nur Club Soda, Flaschen mit stillem Mineralwasser und Orangensaft. Ich nahm zwei Flaschen Wasser heraus und stellte sie ihr auf den Nachttisch.

»Schlaf dich aus«, sagte ich. »Ich bestelle an der Rezeption einen Weckruf für heute Mittag.«

»Wo …?«, fragte sie und sah mich an. Ohne ihr aufwendiges Make-up und mit offenem, zerzaustem Haar sah sie aus wie eine Teenagerin.

Ich öffnete eine Wasserflasche und reichte sie ihr. Sie nahm einen langen Schluck und verschluckte sich dabei.

»Arbeit«, erklärte ich. »Ich will ein paar Leute bei Gen-Tech durchleuchten.«

»Warum …?« Ihre Stimme war rau und brüchig.

»Ich tue nur, wofür ich bezahlt werde«, erwiderte ich und küsste sie auf die Stirn. »Handlanger sind zu diesen schicken Dinnerveranstaltungen ohnehin nicht eingeladen. Wir sehen uns heute Abend. Versuch, nicht zu viel zu trinken. Die morgige Präsentation solltest du nicht verpassen. Ich verspreche auch, dass ich dich begleiten werde.«

Sie wirkte verwirrt, doch mit ihrem Kater dachte sie wahrscheinlich nicht groß über meine Worte nach. Sie nickte und sank wieder aufs Kissen. Ich ging und nahm nur den metallenen Aktenkoffer mit. Es war kurz nach halb neun.

Ich fuhr nach Newark und parkte an einem Einkaufszentrum ein paar Kilometer von Oshiharas Wohnung entfernt. Ich kaufte einen Laptop und setzte mich in ein Café im Einkaufszentrum, um mir den Inhalt des USB-Sticks anzusehen. Ich las jedes Dokument noch einmal durch und sah mir die Grundrisse von Gen-Tech genauestens an. Dabei erinnerte ich mich daran, was Moore mir erzählt hatte, auch wenn das nicht sehr viel war.

Eine Frage war mir bisher noch gar nicht gekommen: Wie wurden die Dolls eigentlich programmiert? Wie hatten sie die Daten aus Kai extrahiert und sie in den Geist Tausender dieser Pseudomenschen exportiert? Ich hatte Fragen, von denen ich nicht gedacht hatte, dass ich sie je würde stellen müssen. Ein Blick auf die Uhr verriet mir, dass ich in ein paar Stunden den Mann fragen konnte, der vielleicht die Antworten hatte.

Ich trank meine zweite Tasse Kaffee aus, klappte den Laptop zu und verließ das Café. An einem der Stände in der Fressmeile kaufte ich mir ein Roastbeef-Sandwich und zwei Flaschen Wasser, damit ich im Auto essen konnte, während ich auf der anderen Straßenseite von Oshiharas Wohnkomplex wartete.

Es war eine gute Gegend. Hier wohnten die Reichen. Die Bürgersteige waren hübsch gestaltet mit Blumenbeeten und getrimmtem Silberahorn. Entlang der vierspurigen Straße erstreckten sich über etwa einen Kilometer die grün-weißen Markisen einheitlich aussehender Boutiquen.

Ich parkte vor einem Bücherantiquariat, vor dem schmiedeeiserne Tische und Stühle standen, damit die Kunden ihre Fundstücke gleich lesen konnten, während sie einen Kaffee tranken und Biscotti aßen, die der Laden ebenfalls anbot.

Niemand beachtete mich. Der dreihunderttausend Dollar teure Luxusmietwagen, in dem ich saß, passte perfekt in diese schicke Gegend. Ich stand lange genug dort, um mein Mittagessen zu essen, und beobachtete das Kommen und Gehen der Anwohner. Es waren nicht viele Fußgänger unterwegs. Ich vermutete, dass der Großteil der Bewohner der Wohnkomplexe zum Arbeiten in der Stadt war, um sich die Miete hier zu verdienen. Um viertel vor zwei stieg ich aus dem Auto.

Der Code, den Pete mir gegeben hatte, öffnete die Eingangstür. Obwohl eine kleine blaue Plakette unten an der Tür angebracht war, die verkündete, dass das Gebäude von einer Sicherheitsfirma überwacht würde, konnte ich keine Überwachungskameras entdecken. Die Bewohner hatten wahrscheinlich jeder selbst eine Sicherheitsfirma beauftragt. Ein monatlich gemietetes Gefühl der Pseudosicherheit.

Das Innere hatte vor Kurzem eine Renovation erfahren, aber das Gebäude selbst war vor fast sechzig Jahren erbaut worden. Wie erwartet

befanden sich an den Türen noch die Originalschlösser mit Schließ-
zylinder. Die schönen antiken Türen waren aus massiver Eiche und das
Schließsystem auszuwechseln hätte bedeutet, sie zu ersetzen, oder es wären
zumindest sichtbare Umbaumaßnahmen nötig gewesen – vorausgesetzt,
dass es sie nicht gestört hatte, die Ästhetik zu ruinieren. Aber ich hatte
gelernt, dass sich reiche Leute in der Regel eher für die Optik als für Sicherheit entschieden, vor allem wenn sie sich in einem Vakuum bewegten, in
dem sie sich sicher fühlten. Die Nachbarschaft und das Gebäude selbst
waren ihre Festung.

Ich zog ein Paar Lederhandschuhe an. Innerhalb von Sekunden hatte
ich das Schloss geknackt und stand in Oshiharas Wohnung.

Ich hatte noch über eine Stunde totzuschlagen und nahm mir Zeit,
um sein Apartment zu inspizieren. Als Erstes ging ich in sein Arbeitszimmer. In drei Glasvitrinen standen ordentlich aufgereiht Dutzende
von in dunkelblaues Leder eingebundenen Büchern. Titel und Autor
waren in goldenen Buchstaben auf jedes einzelne geprägt. Er war eher
ein Sammler als eine Leseratte – die Bücher waren in makellosem
Zustand. Die Buchrücken waren kaum geknickt. Es waren alles klassische Werke. Ich wäre jede Wette eingegangen, dass ich Machiavellis
Der Fürst darunter finden würde. Und tatsächlich steckte es zwischen
1984 und *Schöne Neue Welt*. Zwei Lithografien von Kohlezeichnungen
des Eiffelturms von verschiedenen Künstlern waren die einzige Deko-
ration an den Wänden. Auf dem gläsernen Schreibtisch stand ein Laptop, doch es gab keinen Stuhl. Der Raum diente eher zum Vorzeigen,
als dass er tatsächlich genutzt wurde.

Wie der Großteil der Wohnung war das Schlafzimmer spartanisch
eingerichtet und ordentlich. Es gab nicht viele Möbel oder Geräte. Es
sah aus wie in einem Schöner-Wohnen-Katalog – alles war in einem
künstlerischen Minimalismus so angeordnet, dass es den Betrachter
beeindruckte, aber es fehlte der Charakter. Es gab keine persönlichen
Gegenstände. Er hatte jegliche Spuren von sich aus der Wohnung getilgt.
Es gab keine Fotos von seiner Familie, gerahmte Diplome oder Trophäen.

Der einzige Hinweis darauf, wer er war, waren drei ordentlich nach Größe aufgestapelte Magazine auf dem Beistelltisch: eine *National Geographic*, eine *Newsweek* und ein *Reader's Digest*.

Ich holte seinen Laptop aus dem Arbeitszimmer und stellte ihn auf den Küchentisch, um seine Browserhistorie durchzugehen. Oshihara würde mich an diesem Platz nicht sehen können, es sei denn, er ging durchs Wohnzimmer in sein Schlafzimmer oder das Arbeitszimmer. Ich zog mein Jackett aus und machte es mir gemütlich. Die Baby Eagle legte ich auf den Tisch neben mir.

Ich kam zu dem Schluss, dass er die Nachrichtenmeldungen las und sonst nicht viel. Es gab keine E-Mails, die ich durchsehen konnte, oder vertrauliche Gen-Tech-Dokumente, die er vielleicht in einem nichtssagenden Ordner versteckt hatte. Seine Browserhistorie verriet mir nicht viel. Die Artikel, die er gelesen hatte, drehten sich meist um Finanzen. Ich fand keine Hinweise auf das, was ich über Gen-Tech wissen musste.

Ich war immer noch dabei, alle Ordner und Dateien durchzugehen und jeden versteckten Ordner zu überprüfen, den ich finden konnte, als ich hörte, wie die Eingangstür aufging. Ich hörte seine Schritte auf dem Teppich. Ich stand auf, während ich sie vom Eingang durch das Wohnzimmer verfolgte. Er schreckte zusammen, als er mich sah, und erstarrte. Sein Gesicht war bleich und er hatte seine Augen weit aufgerissen.

Oshihara hatte sich seit unserer letzten Begegnung nicht sehr verändert, als ich mit ihm und Crawford in diesem riesigen leeren Konferenzraum gesessen hatte. In seinen Haaren zeigten sich erste graue Strähnen, aber das war das einzige Zeichen des Alters. Er trug einen dunkelblauen Anzug, der im Schoß und an den Ellbogen zerknittert war – ein Zeichen, dass er Stunden an seinem Schreibtisch verbracht hatte. In der linken Hand hielt er einen braunen Aktenkoffer aus Leder. Er umklammerte den Griff so fest, dass seine Knöchel weiß hervortraten.

»Guten Tag«, sagte ich, um das betretene Schweigen zu brechen.

Er fing an zu zittern. Er blickte zu der Waffe, dann wieder zu mir und wägte seine Optionen ab.

»Wir haben einiges zu besprechen«, fuhr ich fort und deutete auf den Stuhl mir gegenüber. »Bitte.«

Er zögerte noch ein paar Sekunden, dann rannte er zur Tür und ließ seinen Aktenkoffer fallen. Ich griff nach der Waffe, holte ihn ein und packte ihn am Nacken, bevor er den Türknauf erreichen konnte.

»Das hätte auch auf zivilisierte Art ablaufen können«, erklärte ich und zog ihn hinter mir her in Richtung Badezimmer. »Wir hätten uns bei einer schönen Tasse Tee unterhalten können.«

Er wehrte sich und versuchte, sich im Teppich festzukrallen. Seine Finger versuchten verzweifelt, meine Hand von seinem Nacken zu zerren. Ich hatte keine Probleme, ihn unter Kontrolle zu halten, schob ihn ins Badezimmer und befahl ihm, sich in die Wanne zu setzen. Widerwillig folgte er meinen Anweisungen. Ich klappte den Toilettendeckel zu und setzte mich.

»Die Bude muss eine schöne Stange Geld kosten. Wirklich schick«, bemerkte ich. »Die Schallisolierung ist mit Sicherheit hervorragend. Sie könnten wahrscheinlich mit fünfzig betrunkenen Gästen die ganze Nacht Party machen und ihre Nachbarn würden friedlich wie ein Baby schlummern.«

Das war keine Vermutung. Ich wusste, dass die Wohnung schallisoliert war, um die Privatsphäre zu sichern. Es war eines der Verkaufsargumente auf der Webseite des Wohnkomplexes.

»Nur eine andere lebende Person kannte meinen Namen und meine Verbindung zu Ihrem früheren Arbeitgeber«, fuhr ich fort. »Möchten Sie sich vielleicht vorab ein paar Extrapunkte verdienen und mir verraten, was Sie denen erzählt haben?«

Er schwieg. Stattdessen zog er die Knie an die Brust, schlang seine Arme darum und murmelte leise vor sich hin. Ich unterbrach ihn nicht, während ich den Schalldämpfer aus der Tasche zog und ihn festschraubte. Bei diesem Anblick weiteten sich seine Augen.

»Sie werden mich so oder so töten«, sagte er. Trotz dieses kurzen Aufblitzens von Courage zitterte seine Stimme.

Ich zuckte mit den Schultern. »Oder ich nehme mir einfach die Zeit, ein paar Magazine in jeden Teil Ihres Körpers zu leeren, außer in die lebenswichtigen Organe. Einer hat mal zweieinhalb Stunden durchgehalten, bevor er verblutet ist. Das war vielleicht eine Sauerei. Sie mussten den Boden bis zum Beton rausreißen und alle Möbel ersetzen, bevor sie die Wohnung wieder vermieten konnten.«

Er atmete ein und es klang wie ein Schluchzen. Seine Arme umschlangen seine Knie fester, um ein kleineres Ziel abzugeben.

»Ich weiß nicht …«, begann er, aber brach ab, als er sah, wie ich meine Krawatte lockerte. Seine Augen wurden noch größer, als er beobachtete, wie ich die obersten drei Knöpfe meines Hemds öffnete, bis meine Narbe deutlich zu sehen war.

»Ich bin wirklich nicht in der Stimmung, Tatsachen zu diskutieren«, erklärte ich und stützte die Ellbogen auf die Knie. »Sie haben meinen Namen jemandem gegenüber erwähnt, der für das hier verantwortlich ist. Die neue Firma konnte unmöglich von Kais Existenz wissen, weil er nicht in den Inventarlisten verzeichnet war. Und selbst wenn jemandem aufgefallen wäre, dass Kai nicht aufgeführt war, kannten nur drei von Ihnen meinen Namen und wussten, dass ich eine Verbindung zu Kai hatte.«

»Er … gehörte der … Firma …«, stammelte er schließlich. Er klang, als hätte er Schmerzen, als würde ihn das Sprechen seine gesamte Überwindung kosten.

»Er gehörte zu mir«, korrigierte ich ihn.

Er war wieder still.

»Wo ist er?«

»Werden Sie mich gehen lassen … wenn ich Ihnen alles sage?«

»Sie *werden* mir alles sagen«, erwiderte ich. »Ob ich Sie gehen lasse, ist eine ganz andere Frage. Ich bin immer noch ein wenig angefressen, weil ich zum Sterben zurückgelassen wurde.«

Er brauchte ein paar Minuten. Er lehnte seine Stirn gegen seine Knie und sprach mit sich selbst, dann blickte er auf zu der in die Decke eingelassene Lampe. Nach einem langen Seufzen fing er an zu reden.

»Ich wusste wirklich nichts von den Geschäften zwischen Mr Crawford und Gen-Tech. Nur dass Gen-Tech Mr Crawford das Unternehmen schon seit mehr als einem Jahrzehnt abkaufen wollte. Zwei- bis dreimal im Jahr kam ein Angebot herein. Nach dem dritten Jahr sah Mr Crawford sie sich nicht mal mehr an. Bis zu seinem … Tod war Gen-Tech nur eins von unzähligen Unternehmen, das unsere urheberrechtlich geschützten Technologien wollte.«

Er hielt inne und starrte auf den Ablauf der Wanne, als wäre er die interessanteste Sache im ganzen Raum – das war seine Art, die Situation zu verarbeiten und zu entscheiden, was er als Nächstes sagen sollte. Wahrscheinlich versuchte er, sich davon abzuhalten, aus purer Angst lauthals zu schreien. Ich gestattete ihm dieses gelegentliche Abdriften mitten in der Unterhaltung.

»Mr Wade hat mir einen Job angeboten, den ich nicht ablehnen konnte«, erklärte er. »Ich konnte entweder alles verlieren, was ich in den siebzehn Jahren, die ich für Mr Crawfords Firma gearbeitet hatte, investiert hatte, oder ich konnte ihm die vertraulichen Informationen geben, über die ich verfügte, und …«

Er unterbrach sich, bevor er offen zugeben konnte, dass er ein Opportunist war.

»Warum haben sie sich nach vierzehn Jahren entschlossen, Crawford umzubringen?«

»Gen-Tech steckte seit Jahren in der Sackgasse. Sie hatten Milliarden in ein ähnliches Doll-Projekt gesteckt, ohne wirkliche Fortschritte zu machen. Es fraß das gesamte Firmenvermögen auf, aber das Projekt abzubrechen hätte den Unternehmenswert auf ein Drittel gedrückt. Deswegen – oder eher wegen der Versprechungen, die man ihnen gemacht hat – gaben die Investoren ihnen weiter Geld. Gen-Tech war ein zu großes Unternehmen, um zu scheitern, und doch waren sie dabei, genau das zu tun. Aber es gab zu viele wichtige Leute, die das nicht zulassen würden. Das Unternehmen wäre innerhalb von zwei Jahren zusammengebrochen, wenn es Mr Crawfords Firma nicht aufgekauft hätte.«

Er verfiel für ein paar Sekunden in Schweigen, um die Falten an seinem linken Jackettärmel zu studieren. Gedankenverloren fuhr er darüber und versuchte, den Stoff glatt zu streichen, aber es war vergebliche Liebesmüh.

»Schließlich bot Mr Crawford an, ihnen Teile der Firma zu verkaufen, um Kai zu reparieren, als er zurückgebracht wurde, nachdem Sie *es* getötet hatten ...« Er hielt inne, um meine Reaktion auf den letzten Satz zu beobachten.

Ich zeigte keine, also fuhr er fort: »Das war der Anfang vom Ende. Mr Crawford hatte nie vorgehabt, das gesamte Unternehmen zu verkaufen, doch er erkannte, dass er keine Wahl hatte, weil er sonst ermordet werden würde. Also zog er so viel Kapital wie möglich ab, um Kais Wiederherstellung zu vollenden, und hat ihn dann mit Moore weggeschickt.«

»Sie wussten, dass ich ihn Monate später abgeholt habe.«

»Ja, denn als Gen-Tech Leute schickte, um Kai zurückzuholen, war er nicht mehr bei Moore. Ich wusste, dass er auf Sie geprägt war und nur mit Ihnen mitgegangen wäre.«

Mehr musste er nicht sagen. Ich konnte mir problemlos zusammenreimen, wie man mich gefunden hatte, obwohl ich einen neuen Namen angenommen und ein neues Leben in einem anderen Land begonnen hatte. Niemand kann in diesem Zeitalter der Massendokumentation wirklich verschwinden.

»Und hier sind wir nun«, sagte ich.

»Ja«, antwortete er und verfiel wieder in Schweigen. Sein Blick war auf die Waffe in meiner Hand fixiert.

»Sie haben meine Frage nicht beantwortet«, erinnerte ich ihn. »Wo ist er?«

»Er ist im Tresor im Hauptlabor. Er ist nichts weiter als eine deaktivierte Hülle«, erwiderte er.

»Wo sind die Daten, die Sie aus ihm extrahiert haben, gespeichert?«

Er wirkte überrascht, dass ich darüber Bescheid wusste. »Gen-Tech baut eine neue Forschungseinrichtung als Erweiterung der Hauptniederlassung. Sie ist noch nicht fertig. Bisher werden nur einige Etagen als Lager genutzt. Wo genau, ist mir nicht bekannt. Das ist alles, was ich weiß«, beteuerte er. Nach ein paar Augenblicken fuhr er fort: »Ich weiß, was Sie wollen, aber das ist unmöglich. Selbst wenn Sie seinen Körper hätten und ihn irgendwie wieder einschalten könnten …«

»Sie haben keine Ahnung, was ich will«, entgegnete ich. »Ich denke, Sie verstehen, was ich im Gegenzug für Ihr Leben bekomme, nicht wahr?«

In diesem Moment flackerte ein winziger Hoffnungsschimmer in seinen Augen auf. Er setzte sich ein wenig aufrechter hin.

»Ihren Zugang zu Gen-Tech«, forderte ich und zog das Handy aus meiner Tasche.

Dann erstarb der kleine Hoffnungsfunke. »Ich habe nicht so viele Befugnisse, wie Sie vielleicht denken«, erklärte er. »Es gibt eine ganze Reihe von Sicherheitsprotokollen, an denen ich nicht vorbeikomme, und auf einen Großteil der Daten habe ich keinen Zugriff. Nicht einmal Wade hat Zugang zu allen Bereichen des Unternehmens. Den hat niemand.«

»Keine Sorge, Mr Oshihara«, erwiderte ich mit einem Lächeln, während ich Pete schrieb, er solle mich in der Wohnung treffen. »Ich brauche niemanden zum Händchenhalten, wenn ich erst mal durch die Vordertür bin.«

Es dauerte anderthalb Stunden, bis Pete eintraf. Oshihara überbrückte die Zeit, indem er wiederholte, was ich bereits über Gen-Tech wusste, und über seine Frau sprach, die nach der Scheidung mit den beiden Kindern nach Japan zurückgekehrt war. Er plapperte vor sich hin und ich ließ ihn. Wahrscheinlich hatte er aus dem *Reader's Digest* gelernt, eine Verbindung zu seinem Entführer aufzubauen, um dessen Sympathien zu wecken.

Die Eingangstür öffnete sich. Oshihara wurde still. Wir konnten beide hören, wie der Neuankömmling durch die Wohnung spazierte und innehielt, um sich die Küche und die anderen Räume anzusehen, bis er uns im Badezimmer entdeckte. Pete, der seinen Rucksack über eine Schulter geschlungen hatte, stand in der Tür und betrachtete die Szene, die sich vor ihm abspielte, mit einem Grinsen.

»Es ist sehr rücksichtsvoll von dir, den Mord dieses Mal in der Badewanne zu begehen«, sagte er. »Das macht das Saubermachen sehr viel leichter.«

Ich stand auf und streckte meine Beine. Dann packte ich Oshihara am Hemd und zog ihn auf die Füße. »Wohnzimmer«, befahl ich und schob ihn vor mir her. »Drei Männer, die sich in einem Badezimmer unterhalten, das ist irgendwie beunruhigend.«

Oshihara stolperte hinter Pete her. Ich folgte ihnen.

Oshihara setzte sich auf das Sofa. Pete holte den Aktenkoffer, den Oshihara bei seinem Fluchtversuch in der Nähe der Küche fallen gelassen hatte. Ich ging in die Küche und nahm mir eine Flasche Wasser, dann gesellte ich mich zu ihnen ins Wohnzimmer.

»Wenn Sie lebend aus dieser Geschichte rauskommen wollen«, erklärte ich, »werden Sie allem zustimmen, worum ich Sie gleich bitten werde.«

Pete spielte an den Schlössern des Aktenkoffers herum und die Schnallen öffneten sich problemlos. Er lächelte mich an und sagte: »Es ist immer 000.« Er öffnete ihn und seine Augen strahlten, als er das Notebook in seiner Neoprenhülle erblickte.

»Ich habe mein gesamtes Leben dieser Firma gewidmet …«, begann Oshihara.

»Ihre Loyalität ist wirklich rührend. Aber in zwei Tagen wird diese Firma den Bach runtergehen.«

Er runzelte die Stirn. Pete hatte das Notebook bereits aus seiner Hülle geholt und eingeschaltet.

»Das ist kein schlechter Deal«, erklärte ich. »Ich jage Ihnen keine Kugel in eins Ihrer lebenswichtigen Organe und lasse Sie auch nicht in Ihrer Badewanne ausbluten. Im Gegenteil, ich gestatte Ihnen, sich mit dem Vermögen, das Sie bei Crawford und Gen-Tech gemacht haben, zur Ruhe zu setzen.«

Oshihara stieß ein unsicheres Seufzen aus. Mit dem Ärmel wischte er einen Schweißtropfen weg, der über seine Schläfe rann. »Ich habe keinen Grund, Ihnen zu helfen!«, sagte er. »Wenn Sie mich jetzt nicht töten, werden die mich später erledigen. Wenn Sie meine Legitimation benutzen, um durch die Tür zu kommen, werden sie wissen, dass ich Ihnen geholfen habe.«

Pete sagte keinen Ton. Er tippte fleißig auf der kleinen Tastatur auf dem Bildschirm.

»Dann stellen Sie besser sicher, dass ich alle Spuren verwische, hm?«, entgegnete ich.

»Warum bin ich hier?«, fragte Pete schließlich. »Auf diesem Notebook sind sein Arbeitsprofil und ein paar Firmenrundschreiben, aber nichts, was du gebrauchen kannst.«

»Ich bin nicht davon ausgegangen, dass Mr Oshihara gegen das Protokoll verstößt, indem er vertrauliche Unterlagen oder Hardware mit nach Hause nimmt, auch wenn er sich nicht die Mühe macht, seinen Aktenkoffer zu verschließen«, antwortete ich. »Aber ich gehe davon aus, dass du so was auch nicht brauchst, um dich in Gen-Tech zu hacken.«

Pete zuckte mit den Schultern. »Ich könnte Gen-Tech mit meinem Handy hacken«, erwiderte er. »Aber du hast mir immer noch nicht gesagt, was du von mir willst.«

Während ich Oshihara erlaubte, eine Tasche für einen kleinen Ausflug zu packen, erklärte ich Pete, was ich von ihm wollte. Er hörte zu und nickte gelegentlich.

»Zwei Tage …«, sagte er, nachdem ich fertig war. »Das ist ziemlich ambitioniert.«

»Aber es ist möglich?«

»Natürlich. Vorausgesetzt, dass alles genau nach Plan verläuft und das Timing stimmt … Aber es gibt absolut keinen Puffer für Fehler oder Verzögerungen.«

»Aber es ist möglich?«, wiederholte ich.

Er zuckte mit den Schultern und nickte.

»In zwei Tagen habe ich bei einer Führung Zugang zu ihrer Haupteinrichtung. Ich habe nicht vor, dann gleich ein Massaker anzurichten. Ich muss Kai an einen Ort bringen, wo man ihn während des Chaos leicht herausholen kann. Das muss am selben Tag geschehen, innerhalb weniger Stunden. Ich muss die Sicherheitssysteme sowohl in der Hauptniederlassung als auch in der neuen Einrichtung überwinden.«

»Und wie willst du das anstellen, ohne dass sie dich bei lebendigem Leib häuten, sobald du den gesicherten Bereich betrittst?«

»Sie werden damit beschäftigt sein, einen Supervirus davon abzuhalten, ihr Multi-Milliarden-Dollar-Unternehmen zu vernichten.«

Pete verstand sofort, worauf ich hinauswollte. Kluger Junge. Ich hatte noch nie jemanden getroffen, der so intuitiv begriff, was ich von ihm brauchte.

»Du hast hundert Millionen Dollar zur Verfügung, um den stärksten Virus zu kaufen, der innerhalb von vierundzwanzig Stunden alles, was den Namen Gen-Tech trägt, zerstört. Mr Oshihara wird dir helfen, ins System zu kommen, damit du ihn installieren kannst.«

»Zwei Sachen«, sagte Pete. »Du bist sehr optimistisch, wenn du glaubst, dass ein Unternehmen wie Gen-Tech nicht irgendwo von allem eine Back-up-Kopie hat. Und diese Kopie befindet sich wahrscheinlich nicht mal auf einem Server, der in New York steht. Wir können ihnen die Bude abbrennen, aber sie brauchen wahrscheinlich weniger als einen Tag, um ein neues Fertighaus ranzukarren, um das alte zu ersetzen.«

»Dessen bin ich mir bewusst. Aber ich brauche eine Gelegenheit, um mich an die Arbeit machen zu können.«

»Und selbst wenn es uns gelingt, ihnen ernsthaften Schaden zuzufügen«, fuhr er fort, »könnte es sein, dass das System, das wir brauchen, um deine Doll wiederherzustellen, mit flöten geht.«

»Auch dessen bin ich mir bewusst.«

»*Und*«, sagte er mit Betonung auf diesem einen Wort, »wenn ich richtig verstanden habe, wie diese Dolls mit Gen-Tech verbunden sind, wird der Virus, der das System lahmlegt, einen Großteil von ihnen unbrauchbar machen. Ihre Software updatet sich automatisch, eine Stunde nachdem der Mainframe dem Virus ausgesetzt wurde. Das könnte auch deine Doll mit einschließen.«

»Ich weiß.«

Er fuhr sich durchs Haar und seufzte. »Sie haben dir dein Spielzeug weggenommen, also machst du jetzt ihre kaputt.«

»Ich vertrage mich nun mal nicht gut mit den anderen Kindern«, erwiderte ich mit einem Lächeln.

Kapitel 6

Pete saß mit Oshihara auf dem Rücksitz, während ich fuhr. Ich ließ Oshihara seinen Sekretär zu Hause anrufen, um ihm zu sagen, dass er wegen eines Notfalls mit den Kindern kurzfristig nach Japan müsse. »Verschieben Sie einfach meine Termine, Manny. Nein. Hauser soll meine Meetings übernehmen. Nein. Ich sagte Hauser.«

Das Telefonat dauerte einige Minuten, bis Manny ihm über seine bevorstehende Abwesenheit endlich Antworten gab, die zufriedenstellend genug waren, dass er auflegen und mir mein Handy zurückgeben konnte. Ich warf es in die Mittelkonsole, wo ich auch seine Zugangskarte für Gen-Tech aufbewahrte.

»Gutes Personal ist schwer zu finden, wie?«, kommentierte ich.

»Ich schätze schon«, antwortete er. »Wo fahren wir hin?«

»Nach Norden«, war alles, was ich sagte, bevor ich das Radio lauter stellte, um die Nachrichten zu hören.

Oshihara war auf der zweistündigen Fahrt angenehm still. Pete war auf seinen Laptop konzentriert und hob kaum den Blick. Ich fuhr gern über die Schnellstraße, auch wenn es nur Felsen und noch mehr Felsen und dann ein paar Bäume und noch mehr Bäume zu sehen gab. Ich mochte es, wie lange Fahrten meinen Verstand schärften. Die Sonne ging unter, als ich an der ersten Raststätte in Columbus County abfuhr. Ich freute mich schon darauf, allein nach Manhattan zurückzufahren.

Die Raststätte war nicht sehr gut besucht. An die kleine Tankstelle war ein Denny's angegliedert. Dahinter lag eine kleine Wiese, auf der die Leute ihre Hunde ihr Geschäft verrichten ließen. Auf einem großen, leeren Parkplatz standen zwei Sattelschlepper mit laufendem Motor nebeneinander. Ein paar Autos waren ein Stück von dem Diner entfernt geparkt. Ich hielt neben einem schlammbespritzten dunkelblauen SUV, der allein gegenüber von den Sattelschleppern stand.

Pete klappte seinen Laptop zu, als ich parkte. Der Mann in dem SUV, Antonio Trujillo, nickte mir zu, als ich den Wagen verließ. Ich ließ den Motor laufen und sagte allen, sie sollten aussteigen.

»Ist das alles?«, fragte Tony und musterte Oshihara.

Antonio Trujillo hatte ich vor Jahrzehnten kennengelernt, als wir zusammen ein paar Jobs in Kolumbien erledigt hatten. Er hatte sich vor fünf Jahren zur Ruhe gesetzt, nachdem er sich eine Frau mit drei Kindern aus Peru geangelt hatte. Mittlerweile betrieb er ein Fitness-studio in Brooklyn. Manchmal nahm er Jobs von mir an, wenn ich ihn anrief. Er war ein Berg von einem Mann – dreißig Zentimeter größer und etwa fünfzehn Kilo schwerer als ich. Mit seinen geliebten Karo-hemden und der üppigen Gesichtsbehaarung wirkte er wie ein sehr großer und permanent wütender Holzfäller.

»Ja«, antwortete ich.

»Tony! Tony! Ich hab dich vermisst!«, quietschte Pete, stürmte um das Auto herum und versuchte ihn umzurennen. Tony fing ihn pro-blemlos ab und tat so, als wäre er durch den Aufprall zurückgeworfen worden. Auch wenn Tony oft angepisst wirkte, hatte er für Pete immer ein Lächeln übrig.

»Geht's dir gut, Kleiner?«, fragte Tony. Sein Tonfall hatte sich ver-ändert – er war beschwingter und lebhafter. Er stellte Pete wieder auf die Füße und wuschelte ihm durch die Haare. »Lange nicht gesehen. Hast du dich von Schwierigkeiten ferngehalten? Warum lässt du dich gar nicht mehr blicken? Amalia vermisst dich.«

»Entschuldige«, sagte Pete und umarmte Tony. »Ich war die letzten sieben Monate in Kalifornien. Ich bin nur zurückgekommen, weil Vin-cent mich darum gebeten hat.«

»Eure überglückliche Wiedervereinigung könnt ihr in eurer Freizeit feiern«, unterbrach ich sie. »Ich muss zurück in die Stadt. Ihr sollt nur für die nächsten zwei Tage Babysitter spielen. Pete kennt alle Einzelheiten.«

»Brauchst du Hilfe? Es gibt Jungs, die so einen Job umsonst erledigen würden, weißt du«, fing Tony an.

Ich schüttelte den Kopf. »Nein, Pete wird mir einen Weg rein ver-schaffen. Ich kümmere mich um den Rest. Es kann aber sein, dass du morgen für mich ein Paket bei Gen-Tech abholen musst.«

Tony blickte zu Oshihara. »Was hast du anschließend mit ihm vor?«

»Er hat einen Pass bei sich«, erwiderte ich. »Kauf ihm ein einfaches Ticket, wohin auch immer er will, und setz ihn am nächsten Flughafen ab, sobald Pete sagt, dass er nicht mehr gebraucht wird.«

»Du hast dich verändert«, sagte Tony und kratzte sich am Bart. »Eine Kugel ist billiger als ein Flugticket.«

Die Bemerkung ließ Oshihara zusammenzucken.

Ich tätschelte Petes Wange. »Wir sollten vor dem Jungen nicht von Gewalt sprechen.« Ich blickte zu Oshihara. »Mein Partner hat einen interessanten Sinn für Humor«, erklärte ich. »Solange Sie tun, was wir besprochen haben, werde ich meinen Teil der Abmachung einhalten. Und Sie sollten sich besser Mühe geben, dass ich Erfolg habe, sonst wird dieses Flugticket Ihnen vermutlich nur ein paar zusätzliche Tage erkaufen, bevor Gen-Tech Sie einkassiert, nicht wahr?«

Oshihara öffnete den Mund, brachte aber keinen Ton heraus. Statt-dessen nickte er energisch.

Als ich ins Hotel zurückkehrte, hatte ich nur noch dreißig Minuten, um den Smoking anzuziehen, den man mir für das Abendessen hin-gelegt hatte. Ella wirkte verärgert, sagte aber nichts, während sie fort-fuhr ihr Make-up aufzutragen. Ich duschte schnell und zog mich an, während sie in den Frisierspiegel blickte und Gloss auf ihre dunkel-roten Lippen auftrug. Nachdem sie die Kappe auf die silberne Tube gesteckt hatte, ließ sie diese in ihre schwarze Seidenclutch gleiten und stand auf.

»Ich würde gern wissen, wo du gestern und den Großteil des heutigen Tages gewesen bist«, sagte sie, als sie zum Kleiderschrank ging und seinen Inhalt studierte. Sie wählte eine Pelzstola, die um einen wattierten Kleider-bügel geschlungen war.

»Und du würdest eine Antwort bekommen, mit der du nichts anfangen könntest«, entgegnete ich.

Sie reichte mir die grau-weiße Stola und drehte sich um. Ich legte sie um ihre nackten Schultern. Sie trug ein schwarzes Seidenkleid mit Spagettiträgern. Ihr Haar war zu einer schicken, komplizierten Frisur aufgesteckt, die mit zwei silbernen, mit Perlen besetzten Haarnadeln dekoriert war. Ich küsste ihren Nacken. »Mach dir keine Sorgen«, sagte ich.

Sie drehte sich um und ihr Ärger hatte sich zu Verbitterung abgekühlt. »Du erzählst mir nie irgendwas.«

Ich ließ meine Hände über ihre Arme gleiten und lächelte. »Dafür werde ich auch nicht bezahlt. Ich habe wirklich Gen-Tech durchleuchtet und in ein paar Tagen wirst du alles erfahren.«

Sie neigte den Kopf leicht zur Seite und versuchte zu entscheiden, ob es sie interessierte. Doch dann schlang sie ihren Arm um meine Taille und fragte: »Willst du lieber hierbleiben?«

»Da ich mir sicher bin, dass du es nicht zum Mittagessen geschafft hast«, sagte ich und strich zärtlich eine Locke aus ihrer Stirn, »solltest du dein hübsches Gesicht doch zumindest beim Abendessen zeigen. Du bist schließlich aus einem Grund hier, oder nicht? Um Visitenkarten einzuheimsen und wichtigen Leuten zu schmeicheln?«

Sie stieß einen entnervten Seufzer aus. »Das ist ja fast, als wäre ich mit George unterwegs«, tadelte sie. »Wie wär's, wenn wir uns dann wenigstens früh zurückziehen?«

»Was immer du willst«, erwiderte ich.

Das Dinner war wie erwartet – viele teure Kleider und Smokings und Autos und Mahlzeiten und Drinks. Bei einem Bankett durchschnittlicher reicher Ärzte mittleren Alters mit ihren Vorzeigefrauen oder Escortdamen war Ella eine Anomalie. Sie war unter den Anwesenden die einzige weibliche Medizinerin und hatte ihr eigenes Geld. Die Männer wurden magisch von ihr angezogen, sobald sie den Raum betrat. Sie war sich ihrer Macht über sie bewusst und genoss sie. Ich diente keinem anderen Zweck, als zu beeindrucken. Obwohl mir klar war, dass ich unbeabsichtigt einige Verehrer abgeschreckt hatte, kamen ein paar von ihnen wieder näher, nachdem sie ein paar starke Drinks intus hatten. Ich konzentrierte mich nur auf Ella und die Signale, die sie aussenden würde, wenn jemand mit sanftem Nachdruck entfernt werden musste.

In den ersten zwei Stunden hatte es keinen Grund für mich gegeben, mich von meinem Stuhl zu erheben oder jemanden böse anzusehen, aber Ellas Urteilsvermögen ließ nach dem vierten Glas Wein und dem zweiten Wodka allmählich nach. Sie war inzwischen ausgelassen und gegenüber jedem aufgeschlossen, der ihr ein Kompliment machte. Bevor das Dessert serviert wurde, entschuldigte ich uns und wir verließen das Bankett. Sie hatte sich an meiner Seite zusammengerollt, die High Heels lose in einer Hand, und schlief ein, während wir zum Hotel zurückgefahren wurden.

Sie murmelte, dass sie Sex haben wollte, als ich sie zu unserem Zimmer trug. Sie schaffte es gerade so, lange genug wach zu bleiben, um ihr Kleid auszuziehen und zu duschen. Als sie eingeschlafen war, las ich die Mail, die Pete mir geschickt hatte, während ich bei dem Dinner gewesen war.

Es überraschte mich nicht wirklich, dass er innerhalb weniger Stunden den Virus beschafft hatte, den ich brauchte. Er würde neuneinhalb Millionen kosten. Ich antwortete ihm, dass ich in zwölf Stunden eine Zeit bestätigt haben würde, und bat ihn, bis zum nächsten Nachmittag weitere Einzelheiten herauszufinden. Die Details waren mir gekommen, während ich auf der Fahrt aus Columbus County in die Stadt die möglichen Szenarien in meinem Kopf durchgegangen war.

Ich schlüpfte zu Ella ins Bett. Sie kuschelte sich an mich, wurde aber nicht wach. Ich hielt sie im Arm, aber nur weil ich wusste, dass es unsere letzte gemeinsame Nacht sein würde.

Ich setzte Ella zum Frühstück ab und erklärte ihr, dass ich sie am späten Nachmittag am Javits Center treffen würde. Sie hatten den Zeitplan für diesen Tag geändert – alle Socializing-Veranstaltungen waren auf den nächsten Tag verschoben worden. Für den Abend hatten sie eine revolutionäre Enthüllung angekündigt. Ich wusste, was diese sein würde, aber ich wollte es mit eigenen Augen sehen.

Ich hatte Moore angerufen und ihn gebeten, sich mit mir bei Mel zu treffen. Er war bereits im Festsaal und nippte an seinem Kaffee, als ich dort eintraf. Alles war noch genauso wie vor zwei Tagen, als wir dort gewesen waren. Nur die Lichterkette war verschwunden. Sie war durch eine grüne Plastikranke mit roten Stoffrosen ersetzt worden. Moore folgte meinem Blick.

»Hier werden auch Hochzeitstage gefeiert.«

»Die Lichter sahen viel ansprechender aus«, sagte ich, zog einen Stuhl unter dem Tisch heraus und setzte mich.

»Ich habe angerufen und gesagt, dass ich später komme«, erklärte er, »aber ich muss trotzdem heute noch hin.«

Ich wollte gerade etwas sagen, als Mel eintrat und mir eine Tasse Kaffee reichte. Wieder warf er mir einen abschätzigen Blick zu, bevor er ging.

»Das Essen hier ist beschissen, aber der Kaffee ist gut«, bemerkte Moore und deutete mit dem Kopf auf die Tasse, als wollte er mich ermutigen.

»Da bin ich mir sicher.«

»Ich hatte keine Möglichkeiten, Ihnen Informationen zu besorgen, wenn es bei diesem Treffen darum geht.«

»Tut es nicht. Ich brauche keine mehr«, erwiderte ich, zog Oshiharas Zugangskarte aus meiner Tasche und legte sie auf den Tisch.

Er starrte auf die schwarze Karte mit dem Gen-Tech-Logo. ›M. Oshihara‹ war in die rechte untere Ecke gestanzt. Er hob sie auf und drehte sie um, um den Doppelmagnetstreifen auf der Rückseite zu begutachten.

»Haben Sie ihn getötet?«

»Nein.«

»Ich kann mir nicht vorstellen, dass er Ihnen die freiwillig gegeben hat«, entgegnete Moore.

»Man sagt mir nach, dass ich sehr charmant sein kann.«

»Ich verstehe.«

Ich erzählte ihm die Kurzfassung meiner Unterhaltung mit Oshihara. Er hörte zu und nickte, bevor er wieder an seinem Kaffee nippte. Nachdem ich geendet hatte, blickte er wieder auf die Karte.

»Was soll ich damit machen?«

»Sie haben vielleicht ein Fünfzehn-Minuten-Zeitfenster, um diese Karte zu benutzen, in Tresor Nummer 31 zu gelangen, wo sie Kai aufbewahren, und ihn zur Laderampe zu bringen, wo ihn einer meiner Kontakte abholen und wegbringen wird.«

»Ganz einfach also, ja?«

»Schaffen Sie das in unter fünfzehn Minuten?«

Er trank seinen Kaffee aus, während er über die Frage nachdachte.

»Was werden Sie in diesen fünfzehn Minuten tun?«

»Alle Überwachungskameras werden aus sein. Das Sicherheitspersonal wird in einem anderen Teil des Gebäudes mit mir beschäftigt sein. Ich vermute, das Zugangs-Log-in ist das Einzige, das sie im Nachhinein zurückverfolgen können. Und wenn der Virus nicht alle Daten vernichtet hat, wird nachher ohnehin Oshiharas Name auftauchen.«

Er nickte. Ich bedeutete ihm, meinen Kaffee zu nehmen, und das tat er.

»Ich brauche vielleicht ein wenig Hilfe, aber es ist machbar«, erklärte er.

»Was für Hilfe?«

»Ich muss die Hausmeister bestechen, damit sie mich zum Hinterausgang der Recyclinganlage rauslassen. Das ist der einzige Bereich, der nicht vollständig von Kameras überwacht wird – nur um sicherzugehen. Kai wird in einem Container transportiert werden müssen. Alle Dolls werden so verschickt.«

»Ich würde fragen, was für ein Container, aber dafür habe ich keine Zeit«, erwiderte ich. »Ich schicke Ihnen den Kontakt meines Partners. Er wird hinter dem Gebäude auf das Paket warten. Ich bitte ihn, einen unauffälligen Van zu mieten.«

Er nickte. »Das kann ich schaffen.«

»Ich gebe Ihnen zehn Minuten, bevor der Fünfzehn-Minuten-Countdown startet, Bescheid. Dann begeben Sie sich zum Tresor.«

»Werde ich Sie dort sehen?«

»Ich werde im Westflügel sein«, antwortete ich.

»Es wird nicht leicht werden, Kais Daten zu extrahieren, und es wird auch nicht einfach sein, sie unter den Millionen von verschlüsselten Dateien zu finden.«

»Ich habe nicht vor, seine Daten zu extrahieren«, entgegnete ich. »Ich habe vor, alles zu vernichten.«

Der Gedanke schmerzte ihn. »Jahrzehnte der Forschung …«

»Ich werde meine Entscheidung nicht rechtfertigen«, erklärte ich und stand auf. »Wenn ein Fass mit Äpfeln vergiftet ist, ist es sinnig, den gesamten Bestand wegzuschmeißen. Außerdem sind diese Informationen nicht mehr in Ihren Händen und sie werden es vermutlich auch nie wieder sein. Es gibt keinen Grund, ihren Verlust zu beklagen.«

»Sind Sie sicher, dass Sie das nicht nur tun, weil Sie wütend sind wegen dem, was man Kai und Ihnen angetan hat?«

»Diese Dinge«, erwiderte ich, »haben mir die Entscheidung nur erleichtert.«

Er stand nicht auf, als ich zur Tür ging. Erst als meine Hand bereits auf dem Türknauf lag, sagte er: »Wollen Sie später ins Javits Center?«

»Ja.«

»Gehen Sie nicht«, warnte er. »Sie werden die Dolls live vorführen.«

»Ich weiß.«

»Ihr Freund Bianchi und sein Team wurden als bewaffnete Eskorte abgestellt. Diese Teams werden immer mitgeschickt, wenn mehr als fünf Dolls das Firmengelände verlassen.«

»Das ist ja sogar noch besser.«

Er runzelte die Stirn. »Warum wollen Sie jetzt riskieren, aufzufliegen, wenn es morgen um alles geht?«

»Bianchi interessiert sich nicht für Gen-Tech oder die Dolls. Er würde mir die Tür aufhalten, wenn er wüsste, dass ich die Hauptniederlassung besuchen will. Wenn er mich im Javits Center sieht, wird er nichts unternehmen. Noch nicht. Er wird mir nicht die Gelegenheit nehmen, erst meine Rechnung mit Gen-Tech zu begleichen.«

»Woher wollen Sie das wissen?«

»Weil ich Bianchi *erschaffen* habe«, erklärte ich.

Ich kehrte ein allerletztes Mal ins Hotel zurück, packte nur eine kleine Tasche und nahm den Laptop und die Munition mit. Ich sollte Ella in zwei Stunden treffen. Ich gab den Mietwagen am Flughafen zurück, ging zu einem anderen Schalter und lieh mir ein neues Auto – ein unauffälliges, sauberes amerikanisches Modell. Ein Lufterfrischer, der im Türfach steckte, verbreitete einen starken Duft nach Pfingstrosen. Ich stellte den Wagen in einem Parkhaus einen Block von Gen-Tech entfernt ab und nahm ein Taxi zum Javits Center. Mit meinem Ausweis kam ich in den Saal, in dem die Ausstellung stattfinden sollte.

Sobald ich den Konferenzsaal betreten hatte, der mit einem roten Leihteppich und aufwendig gedeckten runden Tischen ausgestattet war, erkannte ich fünf bewaffnete Eskorten in schwarzer Kampfmontur ohne Abzeichen. Sie waren gut versteckt hinter den uniformierten Sicherheitsleuten, die Gen-Tech-Aufnäher auf ihren Brusttaschen und Ärmeln trugen.

Das Team war nur leicht bewaffnet. Jeder der Männer trug einen Waffengürtel mit Oberschenkelholster. In den Taschen am Gürtel steckten jeweils drei Magazine. Alle hatten einen Knopf im Ohr und ein Knopflochmikro am Revers. Keiner von ihnen gehörte zu dem Team, das mich in Belgien besucht hatte.

Um den Tisch für sechs, der uns zugewiesen worden war, standen sieben Stühle. Zwei Männer saßen rechts und links von Ella und baggerten sie an, während sie ein Glas Wein vernichtete. Sobald ich näher kam, versteiften sich die Männer und entschuldigten sich.

»Du hast sie verschreckt«, sagte sie, nachdem sie ihren Wein geleert hatte. Sie winkte einem Kellner und zeigte auf ihr leeres Glas.

»Hast du mich nicht dafür eingestellt?«

Sie kicherte und küsste mich auf den Mund. Dann stellte sie mir die vier Personen vor, die bereits an unserem Tisch saßen – drei gut aussehende Ärztinnen aus der Schweiz und ein junger Repräsentant eines ziemlich großen französischen Pharmakonzerns. Seine ungebändigten Locken erinnerten mich an Pete.

Der Kellner kam mit Weingläsern und stellte jedem eins hin, auch wenn Ella die Einzige am Tisch war, die trank. Ein verhaltenes Murmeln hallte durch den Saal und die Atmosphäre war festlich. Durch die kleine Bühne auf einer Seite des Raums, die Scheinwerfer, die das Podium beleuchteten, und die rot-weiß gestreiften Vorhänge, die die Betonwände verdeckten, wirkte es fast wie ein Hochzeitsbankett – nur die Blumen fehlten.

Sie kamen ohne großen Sermon herein und ihre Ankunft blieb fast unbemerkt. Sie bewegten sich durch die Menge und schlängelten sich mit natürlichen, gemäßigten Schritten zwischen den Tischen und Stühlen hindurch. Ich konnte erkennen, dass Gen-Tech ein paar Details verändert hatte, und wusste, dass ihre Mechanik verbessert worden war.

Es waren insgesamt fünfundzwanzig – eine für jeden Tisch, zwölf Männer und dreizehn Frauen. Die Frauen trugen allesamt unterschiedliche Kleider, die Männer schwarze Anzüge und Krawatten in verschiedenen Farben. Sie waren alle jung und schön. Sie trugen ein identisches Lächeln zur Schau, als sie sich auf die zusätzlichen Stühle an jedem Tisch setzten. Dann schwiegen sie, bis jemand am Tisch sie ansprach.

Ein sehr attraktiver junger Mann mit einer dunkelblauen Krawatte und einer silbernen Krawattennadel zog den Stuhl neben Ella heraus und setzte sich. Er lächelte und nickte jedem Gast zu. Sein dunkles Haar war modisch lang und reichte bis zur Unterkante seines Kragens. Dazu hatte er wunderschöne grüne Augen.

»Und Sie sind …?«, fragte eine der Frauen.

»Bitte nennen Sie mich Alexander«, erwiderte er.

»Was tun Sie, Alexander?«, fragte eine andere Frau. »Ich sehe Ihren Namen nicht auf der Tischordnung …«

Zunächst schien Alexander nicht zu wissen, was er darauf antworten sollte. Er blickte zur Bühne. Sie war nach wie vor leer, obwohl die geplante Uhrzeit für die Ankündigung bereits verstrichen war. Die Präsentation war seit zehn Minuten im Gange. Er wandte sich wieder der Frau zu, die ihm die Frage gestellt hatte, und antwortete: »Ich arbeite hier.«

Ich streckte meine Hand mit der Handfläche nach oben hin. Es dauerte einen Moment, bis er verstand, was das zu bedeuten hatte – aber dann stellte er die Verbindung her und legte seine Hand in meine. Er fühlte sich genauso an wie Kai und die anderen Dolls – warm und real.

Ella musterte Alexanders Hand in meiner. »Ich verstehe das nicht ganz.«

Ich schloss meine Finger um Alexanders. »Das ist eine Doll.«

Jemand sog scharf die Luft ein. Der Pharmavertreter sagte »Mein Gott« auf Französisch. Ella fuhr mit der Hand über Alexanders Wange. »Das ist also eine Doll …«, flüsterte sie.

Es war sowohl amüsant als auch verstörend, zu sehen, wie die Dolls lächelten und stillhielten, während sie angefasst und inspiziert wurden, als die Leute an sie herantraten, um ihnen tief in die Augen und in den Rachen zu blicken. Man stellte ihnen einfache Fragen und sie gaben einfache Antworten.

Eine Stunde war vergangen und endlich wurde die Saalbeleuchtung gedimmt, als ein Redner – flankiert von einer männlichen und einer weiblichen Doll, die wie Zwillinge aussahen – die kleine Bühne betrat.

Es war Wade, den ich von den Bildern auf dem USB-Stick kannte. Entweder hatte er keinen besonders guten Schneider oder er wollte keinen neuen Anzug kaufen. Jedenfalls war er zehn Kilo schwerer als auf den Fotos und der Anzug spannte über seiner Statur. Ich blendete seine Stimme aus, nachdem er das Publikum gefragt hatte: »Wie wäre es, den perfekten Liebhaber zu finden, der Sie niemals verlassen wird?« Mein Blick wurde von etwas Vertrautem angezogen.

Er stand im Schatten, den das Scheinwerferlicht um Wade warf. Ich erkannte seine Silhouette und die Art, wie er dastand – die Arme verschränkt und die Füße hüftbreit auseinander. Aufregung wallte in mir auf – etwas, das ich seit Jahrzehnten nicht empfunden hatte. Ich starrte seine Gestalt im Dunkeln an, bis ich erkannte, dass ich an den Mann dachte, der ich an dem Tag hätte sein sollen, als er mich zum Sterben zurückgelassen hatte. Derjenige, der ihn hätte retten sollen. Statt des Selbsthasses, den ich danach für lange Zeit empfunden hatte, verspürte ich nun eine übersteigerte Vorfreude.

Es war eher ein Instinkt als irgendetwas anderes, das ihn in meine Richtung blicken ließ. Ich beugte mich zu Ella und flüsterte ihr ins Ohr, dass ich früher gehen müsse. Sie nickte nur. Ihr Blick war auf Wade gerichtet, während sie Alexanders Hand in ihrem Schoß hielt. Wie alle anderen war sie gebannt und fasziniert. Ich küsste sie auf die Wange und schob meinen Stuhl zurück. Als ich aufstand, bemerkte ich, dass Bianchis Schemen sich bewegte.

Niemand beachtete mich, als ich mich auf dem Weg zur Tür zwischen den Tischen hindurchschlängelte. Niemand hielt mich auf oder warf mir auch nur einen Blick zu, selbst als ich an Bianchis Männern und den Sicherheitsleuten vorbeiging. Ich ging auf die Toilette und spritzte mir Wasser ins Gesicht. Als Erstes musste ich mich beruhigen.

In dem leeren Waschraum konnte ich durch die Wände noch immer Wades überschwängliche Rede hören, gefolgt von gelegentlichen Jubelrufen und Applaus. Es war surreal und schien aus einer anderen Welt zu kommen. Genau wie die vertraute Silhouette …

Ich spritzte mir noch mehr Wasser aus dem Hahn ins Gesicht – das war genau der eiskalte Schock, den ich brauchte. Ich wurde unruhig. Eine nervöse Energie staute sich in meinem Bauch auf, die eigentlich nicht da sein sollte. Nicht hier. Nicht jetzt.

Ich riss ein paar Papierhandtücher aus dem Spender und tupfte mein Gesicht trocken. Als ich in den Spiegel sah, erkannte ich, dass mir jemand anders entgegenblickte, jemand, der ich einmal gewesen war, jemand, der permanent unter Anspannung gestanden hatte. Die Anspannung war ein Instinkt gewesen, ein sechster Sinn, der mich dazu gebracht hatte, mit entsicherter Waffe und einer Kugel im Lauf zu schlafen. Bianchi hatte diese Person wieder in mir hervorgebracht.

Die Tür zum Waschraum öffnete sich. Das sanfte Zischen der Türhydraulik war kaum zu hören und doch nahm ich es wahr, als zwei Räume weiter kurzzeitig Stille herrschte. Es war nur eine Sekunde, doch ich reagierte auf die Schritte, die von dem dicken Teppich gedämpft wurden, bevor er auf die Steinfliesen trat – zwei Schritte in einem gemäßigten Tempo, das mir jahrelang vertraut gewesen war. In ihm offenbarten sich sein Ego und seine Selbstsicherheit.

Es folgte der Hauch eines vertrauten Geruchs. Der schwere Duft kubanischer Zigarren kündigte ihn an, noch bevor ich ihn sehen konnte. Es war eine schlechte Angewohnheit, die ich ihm in den fünf Jahren, die ich ihn gekannt und ausgebildet hatte, nicht hatte austreiben können. Er kündigte sich voller Stolz an.

Aber diese schlechte Angewohnheit bot mir eine Angriffsmöglichkeit – auch wenn ihm das vermutlich bewusst war.

Ich trat von der Reihe der Waschbecken zurück und zog die CZ, die ich im Kreuz trug. Er war ebenso schnell, kam die drei Schritte auf mich zu und packte mein Handgelenk, bevor ich zielen konnte. Während er mein Handgelenk verdrehte, versuchte er, mir die Waffe zu entringen. Ich rammte ihm einen linken Haken in die Rippen, der ihn zurücktaumeln ließ. Für ein paar Augenblicke herrschte Stille, während wir uns einfach nur anstarrten. Er hielt eine Glock in der Hand.

»Wahrscheinlich kannst du es nicht sehen, aber ich krieg grad einen mächtigen Ständer«, lachte er, als er sich aufrichtete. Wir waren einander ebenbürtig und hätten uns wahrscheinlich gegenseitig erschießen können. Es war nur vorübergehend eine Pattsituation. Ich stand mit einer Waffe und fünfzehn Schuss mit dem Rücken zur Wand. Er hatte eine Glock und ein voll bewaffnetes Sicherheitsteam, das jederzeit hereinkommen konnte.

»Du siehst niedlich aus im Anzug«, sagte ich. »Ist der von Gen-Tech? Gehören dazu auch eine Drehorgel und ein tanzender Affe in einem Kostüm?«

Er lachte erneut und das Echo klang in dem kleinen Waschraum blechern. »Du bist von den Toten zurückgekehrt. Und was nun? Was willst du tun?«

Er machte einen Schritt vor, um mich zu testen. Ich rührte mich nicht.

»Dieses Unternehmen auf die Grundmauern niederzubrennen?«, fragte er und machte einen weiteren Schritt. »Deine Doll zu holen?« Ein weiterer Schritt und er war bis auf Armeslänge herangekommen. »Mich zu töten?«

Sein Lächeln wurde breiter, aber sein Blick ruhte starr auf der Narbe, die aus meinem Kragen hervorblitzte.

»Alles davon.«

Er erschreckte, als ich meine Hand hochnahm, um meine Krawatte zu lockern – ich zog den Knoten ein paar Zentimeter nach unten. Seine Pupillen weiteten sich und er konnte seine Erregung kaum verbergen, als ich die obersten drei Knöpfe öffnete. Mein Kragen klaffte auf und er konnte die komplette Narbe sehen.

Ich trat einen Schritt vor, um die Lücke zwischen uns zu schließen. Er regte sich nicht. Seine Hand umklammerte die Waffe, doch sein Zeigefinger ruhte auf der Sicherung. Er zuckte zusammen, als ich ihn an der Kehle packte.

»Wenn du vorher schon hart warst«, sagte ich und schloss meine Hand fester um seine Kehle, bis ich spüren konnte, wie sich sein Adamsapfel unter meiner Handfläche bewegte, als er zu schlucken versuchte, »bist du jetzt wahrscheinlich gerade gekommen, oder?«

Ich drückte noch einmal zu. Ich wusste, dass er nicht atmen konnte, aber er wehrte sich nicht. In seiner Hand hielt er immer noch die Glock, als hätte er völlig vergessen, dass er sie hatte. Ich musste darüber lächeln, dass Bianchi tief in seinem Inneren immer noch Angst vor mir hatte. Ich konnte es in seinen Augen sehen, die weit aufgerissen waren und mich anstarrten, aber mich nicht wirklich wahrnahmen. Es war derselbe Ausdruck, den er gehabt hatte, als wir uns das erste Mal begegnet waren.

Ich löste meinen Griff und ließ meine Hand in seinen Nacken wandern. Ich streichelte ihn – meine Finger fuhren über die Stoppeln seines abrasierten Haares.

»Du warst immer und wirst immer mein größter Erfolg sein.« Ich beugte mich so dicht zu ihm, dass ich flüstern konnte. »Aber auch meine größte Enttäuschung.«

Langsam schüttelte er die Benommenheit ab und hob die Waffe. Der Lauf strich über meine gelockerte Krawatte, bis er an meiner Kehle lag.

»Denkst du, dass ich es nicht tun würde?«, fragte er und sein Daumen spannte den Hahn.

»Nein«, antwortete ich. »So psychotisch du auch bist, *so* respektlos wärst du nicht.«

Sein Lächeln wurde breiter. Die Sekunden verstrichen, bis die Stille wieder von Wades Stimme durchbrochen wurde, gefolgt von Jubelrufen. Bianchi drückte den Lauf fester gegen meine Kehle – gegen die Narbe.

»Ich lass dich allein, damit du dir in einer der Kabinen einen runterholen kannst«, sagte ich und steckte meine Waffe wieder in ihr Holster.

»Das nächste Mal wird es nicht so schnell gehen«, warnte er. Er senkte die Waffe und legte dabei den Hahn wieder um. »Ich finde deinen Knaben und werde ihn vor deinen Augen ausweiden. Ich werde jeden finden, der dir etwas bedeutet, und sie alle langsam vor deinen Augen

töten. Und ganz zum Schluss werde ich dasselbe mit dir tun. Ich pumpe dich mit Drogen voll, damit du wach bleibst, während ich dich aufschlitze und dir deine Eingeweide rausreiße.«

»Du bist ein echter Romantiker«, erwiderte ich und tätschelte ihm die Wange. »Du wirst dich nie ändern.«

Ich ging zur Tür und hob eine Hand, um ihm zuzuwinken. »Nicht heute Nacht, aber du wirst mich schon bald wiedersehen. Warte auf mich.«

Mit diesen Worten öffnete ich die Tür und verließ den Waschraum. Zwei von Bianchis Männern standen in der Nähe und hielten ihre Gewehre vor der Brust. Sie starrten mich eindringlich an, als würden sie Befehle von mir erwarten. Ich ging zwischen ihnen durch und auf die Hauptlobby zu. Sie folgten mir nicht.

Erst als ich hinaus in die kalte Nachtluft trat, fand ich wieder annähernd zu meiner inneren Ruhe zurück. Die harte Realität dessen, was auf mich zukommen würde, war aufregend und packend. In diesem Moment wurde mir klar, wie sehr ich Bianchi töten wollte – nicht mit einer Waffe, sondern mit meinen bloßen Händen. Ich wollte ihn zusammenschlagen, bis er sich nicht mehr wehren konnte. Ich konnte sein warmes, glitschiges Blut fast schon an meinen Händen spüren, als ich mir vorstellte, wie meine Finger sich in das weiche Gewebe an seiner Kehle graben und die Knochen brechen würden, während ich ihn zu Boden drückte. Sobald ich seine Wirbelsäule zu fassen bekommen würde, würde ich meine Hand darum schließen und sie durch das Loch in seinem Hals herausreißen, während ich ihn zwingen würde, dabei zuzusehen.

Die Bilder und Sinneseindrücke waren so klar und greifbar. Der starke Kupfergeruch von Blut hing mir deutlich in der Nase, als ich auf dem Bürgersteig stand und auf ein Taxi wartete. Das Verlangen, Bianchi richtig wehzutun, bevor ich ihn töten würde – wie er es zuvor mit mir in Belgien gemacht hatte –, war so stark, dass meine Hände zitterten.

Ein Taxi fuhr vor und bremste scharf. Die laute, nervtötende Musik, die aus den offenen Fenstern dröhnte, riss mich aus meinen Gedanken. Ich schüttelte den Kopf und versuchte, die Dämonen zu vertreiben, die durch meine Adern huschten.

Bianchi wusste, dass ich ihn jetzt noch nicht töten konnte. Wenn ich es täte, wäre mein ganzer Plan ruiniert. Wenn ich ihn heute Nacht umbringen würde und es mir gelang, den Sicherheitsleuten zu entkommen, würde Gen-Tech alles abriegeln, sobald sie die Leiche fanden.

Er dagegen hätte mich töten können, aber das würde er nicht. Eine Kugel wäre zu unbefriedigend. Er wollte mir genauso wehtun wie ich ihm. Er würde mich eher zu einem Taxi begleiten, als mich zu erschießen.

Ich stieg ins Taxi und nannte dem Fahrer die Adresse meines Hotels. Als wir losfuhren, sah ich, dass Bianchi an einer der Säulen vor dem Haupteingang lehnte und eine Zigarre rauchte. Ich ließ mich in den Sitz sinken.

Er lächelte nur, als das Taxi an ihm vorbeifuhr und unsere Blicke sich ein letztes Mal trafen.

Kapitel 7

Es war fast elf, als mich das Taxi vor dem Hotel absetzte. Ich war immer noch nervös, selbst nachdem ich den Smoking abgelegt und geduscht hatte. Ich überprüfte, ob ich eine neue Nachricht von Pete hatte – nichts. Meine nervöse Energie verwandelte sich in eine Unruhe, die mich durchströmte. Ich fühlte mich eingesperrt. Ich zog ein T-Shirt über und ging joggen.

Der Central Park war fünf Kilometer entfernt. Als ich dort ankam, verlangsamte ich mein Tempo, während ich den Park auf dem ausgetretenen Pfad umrundete. Ich zählte nicht, wie viele Runden ich gelaufen war. Ich wollte nur rennen, bis ich mich völlig verausgabt hatte. Es waren ein paar nächtliche Läufer unterwegs, doch die meisten verschwanden, als es nach einer Stunde anfing zu nieseln.

Bis ich mich richtig verausgabt hatte, schüttete es. Ich war völlig durchnässt – die Kälte und die Erschöpfung hatten endlich alle Spuren der Angst vertrieben. Als ich noch einen Block vom Hotel entfernt war, kam der Regen schräg herunter. Die Rezeptionistin sah mich mit großen Augen und völlig verängstigt an, als ich durch die Glasschiebetüren kam.

Ich entschuldigte mich, als ich an ihr vorbeiging. Auf meinem Weg durch die leere Lobby zu den Fahrstühlen hinterließ ich eine Spur von Wassertropfen. Als endlich ein Aufzug kam, hatte sich unter mir eine kleine Pfütze gebildet. Ich warf der Rezeptionistin einen entschuldigenden Blick zu, bevor ich einstieg.

Es war eine gute Runde gewesen. Obwohl die Nacht kurz und der Tag lang werden würde, war ich ruhig. Vielleicht war ich auch einfach zu müde, um mir darüber Gedanken zu machen, was mich in ein paar Stunden erwartete. Zumindest verspürte ich nicht mehr dieses … Stechen, wenn ich an Bianchis Namen dachte.

Sobald sich die Fahrstuhltüren öffneten, erblickte ich Pete. Der Junge saß mit dem Rücken an meine Zimmertür gelehnt und hatte seine

Kopfhörer in sein Handy eingestöpselt, während er auf dem Bildschirm las. Er blickte auf und kam auf die Füße, als ich aus dem Aufzug stieg.

»Nicht gerade die beste Nacht, um joggen zu gehen«, kommentierte er, hob seinen Rucksack auf und hängte ihn sich über die linke Schulter.

»Es war ein großartiger Lauf«, erwiderte ich und zog meine Schlüsselkarte aus einer kleinen Tasche im Bund meiner Trainingshose. Sie war das Einzige, was ich mitgenommen hatte. Ich schloss die Tür auf und öffnete sie. »Als ich dir die Adresse von meinem Hotel gegeben habe, dachte ich eigentlich, dass du mir über Nacht alles schicken würdest, was ich brauche, nicht, dass du hier auftauchst.«

Er zuckte mit den Schultern und folgte mir ins Zimmer.

»Das Signal in den Bergen ist zu schlecht, überall gibt es Funklöcher. Es ist besser, wenn ich von der Stadt aus arbeite«, erklärte er und schloss die Tür hinter sich. »Mit Oshihara hatte ich ohnehin alles erledigt. Es gab keinen Grund, warum ich da draußen bei ihm bleiben sollte.«

»Das habe ich nicht gemeint«, sagte ich und schaltete das Licht im Badezimmer ein. Ich zog das nasse Shirt aus und warf es auf den gefliesten Badezimmerboden. »Ich will nicht, dass du hier bist.«

Er stellte seinen Rucksack am Fußende des Bettes ab, ging zu dem Sessel, auf den ich meinen Smoking geworfen hatte, und legte ihn auf den Boden, damit er sich setzen konnte. »Ich bin hier auch nicht in größerer Gefahr, als wenn ich mit Tony in einer Hütte eingesperrt bin.«

»Ich plane Dinge gern bis ins kleinste Detail durch«, erklärte ich und trat ins Badezimmer, um ein zusammengelegtes Handtuch aus dem verchromten Regal zu ziehen. Ich kam wieder heraus und rubbelte mir die Haare damit trocken. »Wenn ich dir eine Anweisung gebe, weichst du nicht davon ab. Versau meine Pläne nicht, nur weil du glaubst, dass du eine bessere Idee hast.«

Er verfiel in Schweigen. Ich ging wieder ins Badezimmer, um den Rest meiner nassen Sachen loszuwerden, und band mir ein Handtuch um die Hüften. Pete schwieg noch immer und starrte auf meinen Smoking auf dem Boden, als ich herauskam. Ich konnte erkennen, dass er aufgebracht war. Es lag nicht an dem, was ich gesagt hatte. Ich hatte ihm schon Schlimmeres an den Kopf geworfen. Normalerweise lächelte er wissend und entschuldigte sich vielleicht. Es gab etwas, das er nicht sagen wollte. Der Junge lehnte sich nur selten gegen mich auf.

Ich ging zur Minibar, in der auf dem Plastikregal in einer ordentlichen Reihe Wasserflaschen standen. Auf jeder klebte ein grellgelber Aufkleber mit dem Namen des Hotels und der Aufschrift ›$ 5.00‹. Ich nahm eine Flasche und trank einen großen Schluck, während ich zum Bettende ging und mich daraufsetzte. Pete saß im einzigen Sessel im Raum.

»Ich habe Bianchis Namen im Hauptverzeichnis von Gen-Tech gesehen«, sagte er schließlich mit ernster Stimme. »Ich bitte dich, das abzublasen. Was mit Gen-Tech geschehen soll, kann ich von diesem Zimmer hier aus erledigen. Es würde nur eine Stunde dauern, wenn du das willst. Und in wenigen Tagen, wenn sie sich in ihrer Wiederaufbauphase befinden und überall Dienstleister durch die Gebäude wuseln, kann ich deine Doll aus ihrem Lager holen.«

»Halt dich da raus.«

»Bitte lass mich das für dich machen«, flehte er und setzte sich gerade in seinem Sessel auf. »Ich *will* das für dich machen.«

»Vergiss deinen Platz nicht. Du wirst tun, was ich dir sage.«

»Selbst wenn du das alles überleben solltest«, sagte er, »wirst du wieder zu *diesem* Mann werden.«

»Du meinst denselben, der dich in jener Nacht am Kragen aus dieser beschissenen Bar geschleppt hat?«

»Nicht genau so«, erwiderte er. »Du wirst es vielleicht nicht glauben, aber …«

»Ich sag's noch mal, Ethan: Vergiss deinen Platz nicht.«

Er holte tief Luft und hielt den Atem an. Er mochte es nicht, wenn ich seinen echten Namen benutzte, und er wusste auch, dass es, wenn ich es tat, ein sicheres Zeichen dafür war, dass die Unterhaltung beendet war.

»Es geht nicht nur um Rache«, erklärte ich. Ich leerte die Flasche in einem langen Zug. »Es mag vielleicht so klingen und so wirken, aber das ist nur ein kleiner Teil des Ganzen.«

»Es gibt andere Wege, Bianchi loszuwerden«, beharrte er. »Du bist in einer Position, in der du dir die Hände nicht schmutzig machen oder ein solches Risiko eingehen musst …«

»Es gibt keinen«, sagte ich. Ich ging auf ihn zu und blieb dreißig Zentimeter entfernt stehen. »Wenn du mich wirklich verstehst, und ich weiß, dass du das tust, ist dir klar, dass es keinen anderen Weg gibt.«

Seine Mundwinkel verzogen sich nach unten. Ich kannte diesen Ausdruck. Als ich ihn zuletzt gesehen hatte, war Pete vierzehn gewesen. Er beugte sich vor, schlang seine Arme um meine Taille und vergrub sein Gesicht an meinem Bauch. Seine Wärme machte mir deutlich, wie ausgekühlt mein Körper war. Er weinte, gab aber keinen Ton von sich. Ich fuhr mit der Hand durch sein Haar und zerwühlte seine Locken.

Ich wollte etwas sagen – irgendetwas –, um ihn zu trösten. Doch ich konnte nicht. Mir fiel nichts ein, außer der Erinnerung an den Tag, als ich ihn vor fast zehn Jahren aus seinem Elternhaus herausgeholt hatte. Als ich damals in sein Zimmer getreten war, hatte er sich in einer Ecke am Fuße seines Bettes zusammengekauert. Dieser Moment hatte mich für immer verändert. Auch an jenem Tag hatte es geregnet. Die Tropfen hatten sanft gegen das kleine quadratische Fenster unter der Decke getrommelt. Aber an diesem Tag hatte er nicht geweint, als er seine kleine Hand in meine ausgestreckte gelegt hatte.

Alles, was ich jetzt für ihn tun konnte, während der Regen draußen immer lauter wurde – er prasselte hinter den geschlossenen Vorhängen gegen die Scheiben –, war, weiter sein Haar zu streicheln, während er sich ausheulte.

Nach einer halben Stunde der Stille hatte Pete sich endlich beruhigt und baute seinen Laptop auf dem Schreibtisch am Fenster auf.

»Tony lässt wohl langsam nach, wenn er zulässt, dass ihm ein Kind einfach so entwischt«, sagte ich.

»Du weißt doch, dass er mir nichts abschlagen kann«, erwiderte Pete mit einem beiläufigen Schulterzucken. »Wenn ich ihn gebeten hätte, mich herzufahren, hätte er das auch gemacht.«

»Und?«

»Er hat gesagt, dass er sich um Oshihara kümmern und bis spätestens elf in der Stadt sein würde. Er wird das ›Paket‹ an der Laderampe abholen, wie du wolltest, und verschwinden, sobald er es hat.«

Aus der Tasche seines Rucksacks zog er den auf Ella ausgestellten Besucherausweis, den ich ihm gegeben hatte. Die Schlüsselkarte, die er hatte manipulieren und mir schicken sollen.

»Hiermit kommst du rein«, sagte er und schob den Ausweis über den Tisch. »Aber du kommst damit nicht wieder raus. Erinnerst du dich, Oshiharas Karte hatte zwei Magnetstreifen? Gen-Tech hat ein einzigartiges Auslesesystem, das verschiedene Schlüsselcodes für rein und raus verwendet. Wahrscheinlich wurde es für Fälle wie diesen installiert. Wenn sie die Leute schon nicht am Einbrechen hindern können, haben sie den Eindringling so wenigstens unter Verschluss, damit sie sich später mit ihm befassen können.«

»Ich bin sicher, du findest einen Weg raus für mich.«

Er nickte. »Wir haben nur ein sehr kleines Zeitfenster. Nachdem der Virus ins System eingespeist ist, gehe ich davon aus, dass ihr Sicherheitsprotokoll alles abriegeln wird. Dann kann ich versuchen, dir ein paar Minuten zu verschaffen. Ich bin gut, aber gegen die Macht von ein paar Hundert Computern, die versuchen, mich aus dem System zu drängen, werde ich nicht viel ausrichten können. Also …«

Er fuhr nicht gleich fort. Ich wusste, was das bedeutete, also hakte ich nicht nach.

»Du musst unbedingt eine Konfrontation mit Bianchi vermeiden«, sagte er schließlich zögernd. »Das ist die einzige Anomalie in dieser ganzen Geschichte. Komm ihm bloß nicht zu nahe.«

Ich nahm die Karte an mich und schenkte ihm ein Lächeln. »Wir werden sehen.«

»Ich meine es ernst«, beharrte er. »Ich verstehe ja, dass du dich persönlich um Bianchi kümmern musst, aber es hat keinen Sinn, sich eine Zeit und einen Ort dafür auszusuchen, bei denen die Chancen gegen dich stehen. Wenn er weiß, dass du hier bist ...«

»Das tut er«, entgegnete ich. »Wir haben uns heute Abend getroffen.«

»Das ist ja sogar noch schlimmer«, sagte er. »Dann hast du nicht mal mehr das Überraschungsmoment auf deiner Seite. Und das war der einzige Vorteil, den du hattest.«

»Ich habe eine Menge Lebenserfahrung gesammelt, bevor ich dich aus der Gosse aufgelesen und aufgezogen habe«, erwiderte ich und tippte mit der Karte auf die Schreibtischoberfläche. »Es gibt eine Menge Dinge, die du nicht weißt und wahrscheinlich auch nie verstehen wirst.«

Er wirkte angefressen. »Ich *weiß*, dass du Bianchi besser als jeder andere kennst. Aber das ändert nichts an der Tatsache, dass du dort hingehst, um zu sterben, weil dein Ego das Denken übernommen hat.«

»Du hast wirklich nicht viel Vertrauen in mich, oder?«, fragte ich. Petes Ärger amüsierte mich. Normalerweise hatte der Junge sein Temperament gut im Griff. Selbst unter den schwierigsten Bedingungen und im größten Chaos konnte er alles ruhig und still über sich ergehen lassen. Das war das erste Mal, dass ich ihn so aufgebracht sah. Er sah aus wie ein knurriger Welpe und ich musste lächeln. Mein Grinsen regte ihn nur noch mehr auf.

»Du erzählst mir nicht viel und ich will auch gar nicht neugierig sein, aber ich bin auch kein kleines Kind mehr«, sagte er und deutete auf die Narben auf meiner Brust und an meinem Hals. »Er hat deine Doll mitgenommen und dann hat er dir das da angetan, richtig?«

Ich überlegte, ihm von Belgien zu erzählen, entschied aber, dass es nicht wichtig war. Das meiste hatte er sich ohnehin schon selbst zusammengereimt.

»Sobald du morgen Mittag dein Ding durchgezogen hast, gehst du zurück zur Hütte und wartest dort. Du wirst nicht in der Stadt bleiben.«

Er verzog das Gesicht und wollte protestieren. Doch als ich seinen Namen sagte, ließ ihn das verstummen.

»Wenn du zehn Minuten danach immer noch hier bist ... schicke ich dich auf den Strich zurück. Scheiße, die können dich sogar umsonst haben.«

»Das würdest du nicht tun«, widersprach er und blickte auf seinen Laptop, der inzwischen hochgefahren war.

Ich ging ins Badezimmer, um noch kurz zu duschen, bevor ich mich für ein paar Stunden Schlaf hinlegen würde.

»Doch, das würde ich«, erklärte ich. »Schneller, als du gucken kannst.«

Sechs Minuten bevor der digitale Wecker auf dem Nachttisch losging, wachte ich auf. Es war sieben Uhr dreißig. Ich hatte drei Stunden geschlafen. Pete war eingeschlafen, sein Kopf ruhte auf seinen verschränkten Armen neben seinem Laptop. Seine Brille lag neben der Maus. Durch den winzigen Spalt, wo die Vorhänge nicht ganz abschlossen, fiel die Morgensonne herein und erhellte den Raum ein wenig. Obwohl wir im vierten Stock waren, konnte ich das Treiben der morgendlichen Rushhour in der Stadt unter uns hören.

Ich bestellte beim Zimmerservice Frühstück. Meine Stimme am Telefon weckte Pete. Er nickte mir nur zu und verschwand mit seinem Rucksack im Badezimmer. Als er wieder herauskam, wirkte er wach und trug ein anderes Langarmshirt. Ich konnte nicht feststellen, ob er versucht hatte, sich die Haare zu kämmen.

»Tony hat Oshihara schon für den Neun-Uhr-Direktflug nach Okinawa am Albany International Flughafen abgesetzt«, sagte er und warf sich auf das Bett mit den zerknüllten Laken. Er streckte sich aus und schloss die Augen.

Ich zog eine Jeans und ein sauberes T-Shirt an. Die meisten meiner Sachen hatte ich in Ellas Zimmer gelassen. Ich hatte nur einen Anzug, den ich zusammengelegt und in den Rollkoffer gestopft hatte, in dem Pete die Waffen und die Munition versteckt hatte.

»Was wirst du um zwölf tun?«, fragte ich und inspizierte den dunkelblauen Anzug, den ich aufgehängt hatte, damit sich die Falten und Knitter aushängen konnten.

»Ich weiß, ich weiß«, erwiderte er. »Vincent ...«

Ich sah ihn über die Schulter an, als er nicht weitersprach. Er starrte an die Decke. Seine verschränkten Finger ruhten auf seiner Brust.

»Bitte stirb nicht«, sagte er. »Ob es dir gefällt oder nicht, für mich wirst du immer der Vater sein, den ich nie hatte. Der, der gestorben ist ... Die einzigen Erinnerungen, die ich an ihn habe, sind, dass er immer krank war und vor sich hinsiechte, bis er schließlich in einem Sarg lag. Und der andere ... Na ja, du weißt schon ...«

»Ich werde nicht sterben«, erklärte ich und hängte den Anzug wieder in den Schrank.

»Schwörst du's?«, fragte er und drehte den Kopf ein wenig. Ein leichtes Lächeln umspielte seine Lippen. »Ich habe kein Problem damit, dich meinen Daddy zu nennen, wenn dich das anspornt, nicht zu sterben.«

»Übertreib's nicht. Ich war zwölf, als du geboren wurdest«, ermahnte ich ihn. »Ich bin nicht so alt, wie du denkst.«

»Das ist nicht zu übersehen«, sagte er und setzte sich auf. »Aber ich habe ein paar sehr seltsame Geschichten über dich gehört.«

Ich antwortete nicht. Es gab eine Menge Dinge, die er nicht auch noch bestätigt bekommen musste.

Das Frühstück wurde gebracht. Ein alter Kellner in einem weißen Jackett mit einem goldenen Namensschild schob es auf einem kleinen Servierwagen herein. Er ging, nachdem er einen langen Blick auf Pete und dann auf den Zwanziger, sein Trinkgeld, geworfen hatte.

Pete lachte, als er die Gloschen von den Tellern hob. »Ich wette, er denkt, dass ich ein Callboy bin – ein zerwühltes Bett und Frühstück für zwei«, sagte er. »Es wäre lustig gewesen, wenn ich dich Daddy genannt hätte, als er hier war.«

Petes Sachen waren auf dem einzigen Tisch im Raum ausgebreitet. Wir mussten also an dem Servierwagen frühstücken, den wir an die Bettkante heranzogen.

»Dann hättest du mir Geld geschuldet«, erwiderte ich und schenkte mir aus der weißen Kanne Kaffee ein. »Sehe ich aus, als würde ich für Sex bezahlen?«

»Touché.«

Während wir aßen, sahen wir uns noch einmal die Blaupausen und die Zeitpläne an. Er erwähnte Bianchi nicht mehr. Nach dem Frühstück schlüpfte ich in meinen Anzug und befestigte zwei 9-Millimeter in angepassten Holstern an meinen Hüften. Die Munition war ein Problem. Ich hatte zehn Schuss in jeder Waffe, aber ich konnte nicht noch mehr Magazine mitnehmen, ohne dass offensichtlich wurde, dass ich bewaffnet war. Das war ein wenig besorgniserregend. Ich ging nicht davon aus, dass ich mehr als eine Handvoll Schuss würde abgeben können, bevor mir die Kugeln um die Ohren flogen. Ich hatte gehofft, dass ich mich rein- und rausschleichen und mir Bianchi an einem ruhigeren Ort vorknöpfen könnte. Meistens funktionierten meine Pläne und verliefen ohne Probleme. Meistens. Tief in meinem Innersten wusste ich allerdings, dass heute wahrscheinlich nicht so ein Tag sein würde. Selbst wenn ich mehr Munition gehabt hätte, hätte das auch nichts geändert.

»Eine Sache noch ...«, sagte Pete und wühlte in seinem Rucksack. Er zog einen weiteren USB-Stick heraus. Dieses Mal war es eine mehrfarbige Katze, deren Hintern den Anschluss verbarg. Er drückte ihn mir in die Hand.

»Kaufst du davon immer gleich tausend auf Vorrat?«

Er zuckte mit den Schultern. »So ungefähr. Sie sind billig, tragbar und leicht zu entsorgen. Viele Geräte haben unterschiedliche Konfigurationen, aber USBs haben ein universales Format.«

»Und was ist das hier?«

»Das sind deine Flügel, Ikarus«, erwiderte er und ging an den Schreibtisch zurück. »Ich denke immer noch, dass du hierbleiben und dem Chaos, dass ich um zwölf auf sie loslassen werde, seinen Lauf lassen solltest – und dann triffst du dich in vier Stunden mit Tony und deiner Doll in der Hütte. Gen-Tech wird gedemütigt und es wird sie ein paar Hundert Millionen kosten, das wieder aufzuräumen …«

»Das würde ihnen nicht wehtun. Und anschließend würden sie nur ihre Sicherheit verschärfen und verbessern, sodass sich vermutlich keine weitere Chance ergeben würde.«

»Nein«, sagte er. »Und du hättest alle Zeit der Welt, um dein Treffen mit Bianchi an einem Ort, den du ausgewählt hast, vorzubereiten. Ich kenne ihn nicht besonders gut, aber ich weiß, dass er wie du ist. Er würde nach dir suchen. Er würde zu dir kommen. Aber …«

»Aber?«, hakte ich nach, als er nicht weitersprach.

»Aber mir ist klar, dass das zu einfach wäre. Du hast den ungesunden Drang, alles und jeden, der dir in deinem Leben auch nur das geringste Unrecht getan hat, plattzumachen.«

»Es ist schon ein bisschen komplizierter.«

»Natürlich ist es das.« Ein winziges Lächeln umspielte seine Lippen. »Seit dem Tag, an dem wir uns begegnet sind, fasziniert und verwirrt mich dieser Drang von dir. Es ist fast, als … müsstest du den sicheren Tod herausfordern, um dich lebendig zu fühlen.«

Irgendwo hatte der Junge sogar recht, aber ich hatte keine Lust, meine Psyche mit ihm zu diskutieren. Ich hielt den USB-Stick hoch, um das Gespräch so wieder auf das eigentliche Thema zu lenken.

»Du weißt, im Westflügel, wo du hinwillst, sind nur zwei Stockwerke in Benutzung – die, die du angreifen willst. Das ist die heiße Zone. Da sich dort vornehmlich eine Datenbank befindet, in der sie Informationen lagern, ist es nicht sehr wahrscheinlich, dass die Systeme vom Virus befallen werden, selbst wenn ein absoluter Vollidiot die Sicherheitsprotokolle geschrieben hat. Das wäre, als könntest du mit deiner Bankkarte einen zusätzlichen Bereich im Tresor öffnen, in dem wertvollere Dinge gelagert werden – nachdem du extra zusätzliches Geld bezahlt hast, damit deine wertvolleren Sachen durch einen anderen Zugang und einen anderen Lagerort geschützt sind. *Und* die Datenbank ist offline. Ich kann sie nicht finden. Das ist nicht allzu überraschend – dieser Bereich ist im Grunde nur ein Lager, bis sie mit dem Bau fertig sind und ihre Labore aus dem Hauptgebäude in den Westflügel umziehen.«

»Und das ist der Virus, den ich ins System einspeisen muss?«

Er lächelte und schüttelte den Kopf. »Du suchst den Nexus am Mainframe und steckst den rein. Er enthält eine Software, die es mir gestattet, per Fernsteuerung die Kontrolle zu übernehmen … und dann werde ich den Virus einspeisen. Die Datenbank im Westflügel hat wahrscheinlich keine aktiven Benutzer, die den Virus verbreiten könnten. Nicht so wie die Hauptdatenbank, wo Tausende von Nutzern ihn weitergeben, also muss ich das machen.«

»Wäre es nicht einfacher, wenn ich einfach ein paar Kugeln in ihre Geräte jage?«

»Nein«, lachte er verächtlich. »Du würdest nur die Hardware zerstören. Die Daten würden vermutlich unversehrt bleiben.«

»Und wie willst du das anstellen, wenn du auf dem Weg aus der Stadt sein solltest?«

»Nur Minuten nachdem du den USB-Stick angeschlossen und die einzige Datei auf dem Stick geöffnet hast, kann ich den Virus aktivieren«, erklärte er. »Dann mache ich mich auf den Weg.«

Für einige Augenblicke sagte er nichts mehr. Dann kehrte sein lässiges Lächeln zurück. »Vincent«, meinte er, »es bedeutet mir wirklich alles, dass du dich mehr um mein Leben sorgst als um dein eigenes. Aber lass mich meine eigenen Entscheidungen treffen. Ich tue das nicht, weil ich das Gefühl habe, dir etwas zu schulden. Ich tue das, weil ich es *für dich* tun will.«

Ich steckte den USB-Stick in meine Tasche. Es war kurz nach halb elf. Die Gästegruppe, zu der Ella und ich gehören würden, sollte ihren

Rundgang um elf beginnen. Ich hatte meine Ankunft so getimt, dass ich nur die ersten paar Minuten verpassen würde. Schnell wuschelte ich durch Petes Haar.

»Außerdem«, fuhr er fort, »wirst du im Datenraum eingeschlossen sein. Ich muss dich rauslassen. Schon vergessen? Mit deiner Zugangskarte kommst du nur rein.«

»Die CZ im obersten Fach des Schranks«, sagte ich. »Behalt sie bei dir.«

Er nickte.

Ich hatte die Rezeption gebeten, mir ein Taxi zu rufen, bevor ich das Zimmer verlassen hatte. Es kam ein paar Minuten, nachdem ich aus dem Hotel getreten war. Sobald ich eingestiegen war und dem Fahrer die Adresse von Gen-Tech genannt hatte, kehrte die Unruhe, die ich bei meiner Laufrunde letzte Nacht abgeschüttelt hatte, langsam zurück.

Um zwölf Minuten nach elf traf ich bei Gen-Tech ein. Der Fahrer ließ mich am Bürgersteig raus und ich konnte das Café sehen, in dem ich mich vor nicht allzu langer Zeit mit Kai getroffen hatte. Es hatte sich nicht verändert. Auf dem Beton standen noch ein paar flache Pfützen, die noch nicht getrocknet waren, aber die Sonne hatte bereits einige Gäste nach draußen gelockt. Die Terrasse war voll besetzt. An dem Tisch, an dem Kai zuvor gesessen hatte, saß ein Pärchen – der Mann trug einen hellgrauen Freizeitanzug und die Frau ein hellgelbes Strandkleid und einen Strohhut mit passendem Band. Sie tranken aus Pappbechern. Was auch immer die Frau erzählte, der Mann lauschte ihr mit großem Interesse.

Ich trat durch die Eingangstür und auf den langen, geschwungenen Empfangstresen in der Lobby zu. Daran hätten problemlos zwanzig Leute Platz gefunden. Die Kombination aus Glas und dunklem Kirschholz passte zum Gen-Tech-Logo an der Wand hinter dem Tresen. Eine wunderhübsch zurechtgemachte Frau stand von ihrem Platz auf, um mich zu begrüßen. Die zwei Männer links von ihr – ihren Jacken nach zu urteilen,

Sicherheitsleute – blickten von den Monitoren auf, die sie aufmerksam beobachteten, und wandten sich dann wieder ihrer Aufgabe zu.

»Es tut mir wirklich leid«, sagte ich und brachte ein hoffentlich entwaffnendes Lächeln zustande. Ich zog die Einladung zum Kongress und meinen Ausweis heraus. »Ich bin im Verkehr stecken geblieben. Ich glaube, meine Gruppe hat schon eingecheckt und ist reingegangen.«

Die Frau trug einen ablenkend engen roten Hosenanzug, der ihren Körper perfekt in Szene setzte. Es dauerte ein paar Sekunden länger, als es sollte, bis ich das silberne Namensschild an ihrem Revers – neben ihrem üppigen Dekolleté – bemerkte. Ihr Name war Lydia.

»Sobald die Gruppe drin ist …«, begann sie. Ich wusste, was sie mir sagen wollte.

»Wenn ich das verpasse, verliere ich meinen Job«, erklärte ich und bemühte mich, das Lächeln in ein gestresstes Stirnrunzeln zu verwandeln. »Ich habe vor ein paar Tagen mit meiner Freundin Schluss gemacht. Wenn ich jetzt auch noch meinen Job verliere …«

Ihre Miene wurde sanfter, als ich den Rest des Satzes unausgesprochen ließ. Sie warf einen weiteren Blick auf die Einladung und setzte sich damit an ihren Computer.

»Ich werde sehen, was sich machen lässt, Mr Lynch«, sagte sie und schenkte mir ein strahlendes Lächeln, das ihre geraden, unglaublich weißen Zähne offenbarte.

Sie tippte übereifrig auf ihre Tastatur ein – ihre langen Fingernägel klackerten laut. Einer der Sicherheitsmänner blickte von seinem Monitor auf und wirkte leicht genervt, dass ich immer noch da war.

Ich beobachtete das Kommen und Gehen in der Lobby. Größtenteils handelte es sich um Angestellte, es waren kaum Besucher darunter. Die Angestellten hatten ihre Ausweise einheitlich an ihrem linken Revers oder ihrer linken Brusttasche befestigt. Das machte es dem Sicherheitsdienst leichter, sie auf den Monitoren und in persona auszumachen und zu identifizieren. Aus Lautsprechern an der Decke und in zwei Ecken erklang leise Muzak. Es war so gedämpft, dass ich es kaum wahrnahm. Ein Lied, das ich nicht kannte, lief, während Lydia an ihrem Computer arbeitete und jemanden anrief. Sie lächelte, als sie wieder aufstand.

»Wir konnten Ihre Identität bestätigen, Mr Lynch«, sagte sie fröhlich und schob mir über den Tresen einen Ausweis zu. »Sie sind gerade in Konferenzraum C. Dom wird Sie dahin begleiten.«

Ich schenkte ihr ein weiteres Lächeln, während Dom sich von seinem Posten erhob. Lydia zwinkerte mir zu und faltete die Kongresseinladung, die ich ihr gegeben hatte. Dom war weniger von mir angetan. Er verbarg seinen Unmut darüber, dass er seinen bequemen Stuhl verlassen musste, um mich zum Konferenzraum zu führen, nicht. Er hatte fünfzehn Kilo zu viel auf den Rippen und einen leicht watschelnden Gang.

Nachdem wir die Lobby verlassen hatten, faltete ich den Zettel auseinander, den Lydia mir in die Hand gedrückt hatte. In einer niedlichen ballonartigen Schrift hatte sie ihren Namen und ihre Nummer auf den Rand geschrieben. Dom warf einen Seitenblick darauf.

»Wenn Sie nich steinreich sind«, sagte er in einem breiten New Yorker Dialekt, der klang, als hätte er den Bundesstaat noch nie verlassen, »wird sie Sie ficken und dann fallen lassen.«

»Mom würde sich nie wieder einkriegen, wenn ich sie mit nach Hause bringen würde. Sie mag es nicht, wenn ich Dates mit nach Hause bringe.«

»Sie leben noch bei Ihrer Mutter?«

»Ich brauche das Geld«, erwiderte ich. »So schlimm ist das nicht. Die Katze ist letzten Monat gestorben, also habe ich das Bett jetzt ganz für mich.«

Dom ging nicht sehr schnell. Wir schlenderten gemütlich vor uns hin, als hätte keiner von uns ein bestimmtes Ziel. Das gab mir Gelegenheit, den Gang nach Kameras abzusuchen. Sie hingen im Abstand von sechs Metern abwechselnd rechts und links und waren fest installiert, doch durch den Winkel, in dem sie angebracht waren, deckten sie alles ab. Es gab keine toten Winkel.

»Ich weiß nich, obse mich verarschen oder so«, sagte Dom. Er drückte meinen Arm. »Wenn ich solche Kaliber hätte, hätt ich jeden Tag 'ne Pussy am Start. Vielleicht würd ich mir 'ne reiche, hübsche angeln, die mich bezahlt, damit ich sie ficke.«

»Sie haben mir gerade den Tag gerettet«, erklärte ich und lächelte ihn an. »Auch wenn ich mir nicht vorstellen kann, dass ich je *so* mit einem Mädchen reden könnte. Ich bin schrecklich schüchtern.«

Dom redete weiter, als hätte er mich gar nicht gehört. Am Rande bekam ich mit, dass es irgendwie darum ging, dass sein Kind das College nicht schaffen würde, als wir Konferenzraum C erreichten. Er deutete darauf. Die Flügeltüren waren geschlossen. Es war ein nichtssagender Raum mit einer Tür wie alle anderen, an denen wir vorbeigekommen waren. Neben der Tür war eine Plakette, auf der in weißer Schrift und darunter in Braille-Schrift ›Konferenzraum C‹ stand. Ich fragte nach den Toiletten und er deutete mit dem Kopf den Flur hinunter.

»Auf der linken Seite«, sagte er und ging den Weg zurück, den wir gekommen waren. Ich beobachtete, wie er um die Ecke bog und verschwand.

Ich ging auf die Toiletten zu. An dem identischen Ausweis, den er an seine Tasche gesteckt hatte, erkannte ich einen Mann aus unserer Rundganggruppe, der sich am Waschbecken sorgfältig die Hände wusch. Die Art, wie er seine Hände und Handgelenke mehrfach einseifte, deutete darauf hin, dass er wahrscheinlich Chirurg war. Er blickte auf meinen Ausweis und nickte mir zu. Zwei vom gleichen Schlag.

Ich ging in eine Kabine und schrieb Pete, dass ich vor Ort war. Endlich drehte der Mann das Wasser ab, riss dem Klang nach dreißig Papiertücher aus dem Spender und trocknete sich lautstark die Hände ab. Er schob die Tür mit dem Fuß auf und ging. Petes Antwort erschien mit einem winzigen Ping, der in dem leeren Waschraum unglaublich laut klang.

Es war dreiundzwanzig Minuten vor zwölf. Das bange Gefühl in meinem Bauch, das bisher nur vage vernehmbar gewesen war, wurde stärker. Es lag nicht an meinen Nerven. Ich konnte mich nicht erinnern, wann ich das letzte Mal nervös gewesen war. Ich hatte mich schon in schlimmeren Situationen, auf die ich weniger gut vorbereitet gewesen war, wiedergefunden.

Die verbleibende Zeit ließ meinem Unterbewusstsein fast zu viel Gelegenheit, um darüber nachzudenken, doch noch einen Rückzieher zu machen. Bianchi wusste, wie ich gestrickt war, und hatte sich inzwischen wahrscheinlich zusammengereimt, was ich vorhatte. Ich wusste – so sicher, als wäre es bereits passiert –, dass er nichts tun würde, um zu verhindern, dass ich ins Hauptgebäude einbrach oder Kai aus dem Tresor holte. Vermutlich würde er sich köstlich über das Chaos und den Zusammenbruch amüsieren.

Ein weiteres Pingen. Tony meldete sich, um zu sagen, dass er auf dem hinteren Parkplatz wartete und zwischen einigen Lieferwagen stand. Ein paar Minuten später meldete sich auch Moore.

Ich zog die USB-Stick-Katze aus meiner Tasche und schnipste mit dem Daumen den Deckel von ihrem Hintern. Es ergab mehr Sinn, mich rein- und rauszuschleichen, während um mich herum der nackte Irrsinn tobte. Doch etwas extrem Berauschendes zog mich zurück in den Mahlstrom. Es war ein Drang, der mich all die Jahre dazu gebracht hatte, Aufträge anzunehmen, die niemand sonst übernehmen wollte.

Pete hatte recht gehabt. Und das hier war nur ein weiterer unmöglicher Auftrag, der sich nicht von den anderen unterschied – nur dass ich mir dieses Mal einredete, dass es der letzte sein würde. Doch tief in meinem Inneren glaubte ich selbst nicht daran.

Ich steckte den USB-Stick wieder in die Tasche. Es war viertel vor zwölf. Ich schrieb Pete, er solle die Sequenz wie geplant starten und dass ich mich zum Westflügel begeben würde. Für einen Moment blieb das Telefon stumm, dann antwortete er mit einem einfachen »OK«.

Es gab keinen direkten Weg vom Westflügel zu der Ansammlung der drei Hauptgebäude, die durch eine Skybridge im zehnten Stock miteinander verbunden waren. Der Anbau sollte ein viertes Gebäude werden, das nach seiner Fertigstellung an die anderen angebunden werden würde. Es gab noch keine Skybridge zum Anbau – auf beiden Seiten waren erst ein paar Meter im zehnten Stock fertiggestellt. Es gab jedoch einen Tunnel, der alle vier Gebäude verband – durch ihn verliefen die Netzwerk- und Stromkabel. Diese wurden von einem eigenen unterirdischen Generator mit Strom versorgt, der sich abseits von den Gebäuden befand. Im Gegensatz zu den meisten Unternehmen nutzte Gen-Tech das staatliche Stromnetz nur als Back-up. In der Regel produzierten sie ihren eigenen Strom.

Ich folgte der statischen Karte, die Pete mir geschickt hatte. Nachdem er Konferenzraum C gefunden hatte, hatte er einen Weg von meinem Standort zu dem Tunnel markiert, der mich von den Hauptfluren fernhalten und in den Keller führen würde. Dort befanden sich der Tresor und die Lagereinheiten, in denen Kai und wahrscheinlich Hunderte andere ausgemusterte Dolls aufbewahrt wurden.

Eine Kamera überwachte den einzigen Weg rein und raus. Sobald ich meinen Ausweis durch das Lesegerät zog, würde das System die Sicherheitsleute alarmieren, zu überprüfen, wer sich da Zugang verschafft hatte. Ich wartete anderthalb Minuten, bis es Punkt zwölf war. Das rote Licht der Kamera erlosch. Pete war bereits im Sicherheitssystem.

Ich zog die Zugangskarte durch das Gerät an der Wand. Die Tür sprang auf. Ich hatte genau elfeinhalb Minuten, um zu dem Labor im Anbau und wieder rauszukommen, also rannte ich, unter anderem an der Tresoreinheit vorbei, in der Kai aufbewahrt wurde. Ich erreichte eine Brandschutztür, die mit einem Vorhängeschloss gesichert war.

Ich zerschoss es und ging weiter. Der Tunnel wurde von einer gelblichen Notfallbeleuchtung schwach erhellt. Sie ging an, sobald ich die Tür öffnete. Entlang der Decke waren Kameras installiert. Es war kalt, staubig und eng. Die Verkabelung war in einer dicken Plastikhülle zusammengefasst und auf einer Seite an der Wand befestigt.

Die schicken Schuhe, die ich trug, eigneten sich nicht besonders zum Rennen. Es war unheimlich, das Echo meiner eigenen Schritte zu hören, während ich die fünfhundert Meter zurücklegte. Auch die Tür auf der anderen Seite war verschlossen – vermutlich mit einem ähnlichen Vorhängeschloss wie zuvor. Ich verbrauchte drei Kugeln, um es zu knacken. Als ich durch die Tür und in den neuen Flügel taumelte, klingelten mir die Ohren.

Der Aufbau erinnerte an den Tresorraum, doch hier standen Maschinentürme in dicken Plastikgehäusen. Ein Blick auf mein Handy verriet mir, dass ich noch drei Minuten und ein paar Zerquetschte hatte. Ich ging an den Maschinen vorbei, die abgeschaltet zu sein schienen, und zählte zweiunddreißig Einheiten. Ich rief Pete an.

»Das sind alles Speichereinheiten«, sagte ich, sobald er dranging. »In welche soll ich die verdammte Katze stecken?«

»Schalt einfach irgendeine ein«, antwortete er. »Sie sind wahrscheinlich schon in Reihe geschaltet. An der Tür sollte es einen Hauptsicherungskasten geben.«

Ich fand ihn und legte jeden Schalter um. Der Raum erwachte zum Leben – die Neonröhren an der Decke gingen flackernd an. Ein Chor von Geräuschen erklang – eine Mischung aus Lüftungsventilatoren, die sich einschalteten, und verschiedenen Tönen von Software, die hochfuhr.

»Bist du unterwegs?«, fragte ich und zog die Plastikverkleidung von einem der Geräte. »Du weißt, dass sie dich verfolgen, seit du dich ins System gehackt hast.«

Er antwortete nicht sofort. »Mach dir um mich keine Sorgen«, sagte er schließlich.

Ich schob den USB-Stick in den erstbesten Anschluss, den ich finden konnte. Das verdammte Ding war immer noch beim Hochfahren.

»Ich verschwinde, sobald ich drin bin und die Tür aufmachen kann, damit du da rauskommst«, erklärte er. »Leg jetzt auf. Sobald du das Programm gestartet hast, geh zur Tür. Ich kann sie wahrscheinlich nur einmal öffnen, bevor sie sich neu kodiert.«

Die Einheit, in die ich mich eingestöpselt hatte, hatte zehn Monitore. Ich fluchte, während ich immer wieder auf einen der Touchscreens einstach, bis er mir einen kleinen Ordner anzeigte. Ich drückte mindestens ein Dutzend Mal fest darauf, bis er sich öffnete – ich hatte das dringende Bedürfnis, mit der Faust darauf einzuschlagen –, und startete das Programm, das erschien. Die Augen der Katze leuchteten gelb auf und sie miaute, als das Programm endlich lief.

Ein Blick auf mein Telefon sagte mir, dass mir noch drei Sekunden blieben. Ich rannte los und erreichte die Tür gerade rechtzeitig, um das leise Klicken zu hören, als sich das Schloss entriegelte. Ich trat hinaus und stand unter der statischen Kamera, die auf die Tür gerichtet war, durch die ich gerade gestürmt war. Das rote Licht, das bedeutete, dass sie eingeschaltet war, ging wieder an. Ich warf noch einen Blick auf mein Handy. Sieben Sekunden über der Zeit. Die Sicherheitssysteme hatten ihren Reboot abgeschlossen und sich wieder eingeschaltet. Alle Kameras zeichneten wieder auf, aber es spielte keine Rolle mehr, ob ich gesehen wurde. Ich hatte erledigt, weswegen ich gekommen war. Beinahe.

Ich sah mich nach beiden Seiten um – der Flur um mich herum lag im Dunkeln. Wahrscheinlich waren die Lampen noch nicht komplett verkabelt, aber ich wusste, dass verschiedene Alarmsysteme installiert werden sollten oder bereits installiert waren. Pete hatte einige Rechnungen des Dienstleisters abgefangen, der auch schon die Sicherheitssysteme in den Hauptgebäuden installiert hatte. Den Dokumenten zufolge gab es Bewegungssensoren, weitere Überwachungskameras und irgendein neues fürs Militär entwickeltes System, das ich nicht kannte.

Ich überlegte noch, wie ich am besten aus dem Gebäude kommen würde, als ich aus dem Augenwinkel etwas bemerkte. Ich wusste, was es war, und bevor ich bewusst realisiert hatte, was ich sah, wollte ich mich zu Boden werfen. Für den Bruchteil einer Sekunde tanzte ein winziger roter Punkt über meine Brust. In dem Moment, als mein Verstand diese Informationen verarbeitete, hörte ich auch schon ein donnerndes Krachen und spürte den Einschlag in meiner linken Schulter. Es fühlt sich immer gleich an – ein Vorschlaghammer, der mit Schwung ausholt und mich auf den Rücken wirft. Ich rollte mich ab und zog die Eagle aus dem Holster an meiner rechten Hüfte. Dann feuerte ich drei Kugeln in die Richtung, aus der die kleinkalibrigen Schüsse gekommen waren, traf aber höchstwahrscheinlich nichts. Ich hörte keine menschlichen Geräusche aus der linken Seite des dunklen Flurs.

Ich zog mich ein Stück hoch, damit ich von dem silbernen Licht, das durch eine Glasscheibe in der Tür zum Datenraum fiel, wegrutschen konnte. Die Neonröhren dahinter waren noch eingeschaltet. Meine Bewegungen waren langsam und unbeholfen, als ich über den Boden kroch. Mein linker Arm war nutzlos und mit dem rechten musste ich zielen. Aber ich musste auf das nächste Aufblitzen von Mündungsfeuer warten, das mich töten könnte, aber auch meine einzige Chance war, ihn zu erwischen. Obwohl es aller Wahrscheinlichkeit nach mehr als ein Schütze war und weitere auf dem Weg waren. Ich war mit einem Hochleistungsgewehr angeschossen worden. Die Leute der Haussicherheit trugen nur Funkgeräte und einen Schlüsselbund an ihrem Gürtel. Das hier mussten also Bianchis Männer sein.

Das anhaltende Klingeln in meinen Ohren wurde lauter. Ich hatte Schmerzen und blutete stark. Meinen linken Arm und meine Finger konnte ich nicht bewegen, aber ich konnte spüren, wie das Blut daran herunterfloss, meinen Ärmel durchweichte und in den dicken Teppich sickerte. Ich hörte nicht einmal, wie jemand hinter mir auftauchte, und stieß gegen den Lauf eines Gewehrs.

»Bis hier und nicht weiter«, sagte der Typ. Er drückte mir den langen Lauf seiner Waffe gegen die Wange, um sicherzugehen, dass ich sie aus dem Augenwinkel sehen und sie spüren konnte. Sie roch nach Schießpulver und Öl. Ein weiterer Mann trat in mein Sichtfeld. Er trug einen schwarzen Kampfanzug und eine 9-Millimeter in einem Oberschenkelholster. Eine Nachtsichtbrille hing um seinen Hals. Er trat auf mein rechtes Handgelenk und nahm mir dann die Waffe ab. Nachdem er sie gesichert hatte, steckte er sie in eine der Taschen seiner Cargohose. Dann zog er auch die Waffe aus dem Holster an meiner linken Seite und tat das Gleiche mit ihr. Er durchsuchte mich noch einmal und zog meine Arme auf meinen Rücken. Meine linke Seite schmerzte so sehr, dass helle Flecken vor meinen Augen tanzten. Er legte mir Plastikfesseln um die Handgelenke, bevor er aufstand und von mir wegtrat. Der Lauf an meiner Wange wurde endlich zurückgezogen.

Der Typ, der mich angeschossen hatte, trat aus den Schatten. Er lächelte. Sein Gewehr mit Nachtsichtzielfernrohr hatte er über die Schulter geschlungen.

»Wenn du nur ein bisschen langsamer gewesen wärst …«, sagte er und sein Grinsen wurde breiter.

»Bianchi hätte dir die Eier abgeschnitten«, entgegnete der Mann, der meine Waffen an sich genommen hatte.

»Er lebt doch noch«, verteidigte sich der Schütze. Er deutete mit dem Kopf auf den Datenraum, aus dem ich gekommen war. »Was ist damit?«

»Mir egal. Unsere Aufgabe ist, ihn abzuholen.«

Der Mann ließ mich zurück, während er ein Stück wegging, um mit seinem Handy einen Anruf zu tätigen. Nach und nach erkannte ich, dass ich in einen Schockzustand verfiel. Der Schütze ging in die Hocke und sein Grinsen wurde noch breiter.

»Bist wohl doch nicht so ein harter Kerl, hm?« Aus der Nähe verströmte er den Geruch von Kautabak. Er war groß gewachsen, jemand, der es gewohnt war, seine Größe einzusetzen, um andere einzuschüchtern. Mehr brauchte er nicht.

»Es ist leicht, das Maul aufzureißen, wenn man bewaffnet ist. Selbst in meinem Zustand«, sagte ich, »könnte ich dich in weniger als einer Minute ausschalten.«

Der Typ, der den Lauf seiner Waffe an meine Wange gehalten hatte, lachte hinter mir. Das Lächeln des Schützen verschwand.

»Du hast ihn aus der Ferne und aus dem Dunkeln mit einem Gewehr angeschossen, Spike«, sagte der Typ. »Ist ja nicht so, als hättest du *wirklich* mit ihm gekämpft.«

Zwischen den beiden fand ein seltsamer Schlagabtausch statt, bis der Mann am Telefon den beiden befahl, die Fresse zu halten. Dann folgte eine betretene Stille. Als der Mann endlich aufgelegt hatte, wurde ich auf die Füße gezogen. Mir war schlecht. Noch immer strömte Blut aus der Schusswunde in meiner linken Seite.

»Vor Ihnen liegt ein langer Tag, Mr Lynch«, erklärte der Mann, der mir meine Waffen abgenommen hatte.

Es waren Füllworte, die keine tiefere Bedeutung hatten, und ich fragte auch nicht, was er damit meinte. Ich wusste es.

Sie schleppten mich durch die dunklen Gänge und gingen mit sicheren Schritten, da sie alle Nachtsichtgeräte trugen. Schweigend zerrten sie mich in einen Lastenaufzug und brachten mich vier Stockwerke nach oben. Als sie mich in einem der unfertigen Räume abluden, konnte ich mich kaum noch auf den Beinen halten. Nur vage konnte ich mich daran erinnern, in einen Stuhl bugsiert worden zu sein.

Als ich in demselben Stuhl wieder zu mir kam, waren Stunden vergangen. Die Sonne war noch nicht untergegangen, aber die Skyline war bereits in ein oranges Licht getaucht. Der pochende Schmerz, der von meiner linken Schulter ausging, hatte deutlich nachgelassen. Meine Finger waren taub, doch ich konnte sie noch bewegen. Jemand hatte mich zusammengeflickt. Ich konnte es zwar nicht sehen, aber ich spürte den Druckverband auf meiner Wunde.

Ich war an einen Chefsessel mit hoher Rückenlehne gefesselt. Er war bequem. Es war einer dieser exklusiven Sessel mit Metallrahmen und Echtlederbezug, die sich wohl nur Firmenchefs leisteten. Ich war in einem der Räume, die sich noch im Bau befanden. Auf dem Teppich lagen dicke Plastikplanen und auf der anderen Seite des Raums, anderthalb Meter entfernt von einem Erkerfenster, auf dessen Scheiben noch die Schutzfolien klebten, stand ein Eichenschreibtisch von der Größe eines Sargs. In der Ecke schienen die Einzelteile einer Bar, die noch nicht fertig war, zu liegen. Der Rahmen stand bereits und daneben lag ein Haufen zugeschnittener Bretter, wahrscheinlich die Regale. Ich befand mich vermutlich im Büro eines der Vorstände und war allein – zumindest für ein paar Minuten.

Ich hörte sie kommen. Ihre Stiefel hallten laut auf dem Beton im Flur. Ich zählte ihre ungleichmäßigen Schritte und dem Klang nach schätzte ich, dass sie zu viert waren. Bianchi trat als Erster ein – seine Stiefelabsätze knirschten auf dem Plastik, als er auf mich zukam. In einer Hand trug er einen silbernen Laptop.

»Du konntest einfach nicht widerstehen, was?«, fragte er und schenkte mir ein ungewöhnliches Lächeln. Ich starrte auf den Laptop – er wirkte seltsam vertraut. Als ich ihn erkannte, setzte mein Herz für einen Schlag aus.

»Du hättest dieser verfickten Firma eine Menge Schaden zufügen können und bist wahrscheinlich gerade mächtig stolz auf dich«, sagte er und blieb ein paar Meter entfernt stehen. »Aber ich kann dir versichern, ich bin der Einzige im Raum, der sich so …« Er hielt inne und lachte. »Ich bin so verdammt aufgeregt, dass mir die Worte fehlen.«

Er warf den Laptop zwischen uns auf den Boden. Beim Aufprall sprang er auf. Er war von drei Kugeln durchlöchert – zwei waren durch den Bildschirm gegangen und eine durch die Tastatur.

»Dein kleiner Junge war ganz schön mutig«, sagte er mit einem schiefen Grinsen. »Er hat es sogar geschafft, einen meiner Männer zu erschießen.«

Ein paar Sekunden sah er mich nur an und wartete darauf, dass ich etwas sagte. Ich konnte mich nicht dazu bringen, die Frage zu stellen. Ich wollte die Antwort gar nicht wissen.

»Gar nichts?«, fragte Bianchi schließlich. »Du schnappst nicht mal nach Luft oder zuckst wenigstens?«

Er griff in die rechte Tasche seiner Cargohose und zog etwas heraus, das im schwindenden Licht, das von draußen hereinfiel, glitzerte. Er warf es zum Laptop. Es rutschte über den Boden, überschlug sich einmal und blieb dann vor meinen Füßen liegen. Petes Brille – das Gestell war auf einer Seite gebrochen und das Glas war blutverschmiert.

Kapitel 8

Bianchi wartete auf eine Reaktion von mir. Ich sagte nichts und hielt meinen Blick auf Petes Brille und den Laptop gerichtet. Er stieß ein übertriebenes Seufzen aus, stieg über den Laptop und trat auf die Brille. Das Glas zersprang unter seinem Stiefel.

Er ragte über mir auf – seine Uniform verströmte den vertrauten Geruch von Zigarren. Am rechten Bein trug er ein Oberschenkelholster, in dem eine Glock steckte. Der beißende Geruch von Schießpulver ging von ihr aus. Es war offensichtlich, dass er sie erst kürzlich abgefeuert hatte.

»Jetzt bin ich ein bisschen enttäuscht«, sagte er und beugte sich über mich. Seine Hände stützten sich auf die Armlehnen, an die ich gefesselt war. »Ich hatte erwartet, dass du fluchen und vielleicht auch ein, zwei Drohungen ausstoßen würdest. Zeig mir wenigstens, dass du ein bisschen aufgebracht bist.«

Einige Augenblicke vergingen. Er legte eine Hand an meine Wange und nickte. »Aber ich schätze, das kommt nicht ganz unerwartet.«

Er richtete sich auf und ging mit kleinen, fast schon nachdenklichen Schritten um meinen Sessel herum. Zwei der Männer, die mit ihm hereingekommen waren, gingen wieder. Der andere setzte sich aufs Fensterbrett, sein A2-Gewehr im Schoß. Er schien sich nicht für Bianchis Monolog zu interessieren, sondern konzentrierte sich stattdessen auf die Aussicht. Die getönte Folie über den Scheiben hatte einen langen Riss, durch den er schaute.

Das einzige Geräusch, laut und hartnäckig, war das Knirschen von Bianchis Stiefel auf der dicken Plane. Seine Schritte und der Anblick der kaputten Brille mit ihren zersprungenen Gläsern waren das Einzige, was mich noch in der Gegenwart verankerte. Ich sah auf, als er wieder das Wort ergriff.

»Normalerweise«, erklärte er und nahm sein Halstuch ab, während er auf mich zukam, »mag ich den Klang deiner Stimme.«

Er ging um mich herum, bis er hinter mir stand, legte mir die Hände auf die Schultern und massierte sie. »Doch was gleich passieren wird, erfordert deine volle Aufmerksamkeit.«

Er ließ mich los und drehte das Tuch zu einem Knebel zusammen, wie ich erkannte, als er ihn vor mir senkte. »Es wird sehr laut werden hier drin.«

Er presste das Tuch gegen meinen Mund und zwang es zwischen meine Zähne. Bianchi zerrte und zog, bis der Knebel gegen meine Mundwinkel drückte. Er zog ihn fester und fester zu, wie eine Garrotte, bis ich spüren konnte, wie mein Kiefer aushakte. Dann hörte er auf und band ihn fest. Die Stoffwulst drückte fest gegen meine Zähne und meine Zunge.

Bianchi trat zurück und erschien dann wieder in meinem Sichtfeld. Er beugte sich zu mir hinunter, fuhr mit dem Finger über den provisorischen Knebel und lächelte.

»Ich weiß, er sitzt ein bisschen fest«, sagte er. »Aber ich brauche wirklich deine ungeteilte Aufmerksamkeit.«

Er tätschelte mir die Wange. »Wehr dich nicht zu sehr, sonst renkst du dir noch den Kiefer aus.«

Er richtete sich auf und verließ den Raum. Der Typ am Fenster wandte den Blick nicht von was auch immer er draußen beobachtete ab. Er bewegte sich nicht und sah auch nicht in meine Richtung, selbst nachdem einige Zeit vergangen war. Durch die trüben Fenster konnte ich erkennen, dass das helle Tageslicht langsam eine orange Tönung annahm.

Er bewegte sich immer noch nicht, als draußen vor der Tür erneut Schritte erklangen. Dieses Mal erwachten die Neonröhren an der Decke flackernd zum Leben, bevor jemand eintrat – fünfzehn weißglühende lange Röhren, die in durchsichtigen, offenen Fassungen in die Decke eingelassen waren. Ohne Abdeckung, die die Helligkeit hätte dämpfen können, ließen sie den Raum erstrahlen wie einen ausgeräumten Supermarkt. Schließlich drehte sich der Mann fluchend um und wandte seine Aufmerksamkeit dem Raum zu.

Die beiden Männer, die zuvor schon mit Bianchi hereingekommen waren, traten als Erste ein. Der große Dicke mit dem rasierten Schädel und einem Schlangentattoo schenkte mir ein schiefes Grinsen, als er und sein Partner auf den Schreibtisch zugingen und sich auf seine Kante setzten. Bianchi folgte ein paar Sekunden später. Es war ein geplanter Auftritt. Mit einem Arm hielt er Pete an sich gedrückt und schleppte ihn herein. Ich atmete tief ein und hielt die Luft an. Petes Hände waren auf seinen Rücken gebunden. Eine Leiche hätte Bianchi nicht fesseln müssen, also war Pete noch am Leben – auch wenn ich nicht erkennen konnte, dass er sich bewegte.

»Du würdest dem vielleicht widersprechen, weil … na ja, weil du mich nicht besonders magst … aber die Wahrheit ist: Du und ich sind uns gar nicht so unähnlich.«

Er legte Pete neben dem Laptop auf die Seite. Er hatte eine Platzwunde über dem rechten Auge, die mit dunklem Blut verkrustet war. Eine Spur aus getrocknetem Blut verlief über seine Wange und seinen Kiefer entlang.

»Eigentlich wollte ich den kleinen Scheißer töten«, sagte Bianchi. Er gab einem der Männer, die auf dem Schreibtisch saßen, ein Zeichen und der kam auf ihn zu und angelte eine Wasserflasche aus der Seitentasche seiner Cargohose. »Aber … wenn ich eine Kugel in ihn gejagt hätte, wäre das nur ein einmaliges, schnelles Hochgefühl gewesen, das nur ein paar Sekunden angehalten hätte. Und ich wollte dir sehr viel mehr wehtun.«

Er schraubte den Deckel der Wasserflasche auf und goss ihren Inhalt über Pete aus. Er zuckte, kam aber nicht richtig zu sich, bis Bianchi sich vorbeugte und ihn an den Haaren hochzog.

»Aufwachen, Püppchen«, sagte er, packte Pete an der Kehle und schüttelte ihn. »Du willst doch nicht deine eigene Party verpassen.«

Pete riss die Augen auf. Er wehrte sich instinktiv, noch bevor er begriffen hatte, wo er war und wer ihn festhielt. Bianchi lachte und schleifte ihn auf den Knien hinter sich her, bis er gegen meine Beine stieß. Pete blinzelte und blickte mich aus großen, verwirrten Augen an.

»Der einzige kleine Unterschied zwischen dir und mir, Vincent, ist, dass du dir Hoffnung gestattest«, fuhr Bianchi fort. Er drückte Pete gegen mich, bis die Schultern des Jungen zwischen meinen Knien eingeklemmt waren. »Du kannst einfach loslassen und von vorne anfangen, wenn du weißt, dass derjenige, der dir am Herzen liegt – wenn auch nur ein bisschen –, tot ist, selbst wenn er ermordet wurde. Der Tod selbst verändert dich nicht, obwohl er alles verändern sollte.«

Er bog Petes Kopf nach hinten, bis sein Hals überstreckt war. Ich spannte mich an, als Bianchi das Messer aus seinem Gürtel zog – es war dasselbe, mit dem er mir die Kehle durchgeschnitten hatte. Unter dem harten, grellen Licht wirkte es sogar noch bedrohlicher, als ich es in Erinnerung hatte.

»Du hängst nicht an Dingen, die du verloren hast«, sagte er und drückte das Messer gegen Petes Kehle. »Du betrauerst deine Verluste nicht. Dafür habe ich dich immer bewundert. Deine Vergangenheit definiert dich nicht. Sie kontrolliert dich nicht. Schon allein das verschafft dir Macht über dich selbst … über alles und jeden.«

Bianchi übte nur ein wenig Druck aus und eine dünne rote Linie bildete sich auf Petes blasser Haut. Er beobachtete mich eindringlich und sah genau, was er erwartet hatte. Mein gesamter Körper war so angespannt, dass ich zitterte. Die bloße Hilflosigkeit und Angst waren überwältigend. Ich musste meinen gesamten Willen aufbringen, um nicht darüber nachzudenken, dass sich Petes warmes Blut schon bald über mich ergießen würde und dass ich ihn im Stich gelassen hatte … genau, wie ich Kai im Stich gelassen hatte.

»Aber ich bin nicht wie du. Ich lasse mich nicht von den Lebenden und der Gegenwart beeinflussen«, erklärte Bianchi. »Für mich ist nichts heilig oder hat einen sentimentalen Wert, nicht mal du, so sehr ich dich auch bewundere und mehr als alles andere auf der Welt liebe.«

Er trat zurück und steckte das Messer in einer schnellen Bewegung wieder in seine Scheide. Erneut gab er den Männern auf dem Tisch ein Zeichen und dieses Mal traten beide vor. Sie hoben Pete an seinen Armen hoch und schleiften ihn zum Tisch. Sie nahmen ihm die Fesseln ab, bevor sie ihn auf den Tisch warfen.

Als Pete in meiner Nähe gewesen war, war er ruhiger gewesen, selbst als das Messer an seiner Kehle gelegen hatte. Jetzt schrie er und trat aus, während er sich gegen die beiden Männer wehrte, die allerdings problemlos mit ihm fertigwurden.

»Du hast dich auf nutzlose Dinge eingelassen«, sagte Bianchi. »Sie waren dir wichtiger als du selbst. Du hast sie um dich gehortet, als wären sie dein einziger Antrieb, weiterzuleben. Dumm, nicht wahr?«

Petes Arme wurden ausgestreckt und seine Handgelenke mit dicken Bändern an die Tischbeine gebunden. Sein Kopf baumelte über der Tischkante. Ich hatte ihn noch nie so verängstigt wie in diesem Moment gesehen.

In seinen Augen schimmerten Tränen, während er mich und die Männer anstarrte, doch er konnte sich auf nichts anderes als die nackte Angst konzentrieren, die ihn bei lebendigem Leib auffraß. Seine Brust hob und senkte sich schnell.

»Ein Jahr nachdem du weg warst, habe ich selbst die Firma verlassen«, erzählte Bianchi, zog sich einen Barhocker heran, der unter einer durchsichtigen Plane neben der unfertigen Bar gestanden hatte, und setzte sich neben mich. »Der Job war zu einfach und langweilig geworden. Routine. Ich dachte, deswegen wärst du gegangen, also habe ich dasselbe getan.«

Schlangentattoo beugte sich herunter, zwängte Petes Kiefer auseinander und schob ihm etwas in den Mund.

»Ein Gummibeißkeil – er lässt sich perfekt zwischen den Weisheitszähnen einklemmen und hält den Mund schön weit offen«, erklärte Bianchi beiläufig. »Sehr effektiv, wenn man Beißer für ihre neuen Aufgaben trainiert.«

Ich biss auf den zusammengeknüllten Stoff in meinem Mund – in dem Versuch, wenigstens einen Funken Ruhe und Kontrolle in einer Situation zu finden, die völlig außer Kontrolle geraten war. Ich konnte nicht anders, als an den Fesseln zu zerren, während Bianchi und ich zusahen, wie sich das scharfkantige Metall in mein Fleisch grub und die Haut aufriss. Ich konnte nicht aufhören, obwohl ich wusste, dass die Fesseln niemals nachgeben würden, selbst wenn ich die Armlehnen vollblutete. Bianchi musterte mich nur amüsiert.

»Ich habe mal für einen Mann gearbeitet, der einen der größten Menschenhändlerringe in Nordamerika betrieben hat. Damals gab es drei davon. Jede Nutte, Stripperin oder Edelprostituierte – bis hin zu den Erntehelfern oder den Tellerwäschern in einem der Hunderttausenden von kleinen Geschäften – wurde von einem der drei kontrolliert.«

Ich hörte Bianchi nur am Rande zu, bekam aber jedes einzelne Wort mit. Der Verband an meiner Schulter hatte sich gelöst. Blut rann langsam über meinen Arm. Der rote Fleck auf meinem Hemd breitete sich aus. Bianchi betrachtete ihn für einen Moment, bevor er aufstand und hinter mich ging, wo ich ihn nicht mehr sehen konnte. Er kam mit einem kleinen weißen Kasten mit einem roten Kreuz darauf zurück. Frisches Blut war darauf verschmiert. Wer auch immer ursprünglich meine Wunde behandelt hatte, hatte diesen Kasten benutzt. Er stellte ihn auf den Boden neben dem Hocker und durchwühlte seinen Inhalt.

Der Beißkeil hielt Petes Mund offen. Seine weit aufgerissenen Augen blickten wild umher. Seine Atmung war deutlich zu hören – er keuchte und stöhnte.

»Das junge Frischfleisch wird noch ziemlich gut behandelt. Ein paar Kunststückchen am Tag und sie kriegen einen Zuhälter, der sie beschützt, aber wenn sie älter und zu stark drogenabhängig werden oder wenn sie eine wichtige Persönlichkeit verärgern, werden sie zum Sterben in die Schlachthäuser geschickt«, erzählte Bianchi in fröhlichem Plauderton weiter, während er aus einer frischen Packung dicke Gaze zog.

Er hielt inne und blickte über seine Schulter, um zu beobachten, wie der Tätowierte seine Hose aufknöpfte, seinen halb steifen Schwanz herauszog und ihn Pete in den Mund schob. »Die Dinge, die ich dort beobachtet habe ... das Elend. Du denkst, du hättest schon alles gesehen?«

»Es geht unkompliziert und schnell. Eine Nutte – egal in welchem Alter oder Zustand ... solange sie technisch gesehen noch am Leben ist – kann ein paar Hundert Dollar pro Tag einbringen. Das ist nicht sehr viel, aber es sind ein paar Hundert mehr, als das Haus am Anfang des Tages hatte«, fuhr Bianchi fort und stand auf, um meine Schulter zu versorgen.

Er presste eine frische Kompresse auf die bereits durchgeblutete, die unter meinem Hemd festgetapt war. »Und dann gibt es noch die mit den ... interessanteren Vorlieben. Ein paar reiche Arschlöcher bezahlen Tausende, um alles mit ihnen zu tun, außer sie zu vögeln. Sie kaufen sich ein paar arme Scheißer, deren Tage im Haus gezählt sind, und nehmen sich ein paar Tage Zeit, um sie langsam zu töten. Es gab einen interessanten Mann – ich glaube, er war Anwalt. Unternehmensrecht, wenn ich mich recht erinnere. Er hat gekauft, was gerade im Angebot war, und Experimente mit allem Möglichen an ihnen durchgeführt. Er hat sich sogar ein Zimmer im Haus gemietet, damit das Saubermachen und Entsorgen nur noch eine Zusatzpauschale kostete.«

Schlangentattoo fing an zu stöhnen. Er drängte sich immer tiefer und härter in Petes Kehle, bis ich sehen konnte, wie die Form seiner Erektion sich durch die überstreckten Muskeln abzeichnete. Pete hustete und würgte. Seine Hände waren zu Fäusten geballt. Verzweifelt zerrte er an den Fesseln. Als ich den Blick abwandte, packte Bianchi mich am Kinn und hielt es mit seiner freien Hand fest.

»Wende dich nicht ab«, warnte er. »Jetzt sind sie zu zweit. Jedes Mal, wenn du wegguckst, rufe ich einen weiteren rein ... Verstanden?«

Er ließ mich los.

Schlangentattoo stieß heftiger zu und die schmatzenden Geräusche zusammen mit den Würgelauten wurden ebenfalls lauter. Pete bog den Rücken durch und seine Arme zerrten an den Fesseln, die ihn festhielten. Der Tätowierte lachte.

»Wenn du atmen willst, solltest du besser dafür sorgen, dass ich schnell komme«, erklärte er Pete.

»Ich hab mal zugesehen, wie er eine Kleine bearbeitet hat«, erzählte Bianchi. »Sie war so alt wie der hier. Der Junge hatte gerade gelernt, mit einer Peitsche umzugehen. Er hat an der Kleinen geübt, bis sie kaum noch Haut auf dem Rücken hatte. Er hat ihr das Fleisch von den Knochen gerissen, bis die Knochen zum Vorschein kamen. Sie hat ein paar Stunden durchgehalten, obwohl ich glaube, dass sie sich vor der Session eine Überdosis verpasst hatte – ihr Aufseher hatte Mitleid mit ihr und hat ihr mehr als üblich gegeben.«

Bianchi wickelte einen Verband um die Kompresse, die er auf die erste drückte. »Aber das passiert nicht sehr oft. Das Haus verdient mehr, wenn die Nutte in drei, vier Minuten ein paar Dollar einbringen kann. Die Kerle, die so wenig bezahlen wollen, nur um irgendwo abspritzen zu können, brauchen nicht lange und wenn der Körper der Nutte aufgibt, hilft man mit Drogen nach. Manchmal halten sie fast zwanzig Stunden am Tag durch. Kein schöner Anblick, aber für ein Taschengeld kann man nicht viel erwarten.«

Der zweite Mann hatte auf der Ecke des Tischs gesessen und zugesehen. Schließlich stand er auf. Er zog sein Buschmesser aus der Scheide in seinem Stiefel und zerschnitt Petes Kleidung. Erst schlitzte er Petes Shirt auf, dann seine Hose.

»Du reagierst jetzt so viel *emotionaler* als in dem Moment, als du dachtest, der Junge wäre tot«, sagte er und wischte sich die blutige Hand an einem kleinen alkoholgetränkten Handtuch aus dem Verbandskasten ab. »Es ist viel leichter, wenn sie tot sind, nicht wahr? Dann kann man sich einreden, dass sie schnell und schmerzlos gestorben sind. Vielleicht sagt man sich auch, dass wir alle irgendwann sterben müssen.«

Er nahm mein Gesicht in seine Hände. »Aus dem hier kannst du dich nicht rausreden ...«

Pete schrie. Es war das erste Mal. Das war nur möglich, weil Schlangentattoo sich aus ihm zurückgezogen hatte, bevor der zweite Mann brutal in ihn eingedrungen war. Das zu hören verstärkte den Schmerz, den ich fühlte und sah. Er durchfuhr mich, brach meine Knochen und zerriss mein Fleisch von innen heraus. Ich wusste nicht, wie viel davon mir anzusehen war, aber Bianchi gefiel, was er sah.

»Das ist deine Schuld«, erklärte er. »Wenn das hier vorbei ist ... kommt er ins Schlachthaus. Vielleicht hält er zwei oder auch drei Monate durch, wenn sie ihn auf hochwertige Opiate setzen, sobald sein Körper aufgibt. Wenn er in den letzten Tagen seines Lebens noch hübsch genug ist, wird er vielleicht an jemanden verkauft, der ihm ein kreatives Ende bereitet.«

Er schrie immer noch, allerdings klangen die Schreie jetzt unterdrückt, als würde Pete versuchen, sie zurückzuhalten. Er fing an zu weinen. Sein Schluchzen mischte sich unter die Töne, die sich den Tiefen seiner Kehle entrangen.

»Er versucht, tapfer für dich zu sein«, meinte Bianchi und setzte sich wieder auf seinen Hocker. »Niedlich, wie ein dummes kleines Hündchen, das nicht glauben kann, dass man ihm das wirklich antut.«

Irgendwann ging der Mann mit dem A2. Er stand vom Fensterbrett auf und verließ den Raum. Die beiden Männer wechselten sich ab, bis ihre Ausdauer nachließ und sie sich außer Atem auf die Plastikplanen auf dem Boden setzten. Ihre schlaffen, feuchten Schwänze hingen ihnen immer noch aus dem Hosenstall. Pete war jetzt still. Ein paar Minuten nachdem die Männer mit ihm fertig gewesen waren, hatte er sich beruhigt. Er wirkte wie eine zerbrochene Puppe – seine Gliedmaße hingen über die Tischkanten und seine Augen starrten leer geradeaus.

Bianchi blickte auf die Uhr. »Zweiundvierzig Minuten«, sagte er und stand auf. »Ich entschuldige mich, dass die Show nicht länger ging. Ich dachte, mit den beiden würde sie mindestens eine Stunde dauern.«

Er ging zu Pete hinüber und beugte sich herunter, bis er mit ihm auf Augenhöhe war. Einen Moment herrschte Schweigen zwischen ihnen, dann entfernte Bianchi den Gummikeil aus Petes Mund.

»So ein süßer Junge«, sagte Bianchi. Er zog sein Messer und schnitt die Bänder durch, mit denen Petes Hände gefesselt waren. »Wer hätte gedacht, dass du Gen-Tech gerade erst heute Mittag in elfeinhalb Minuten über eine Milliarde Dollar gekostet hast.«

Die beiden Männer kamen auf die Füße und zogen ihre Hosen wieder hoch. Sie beobachteten, wie Bianchi Pete versorgte. Einer von ihnen zündete sich in der Ecke eine Zigarette an, während der andere aus einer Wasserflasche trank.

»Aber das ist nicht der Grund, warum dir das hier passiert ist«, erklärte Bianchi und löste die Fessel an Petes anderem Handgelenk. Er hob Pete hoch und legte ihn flach auf den Tisch.

Der Mann mit dem A2 kam zurück, das Gewehr über die Schulter geschlungen. Er wirkte gelangweilt, während er eine kleine stahlgraue Box auf die Ecke des Tisches stellte. Er hatte noch etwas anderes in der Hand – ein elektrisches Brandeisen mit einem kurzen Griff, das er neben die Box legte. Ein rundes Logo mit drei einander verschlingenden Schlangen in einem Kreis glühte sanft rot auf, als es eingeschaltet wurde.

»Das ist nur eine Formalität«, sagte Bianchi zu niemand Bestimmtem, während er eine Seite von Petes zerrissenem Shirt herunterzog. Er befahl dem Mann mit dem A2, Pete festzuhalten. »Es wird nur ein bisschen wehtun.«

Das Eisen hatte sich schnell zu einem glühenden Rot erhitzt. Petes Augen waren wieder geöffnet – und starrten es an, als Bianchi es ihm vor die Augen hielt.

»Wir werden das wiederholen müssen, wenn du dich bewegst und es verwackelt«, warnte Bianchi und senkte das Brandeisen auf eine Stelle unterhalb von Petes linker Schulter – gleich unter seinem Schlüsselbein. Es gab keine weitere Vorwarnung, bevor das Eisen auf seine Haut gedrückt wurde. Pete stieß einen weiteren Schrei aus …

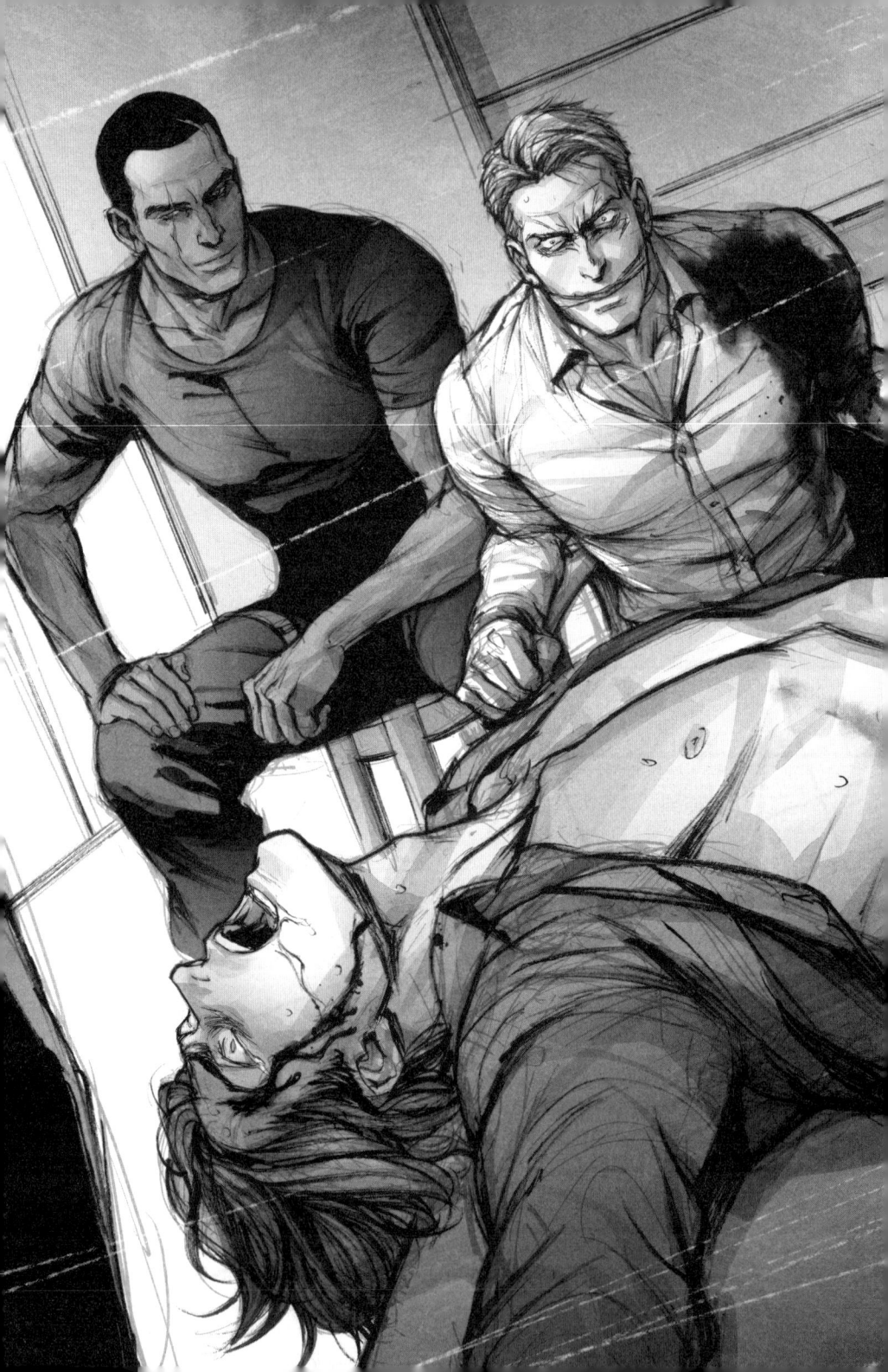

lauter und kräftiger als zuvor. Er war markerschütternd ... und ging über jeden Schmerz hinaus, den ich je empfunden hatte, auch wenn das Ganze nur ein paar Sekunden dauerte.

»Schon vorbei.« Bianchi lächelte, während er das Brandeisen wegnahm und es auf die andere Ecke des Tischs legte. »Siehst du? Hat doch gar nicht wehgetan.«

In der Ecke kicherten Schlangentattoo und sein Freund. Pete, den der Mann mit dem A2 immer noch festhielt, brach zusammen. Dieses Mal zog Bianchi seinen linken Ärmel hoch.

»Aber das spielt auch keine Rolle mehr«, meinte Bianchi und öffnete die kleine Metallbox. Darin lagen, in Schaumstoff gebettet, zwanzig aufgezogene und mit Kappen verschlossene Spritzen. Sie waren mit Klammern gesichert. In einer Tasche unter dem Deckel befanden sich einzeln verpackte Alkoholtupfer.

»Nichts wird mehr eine Rolle spielen«, sagte Bianchi und rieb Petes linken Arm mit dem Alkoholtupfer ab. »Du wirst all die schrecklichen Dinge vergessen, die passiert sind.«

Pete bewegte sich nicht, seine halb geschlossenen Augen starrten Bianchi nur an. Er riss die Augen auf, als ihm die Droge injiziert wurde – er bog den Rücken durch und sog scharf die Luft ein. Nachdem die Nadel entfernt war, stieß er ein Seufzen aus und schloss seine Augen.

»Guter Junge«, lobte Bianchi, steckte die Kappe wieder auf die Spritze und legte sie an ihren Platz zurück. Er schob die Box zu dem A2-Typen. »Mach ihn sauber. Er soll um Mitternacht ausgeliefert werden.«

Die Männer gingen und nahmen Pete mit. Der Mann mit dem A2 trug ihn auf den Armen. Ich blieb zurück und konnte nur auf die Schreibtischoberfläche starren, die mit Körperflüssigkeiten beschmiert war, die im Neonlicht schimmerten. Bianchi lehnte sich gegen den Tisch und lächelte mich erneut an.

»Gen-Tech hat mehr zu bieten als synthetische Technologien«, erklärte er. »Ich weiß, dass du dir dessen bewusst bist. Es ist das größte Pharmaunternehmen der Welt. Es ist schon beeindruckend, was eine kleine Dosis einer Chemikalie in der richtigen Zusammensetzung mit dem menschlichen Verstand anrichten kann. Sie kann ihn umprogrammieren. Sie kann … fast alles tun. Sie kann sogar auslöschen, wer die Person war.«

Er hob die aufgerissene Verpackung des Alkoholtupfers auf und strich sie glatt, bevor er sie zu einem Quadrat zusammenfaltete.

»Neunzehn Tage«, fuhr Bianchi fort. »In neunzehn Tagen wird dein Junge nicht mehr wissen, wer du bist, oder auch nur, wer er selbst ist. Eine Dosis jeden Tag wird ihm dauerhaft die Erinnerung nehmen, bis er sich nicht mehr an seinen eigenen Namen erinnert. Am einundzwanzigsten Tag wird er aufwachen und überhaupt nicht verstehen, warum er verletzt oder vergewaltigt wird … und schließlich wird er sterben, ohne irgendetwas von alldem gewusst zu haben. Obwohl ich denke, es ist besser, nichts zu wissen, als die Wahrheit zu kennen. Aber ich bin eben auch nicht sentimental.«

Er warf das gefaltete Quadrat wieder auf den Tisch. »Im Gegensatz zu dir. Du wirst jeden Tag daran denken und dich bis zum zwanzigsten Tag fragen: ›Wird er mich heute vergessen?‹ Und danach wirst du dir nur noch die Frage stellen: ›Ist er noch am Leben? Wer tut ihm gerade weh?‹ In drei Monaten wirst du vielleicht aufhören, dir diese Fragen zu stellen und dir einreden, dass er tot ist. Vielleicht kannst du ihn dann vergessen und weitermachen, wie du es immer tust – wenn du in diesen drei Monaten nicht ohnehin schon den Verstand verloren hast.«

Er stand auf und streckte sich. »Ich lasse dich hier allein, damit du dich ein bisschen beruhigen kannst, bevor wir dich aus Mr Wades zukünftigem Büro bringen. Es ist höchste Zeit, dass du und ich ein wenig Zeit unter uns verbringen.«

Mit diesen Worten ging er. Zwei Männer waren vor der Tür postiert. Ich konnte hören, wie sie im Flüsterton miteinander sprachen, nachdem Bianchi weg war.

In dem leeren Raum waren nur noch die Erinnerungen zurückgeblieben an das, was hier gerade geschehen war – und mit ihnen der

Geruch von Blut, Sex und verbranntem Fleisch. Das beständige Pochen in meiner Schulter war mein einziger Gefährte in meiner zunehmenden Verzweiflung, während ich mich in der Stille auf das Brummen der Deckenleuchten konzentrierte – nur um Petes Schreie, die in meinem Kopf nachhallten, auszublenden.

Sie warteten nicht, bis ich mich beruhigt hatte. Nach drei Stunden war ich immer noch nicht ruhiger. Sie verabreichten mir ein starkes Betäubungsmittel, bevor sie mich losbanden und aus dem Sessel hoben. Sie brachten mich aus dem Büro in ein höheres Stockwerk im selben Gebäude. Der Boden bestand aus Beton. Die Türen waren genau wie die Fenster gerade erst eingebaut worden. Die getönten Schutzfolien hatte man abgezogen und auf einen Haufen geworfen. Für einen kurzen Augenblick fragte ich mich, ob der Mann mit dem A2 hier gewesen war.

Ich war an die Gitter einer unbequemen Bahre gekettet, deren Matratze so dünn war, dass ich das Gestell darunter spüren konnte. Über Nacht und in den frühen Morgenstunden kamen nur gelegentlich ein paar bewaffnete Männer herein, um zu prüfen, dass meine Handschellen fest verschlossen waren. Sie zogen daran, als erwarteten sie, dass ich die Ketten irgendwie hätte zerbrechen können, während sie nicht hingesehen hatten. Einer von ihnen fragte, ob ich etwas zu essen oder zu trinken wolle. Ich antwortete ihm nicht.

Ich versuchte jedoch, mich aufzusetzen, als Schlangentattoo den Raum betrat. Es war der frühe Nachmittag des nächsten Tages. Ein junger Mann um die zwanzig, von dem ich sofort vermutete, dass er der Doktor war, kam mit einem schwarzen Sack herein.
Schlangentattoo lächelte – er wirkte unglaublich selbstgefällig, während er am Fenster stand und beobachtete, wie der junge Mann sein Jackett auszog und es auf einen Hocker in der Nähe legte.
»Ich … ich bin hier, um mir Ihre Wunde anzusehen«, erklärte er nervös. »Ich bin Dr. Johnston.«

»Halt deine verdammte Schnauze! Das ist hier doch kein scheiß Date«, fuhr Schlangentattoo ihn an. Er löste den Verschluss des Holsters an seinem Waffengürtel. Er trug eine verchromte .45er – die Art Waffe, die nur Arschlöcher mit dem Bedürfnis, Teenager zu beeindrucken, benutzten. Mein Geist driftete ab und ich fragte mich, warum Bianchi jemanden wie Schlangentattoo anheuern würde. Vielleicht war der Markt für Schlägertypen doch nicht ganz so umkämpft, wie ich gedacht hatte.

»V… Verzeihung«, stammelte Johnston. Seine Hände zitterten, während er seine Tasche durchwühlte und eine Schere herauszog. Ich konnte die Frage, ob seine Hände ruhig genug seien, gerade noch zurückhalten, damit er mir nicht ein noch größeres Loch in die Schulter schnitt. Zuerst blickte er unter mein Hemd und musterte die beiden blutgetränkten Kompressen mit einem skeptischen Blick.

»Das sieht ja schrecklich aus«, flüsterte er.

»Ich fühle mich auch beschissen«, erwiderte ich.

Er nickte, obwohl er mich wahrscheinlich nicht einmal gehört hatte. Er wandte sich an Schlangentattoo und bat ihn, mein linkes Handgelenk loszubinden.

»Haben Sie Ihren verfickten Verstand verloren?«, war seine Antwort.

»Ich muss sehen, ob die Schäden tiefer gehen, als man mir gesagt hat«, erklärte Johnston. In seiner Stimme lag nun mehr Überzeugungskraft. Das Nervenflattern war verschwunden. Der Mann lebte für seine Arbeit.

»Sie können ihn auch so untersuchen«, sagte der Tätowierte.

»Er ist verletzt und an eine Bahre gekettet«, entgegnete Johnston.

»Sie sind bewaffnet. Wovor haben Sie solche Angst?«

Es kam nicht sofort eine Antwort und ich musste fast lächeln, weil Johnston Eier bewiesen hatte, indem er sich einem Mann entgegenstellte, der wahrscheinlich irre genug war, um ihn abzustechen. Nachdem er einige Augenblicke nachgedacht hatte, fischte Schlangentattoo den Schlüssel für die Handschellen aus seiner Brusttasche und warf sie ihm zu. Der Doktor fing sie.

»Nur die Linke«, warnte der Tätowierte. »Wenn er irgendwelche Mätzchen macht, bringe ich Sie als Erstes um.«

Es war eine verdrehte Logik, doch der Arzt zuckte nur mit den Schultern und schloss die Handschelle auf der linken Seite auf. Sie baumelte vom Gitter herunter und für einen Moment beobachtete er, wie sie hin- und herschwang wie ein kleines Pendel.

»Bitte tun Sie mir nicht weh«, sagte er in einem sehr ernsten Tonfall zu mir. »Sie könnten mich mit Ihrer linken Hand wahrscheinlich immer noch schlagen und etwas in meinem Gesicht brechen oder mich damit erwürgen … aber bitte tun Sie es nicht.«

»Und riskieren, dass er Sie erschießt?«, fügte ich hinzu.

Er nickte und atmete ein paarmal tief durch. Dann machte er sich an die Arbeit – sein Mund verzerrte sich zu einer Grimasse und seine Augenbrauen zogen sich zusammen. Er war ganz auf seine Aufgabe konzentriert, räusperte sich und durchtrennte mit der Schere die Bandagen, die die große Kompresse an Ort und Stelle hielten. Nachdem er die Gaze, das medizinische Tape und die Kompressen entfernt und sie auf einen Haufen auf dem Boden geworfen hatte, vertiefte sich sein Stirnrunzeln.

»Werde ich das Salsa-Tanzen aufgeben müssen, Doc?«, fragte ich. »Diese Schulterrollensache ist wirklich wichtig.«

Das riss ihn aus seiner Konzentration und er schenkte mir ein aufmunterndes Lächeln. Diese Art von Lächeln hatte er wahrscheinlich während seiner Assistenzzeit gelernt: Es war tröstlich, aber nicht ganz aufrichtig.

»Das wird schon wieder«, versicherte er. Er wühlte wieder in seiner Tasche und holte ein Paar Latexhandschuhe heraus. Ich erwähnte nicht, dass er das besser vor Behandlungsbeginn getan hätte.

»Es wird ziemlich wehtun, wenn ich die Wunde reinige«, erklärte er, während er dicke Wattetupfer und eine kleine Flasche mit einer klaren Flüssigkeit, bei der es sich vermutlich um Alkohol handelte, hervorholte. »Bitte, *bitte* schlagen Sie mich nicht.«

»Haben Sie irgendwas, wo ich draufbeißen kann, oder eine Flasche Whiskey in Ihrer Tasche versteckt?«

»Nein.«

»Ich werde mir Mühe geben, Doc«, erwiderte ich. »Aber wenn ich nüchtern bin, kann ich nichts versprechen.«

Ich bemerkte, wie Schlangentattoo uns beobachtete. Er wirkte genervt, was sich nur verstärkte, während er Johnston und mir beim Plaudern zuhörte. Kurz darauf ging er im Zimmer auf und ab. Er wollte nicht hier sein. Sein finsterer Blick und seine offensichtliche Ungeduld, als er Johnston befahl, sich zu beeilen, machten das deutlich.

Als der erste alkoholgetränkte Tupfer die Stelle, an der die Kugel eingedrungen war, berührte, fluchte ich lautstark. Der Schmerz war so durchdringend, dass ich Sterne sah. Johnston entschuldigte sich und betupfte langsam und vorsichtig weiter die Wunde.

»Ich muss Ihre Schulter reinigen, um den Schaden beurteilen zu können«, erklärte er in entschuldigendem Tonfall, warf den blutigen Tupfer auf den Haufen, der sich bereits am Boden gebildet hatte, und nahm sich einen frischen. »Ich hoffe, dass wir nicht operieren müssen.«

»Wenn doch, wären wir wirklich beunruhigt.«

Es dauerte eine Weile, bis Johnston die Wunde gereinigt hatte, und als er fertig war, runzelte er die Stirn. »Ich bin überrascht, dass es sich noch nicht entzündet hat«, sagte er. »Wer immer Sie zusammengeflickt hat, hat nur Gaze auf die Wunde gepackt.«

»Er wird eh nicht mehr lange leben«, schaltete sich Schlangentattoo ein. Er kam näher, blieb aber weit genug zurück, dass ich ihn nicht erreichen konnte. »Ein lebender, sprechender Toter. Du wirst noch vor dem Kleinen sterben.« Als er mich anlächelte, offenbarte er vom Kautabak braun verfärbte Zähne. Und er roch auch danach.

»Hast du 'nen Ständer bekommen, als du zugesehen hast, wie ich den Kleinen gefickt hab?«, fragte Schlange mich.

Johnston war von der Frage verwirrt und gab vor, sie nicht gehört zu haben. Er wandte sich wieder seiner Arzttasche zu und durchwühlte sie, bis er eine leere Spritze in einer durchsichtigen Verpackung und zwei kleine Fläschchen fand.

»Ein Typ mit einem billigen Klischeetattoo und einer verchromten Waffe wie du«, erwiderte ich, »muss erst jemanden festbinden, damit er überhaupt mal zum Stoß kommt.«

Sein Lächeln wurde breiter und er lachte laut auf – das widerliche Geräusch hallte durch den leeren Raum. Johnston zuckte zusammen. Er wusste nicht, was er als Nächstes tun sollte, während er das Nadelset in der Hand hielt.

»Er war ziemlich gut«, fuhr Schlangentattoo fort. »Sein Mund ... sein Arsch ... besser als jede Jungfrau. Heiß und eng. Wenn du ihn nicht selbst gevögelt hast, hast du 'ne gute Muschi verpasst.«

Johnston räusperte sich wieder und versuchte, seine Arbeit fortzusetzen. Er nahm die Spritze heraus und zog sie mit einer Flüssigkeit aus einem der Fläschchen auf. »Das ist ein einfaches Antibiotikum«, erklärte er. »Wir müssen die Wunde röntgen, um zu sehen, ob irgendwelche Knochen- oder Kugelfragmente ...«

»Da brauchen Sie sich keine Sorgen zu machen«, entgegnete ich. »Der Schütze war nett genug, ein Vollmantelgeschoss zu verwenden. Ich bin sicher, dass es ein glatter Durchschuss war.«

»Verstehe«, sagte er und verabreichte mir die Spritze. »Ich schätze, Sie kennen sich damit besser aus als ich. Sie haben wahrscheinlich mehr Erfahrung mit solchen Traumata.«

»Kommt noch«, erwiderte ich. »Können Sie sich etwas an meinem linken Arm ansehen? Es macht mir schon eine ganze Weile Ärger.«

Er blickte auf den Ärmel – das Blut auf dem weißen Hemd hatte inzwischen eine unschöne braune Färbung angenommen. »Worum geht es?«

»Schneiden Sie mit der Schere den Ärmel auf, dann werden Sie es sehen«, antwortete ich. »Ich hatte nicht vor, das Hemd aufzuheben.«

Nicht nur er, auch Schlangentattoo sah mich neugierig an. Johnston berührte vorsichtig meinen Unterarm und beobachtete meine Reaktion – wahrscheinlich aus reiner Gewohnheit –, dann beugte er sich hinunter, um die Schere aufzuheben, die er gerade desinfiziert hatte.

»Danke, Doc«, sagte ich und riss sie ihm aus der Hand, als er gerade meinen Ärmel von der Manschette aus aufschneiden wollte. Mir blieb nur der Bruchteil einer Sekunde und ein einziger Versuch, um die Schere nach Schlangentattoo zu werfen. Sie traf ihn über dem linken Brustmuskel. Die Wucht des Aufpralls grub die Klingen zwischen seine Rippen. Er taumelte zwei Schritte zurück und brach dann zusammen. Er war noch bei Bewusstsein und starrte aus großen Augen geschockt an die Decke. Er hatte nicht mal einen Ton von sich gegeben.

»Machen Sie die andere Handschelle auf! *Sofort!*«, forderte ich. Zunächst war er völlig erstarrt, doch dann zog er eilig den Schlüssel aus seiner Tasche und schloss sie auf.

Ich schwang meine Beine von der Bahre und stand schnell auf. Schlange versuchte, mit einer Hand die Schere herauszuziehen, während er mit der anderen nach seiner .45er im Holster tastete. Blut tränkte sein olivfarbenes Army-Shirt und verfärbte es schwarz. Der Fleck breitete sich immer weiter aus. Ich trat auf die Hand, die versuchte, seine Waffe zu ziehen, und beugte mich hinunter, um sie ihm abzunehmen.

»Doc«, sagte ich, ohne mich umzusehen, »solange Sie nicht hier rausrennen und schreien wie ein Zwölfjähriger, wird Ihnen nichts passieren. Bleiben Sie hier, bis ich Ihnen gestatte zu gehen.«

Ich konnte hören, dass Johnstons Atmung unregelmäßig und laut war. Zwischen seinen Versuchen, sich selbst zu beruhigen, brachte er ein »Ja« hervor.

»Wo ist euer Nest?«, fragte ich Schlange. Ich kniete mich auf seinen Oberschenkel und drückte ihn mit meinem Gewicht zu Boden. »Wie viele von euch befinden sich auf dem Gelände?«

»F… Fi… Fick dich!«

Ich packte die Schere und drückte sie ein bisschen tiefer in die Wunde. Er schrie auf.

»Wirklich originell«, sagte ich. »Die Schere hat wahrscheinlich schon deine Lunge punktiert. Tut ein bisschen weh, was?« Ich drückte sie Millimeter für Millimeter tiefer hinein und stellte ihm keine weiteren Fragen, bis er die Antworten herausbrüllte.

»Zehnter Stock!«, schrie er. »Im verfickten zehnten Stock, neben der Skybridge … *Scheiße! Scheiße! Scheiße!* Aufhören!«

Das tat ich. »Und?«, fragte ich.

»Wir sind nur neun!«, schrie er. »Verdammte Scheiße … Wir sind nicht dauerhaft in diesem Rattenloch stationiert.«

Er fing an zu weinen und sein Schluchzen machte mich nur noch wütender. Ich drehte die Schere ein wenig, was ihm einen weiteren Schrei entlockte. Ich fühlte mich geringfügig besser.

»Wie viele sind im Gebäude?«, fragte ich.

Er fing an zu keuchen. Die Schere war bis über das Gelenk eingedrungen. Eine ziemlich große Blutlache hatte sich gebildet. Das Blut füllte bereits seine Lungen. Ich hörte das Gurgeln, wenn er atmete.

»Wie viele?«, fragte ich noch einmal und rammte die Schere tiefer in seine Brust, bis die Griffe gegen seine Rippen drückten. Schlangentattoo stieß ein Stöhnen aus und erschlaffte dann, seine offenen Augen starrten ins Nichts. Ich musste nicht mal überprüfen, ob er wirklich tot war. Ich zog die gesamte Munition für die 45.er von seinem Gürtel und nahm sein Messer und sein Funkgerät an mich. Das Funkgerät war leise gestellt gewesen, während er beobachtet hatte, wie ich behandelt worden war.

Erst als ich mich umdrehte und Johnston erblickte, erinnerte ich mich wieder daran, dass er noch da war. Er hatte sich halb unter der Bahre zusammengerollt und zitterte. Seine Augen waren feucht.

»Würden Sie mich bitte fertig zusammenflicken?«, bat ich. Ich saß auf der Kante der Bahre und drehte das Funkgerät auf, um mir den Funkverkehr anzuhören. Johnston kroch hervor und machte sich schweigend an die Arbeit. Ich versuchte, seine zitternden Hände zu ignorieren, die permanent Dinge fallen ließen, während er meine Schulter verband.

»Ich werde Sie nicht töten«, versicherte ich ihm, »solange Sie dieses Gebäude verlassen, in Ihren Wagen steigen und nie zurückkommen.«

Er nickte heftig. Er hielt inne, um sich eine einzelne Träne aus dem Augenwinkel zu wischen.

»Ich entschuldige mich für das hier … Diese Sache mit dem ›keinen Schaden zufügen‹ – es muss schwierig für Sie sein, dabei zuzusehen, wie ich einen Mann töte, ohne dass Sie etwas dagegen unternehmen können.«

Er atmete tief durch. »Es war schwieriger, solange ich davon ausgegangen bin, dass ich auch getötet werden würde«, erwiderte er und blickte zu Schlange.

Ich wusste nicht, was ich darauf antworten sollte, also schwieg ich. Auch er verfiel in Schweigen. Die Stille zwischen uns wurde nur erfüllt von den gelegentlichen verschlüsselten Meldungen, die aus dem Funkgerät drangen. Er verband meine Wunde mit Gaze. »Auf dem Weg hierher bin ich am Fahrstuhl in diesem Stockwerk an zwei Männern vorbeigekommen«, sagte er schließlich.

»Was hatten sie bei sich?«

»Ich weiß nicht«, antwortete er. »Gewehre? Sie sahen aus wie Automatikwaffen. Ein paar Handfeuerwaffen hatten sie auch.«

Er war fertig und packte all seine Instrumente wieder in seine Tasche. Er warf einen Blick auf die Schere in Schlanges Brust und entschied, sie zurückzulassen. Er schloss seine Tasche, trat zurück und wartete darauf, dass ich ihm Anweisungen gab.

»Nehmen Sie den Fahrstuhl und verschwinden Sie. Sagen Sie den Männern, dass Ihre Eskorte gleich nachkommen wird«, erklärte ich ihm. »Ich werde die Treppe nehmen.«

»Werden Sie die beiden nicht ausschalten?«

»Sie müssen alle fünfzehn Minuten über Funk Bericht erstatten«, erwiderte ich. »Es wäre mir lieber, wenn sie nicht gleich nach mir suchen würden.«

Johnston war still. Schließlich nickte er und sagte:»Danke.«

Ich ging als Erster und wandte mich dem Ende des Flurs zu, wo ich rote, nicht beleuchtete ›Exit‹-Schilder oben an der Wand erkennen konnte, nur eine Abzweigung vor den Fahrstühlen entfernt. Die Treppe lag hinter einer Brandschutztür. Eine schwarze Plakette mit der Aufschrift ›Treppe‹ war bereits neben dem Türrahmen angebracht worden. Als ich mich aus dem zehnten Stock auf den Weg nach unten machte, wusste ich noch nicht genau, wie ich zum Hauptgebäude zurückkommen oder wie ich überhaupt vom Gen-Tech-Gelände runterkommen sollte.

Kapitel 9

Als sie Schlangentattoos Leiche fanden, war ich bereits im Erdgeschoss. Ich war durch ein nicht verschlossenes Fenster in einen umgebauten Frachtcontainer zehn Meter vom Anbau entfernt geklettert. Auf einer Seite befand sich das Büro des Vorarbeiters mit einem richtigen Schreibtisch, Blaupausen und einem Whiteboard an der Wand dahinter. Auf der anderen Seite stand ein kleiner Tresen mit zwei Kaffeemaschinen, Türmen von in Folie eingepackten Pappbechern und einer Mikrowelle. Über der Kaffeemaschine hing ein Kalender mit Mädchen im Bikini, die kunstvoll Maschinenöl über ihre Gesichter und Körper geschmiert hatten und verschiedene Elektrowerkzeuge in der Hand hielten. Zwischen dem Büro und dem Pausenraum war eine Reihe von fünf Schließfächern im Boden verankert.

Ich lauschte dem Funkverkehr, während ich die Schließfächer durchsuchte. Wie erwartet hatten sie den Eingang im Erdgeschoss abgeriegelt. Ich sah, wie zwei Männer herauskamen und sich für eine 360-Grad-Überwachung in die beiden entgegengesetzten Ecken des Gebäudes bewegten. Ich entsorgte mein Hemd und schlüpfte in ein schwarzes T-Shirt mit dem Logo von Atlas Construction Inc. auf dem Rücken, das ich in einem der Rucksäcke gefunden hatte. Das Shirt spannte, denn es war eine Nummer zu klein für mich, aber es half, Druck auf meine Wunde auszuüben. Ich konnte meine linke Schulter und meinen Arm immer noch nicht richtig bewegen, aber ich fühlte mich deutlich besser als noch vor einer Stunde.

Ich beobachtete, wie drei Männer das Gebäude betraten. Keiner würdigte den Trailer, in dem ich mich aufhielt, auch nur eines Blickes. Sie gingen davon aus, dass ich immer noch im Gebäude war, und verhielten sich entsprechend. Jeder war im Einsatz, außer Nummer neun – Bianchi. Nach weiteren zehn Minuten verstummte das Funkgerät. Vielleicht hatte einer von ihnen bemerkt, dass Schlanges Funkgerät verschwunden war und dass ich wahrscheinlich ihren Funkverkehr abhörte.

Es spielte keine Rolle. Ich wusste bereits, wo sich jeder von ihnen aufhalten würde. Die fünf Männer, die sich bereits im Gebäude befanden, würden im obersten Stock anfangen und von dort aus Etage für Etage durchsuchen – um mich so entweder zu stellen oder mich ins Erdgeschoss zu treiben, wo die beiden, die die zwei Ecken des Gebäudes überwachten, mich abfangen sollten, falls ich versuchen würde, nach vorne oder hinten hinaus zu entkommen. Bianchi war ihre Verstärkung.

Es wäre ein Leichtes gewesen, das Gelände zu verlassen. Alles war geräumt und abgesperrt. Dem Whiteboard zufolge lagen die Bauarbeiten für drei Tage brach, solange die Sicherheitsleute für den Kongress und seine Besucher abgestellt waren. Obwohl ein drei Meter hoher Metallzaun mit Stacheldraht die gesamte Einrichtung umschloss, war dieser für mich nicht unüberwindlich. Allerdings wollte ich jetzt mehr denn je die Sache nach meinen Bedingungen zu Ende bringen.

Ich trank zwei Flaschen Wasser, während ich den Späher vor mir beobachtete. Er war hinter einem Stapel Sperrholz in Deckung gegangen und zielte mit seinem A2-Gewehr über die Barrikade auf den Ausgang. Eine Pistole steckte in dem Gürtel um seine Hüfte. Es waren fünf Mann und dreißig Stockwerke. Es würde drei Männer zwei Stunden kosten, alle Räume zu durchsuchen, während zwei weitere die Treppenhäuser bewachten. Der Fahrstuhl würde inzwischen abgeschaltet sein.

Ich wartete eine Stunde und bemerkte, wie die krampfhafte Wachsamkeit des Spähers langsam nachließ. Das war zu erwarten gewesen. Die meisten Söldner hatten nicht die Geduld und anhaltende Aufmerksamkeit eines Profikillers. Wenn man sich für längere Zeit auf ein einziges Objekt konzentriert, setzt eine extreme geistige Müdigkeit ein. Instinktiv fängt ein untrainierter Geist an abzuschweifen.

Ich belauerte den Späher, der mir waffentechnisch klar überlegen war, wie ein kleinerer Mann im Boxring die Treffer seines größeren Gegners so lange einsteckt, bis dieser zu erschöpft ist, um sich auf den Beinen zu halten.

Der Moment war gekommen, als ich bemerkte, wie der Späher das Gewehr leicht sinken ließ. Seine Haltung hatte sich entspannt und er hatte eine bequemere Position eingenommen und wippte vor und zurück. Der Suchtrupp befand sich inzwischen wahrscheinlich zwischen dem zwölften und fünfzehnten Stock.

Die Sonne ging bereits unter, als ich den Trailer verließ. Es war noch hell, aber der Himmel hatte schon eine dunkelorange Färbung angenommen, die von Grau und Weiß durchzogen war. Ich hatte Bianchi nicht gesehen, seit ich das Gebäude verlassen hatte. Womöglich war er bereits im Inneren und überprüfte, ob ich durch den Gang im Keller entkommen war. Wo auch immer er sich aufhielt, ich musste handeln, bevor die Suche abgeschlossen war. Ich wickelte mein blutiges Hemd um meine Hand, die das Messer umklammert hielt, bevor ich nach draußen trat.

Die Sohlen meiner eleganten Schuhe waren nicht gerade leise auf dem Kiesuntergrund, doch der Späher schien mich nicht zu hören. Er war vertieft in seine Langeweile und die Übertragungen in seinem Ohrhörer. Er hielt das Gewehr nicht mal mehr richtig fest. Sein rechter Arm hing entspannt an seiner Seite, als ich das Messer über seine Kehle zog. Die Wunde war tief genug, dass er keinen Ton mehr von sich geben konnte, als er in die Knie ging. Er starrte mich an – seine Augen waren ungläubig aufgerissen, während seine letzten Atemzüge leise verklangen. Ich wickelte das Hemd von meiner Hand, das das meiste Blut aufgefangen hatte, und warf es auf ihn.

»Dachtest du wirklich, einer von euch würde das hier überleben?«, fragte ich, bevor er aufhörte, sich zu bewegen.

Ich nahm sein A2-Gewehr, seinen Waffengürtel, seine Taschenlampe mit Rotfilter und seinen Ohrhörer und stieg die Treppe hinauf. Mehrere Stockwerke über mir konnte ich das Echo von Stiefeln und einer leisen Unterhaltung hören. Sie gaben sich nicht gerade Mühe, ihre Position zu verbergen. Vielleicht war das ihr Versuch, mich aus meinem Versteck zu treiben. Sie wären im dreizehnten Stock angekommen und würden mit der Durchsuchung beginnen, berichtete jemand über Funk. Ich ging in den hinteren Bereich des elften Stocks, wo unten am Boden der zweite Späher postiert war. Es war jetzt schwerer, etwas zu erkennen – die Sonne war inzwischen komplett untergegangen. Ein Flutlicht war eingeschaltet und auf den Ausgang gerichtet worden, sodass alles dahinter im Dunkeln lag. Auf der gesamten Baustelle gab es nur tragbare Lampen, die dort aufgestellt wurden, wo gerade gearbeitet wurde. Momentan war nur eine eingeschaltet und der zweite Mann hatte sich irgendwo hinter dem Flutlicht verbarrikadiert, sein Gewehr auf die Tür gerichtet.

Ich drehte eine Runde durch das Stockwerk und betrachtete durch die Fenster die Außenwelt. Am liebsten hätte ich einfach die Lichtanlage zerschossen, um den zweiten Späher zu finden, aber es hätte mich wertvolle Minuten gekostet, eine geeignete Position zu finden. Ich musste ihn einfach herauslocken.

Die eingebauten Panoramafenster waren gegen Selbstmorde gesichert. Sie ließen sich unten nur ein paar Zentimeter kippen, falls jemand, der im Inneren festsaß, ein wenig Frischluft schnappen wollte, um der Klimaanlagenluft zu entkommen. Die Öffnung war groß genug, dass ich jemanden unter mir ärgern konnte. Die Leute zu ärgern war eins meiner Talente, das ich zur Kunstform erhoben hatte.

Ich ging durch die Räume, die alle durch offene Türrahmen verbunden waren. Die Türen selbst lagen noch auf einem Stapel in der Ecke. Ich schaltete die Taschenlampe ein, um irgendetwas zu finden, das ich benutzen konnte. Auf hölzernen Paletten lagen noch massenhaft Baumaterialien und Gipskartonplatten, aber nichts Handliches … bis ich in einen Raum trat, der einmal ein Badezimmer werden sollte. Darin standen Kisten mit wabenförmigen Fliesen, jede davon etwa fünf Zentimeter groß. Ich nahm die oberste Kiste und trug sie zu dem Fenster über der Flutlichtanlage. Anschließend warf ich immer ein paar Fliesen auf einmal aus dem offenen Fenster. Ich hatte die halbe Kiste verbraucht, bis der Späher es meldete.

»Späher Charlie hier. Ich höre vor mir seltsame Geräusche«, hörte ich ihn in meinem Ohrhörer.

»Was für Geräusche?«, erwiderte jemand.

»Weiß nicht. Hört sich an, als würde das Gebäude zusammenbrechen. Ich höre immer wieder, wie irgendwas von oben runterfällt.«

Und dann sah ich es. Ein winziges Aufblitzen hinter dem Flutlicht, einen halben Meter rechts davon. Der Typ hatte seine Taschenlampe herausgezogen und ließ den Lichtstrahl über die Fassade des Gebäudes wandern. Ich schob das Gewehr durch die Fensteröffnung und schoss auf den Lichtpunkt. Die Taschenlampe des Spähers erlosch und in derselben Sekunde schrie jemand über Funk: »Wer hat da geschossen?!«

Ich rannte zur Tür, die zum Treppenhaus führte, öffnete sie gerade weit genug, damit ich den Lauf des Gewehrs hindurchschieben konnte, und legte mich flach auf den Boden. Sie hatten ihre Nachtsichtgeräte, aber sie würden nur auf Augen- bis Brusthöhe suchen. Danach musste ich warten, bis sich meine Augen an die Dunkelheit gewöhnt hatten. Nachdem ich in das Flutlicht geblickt hatte, sah ich immer noch helle Flecken.

Nach ein paar Minuten machten sie einen Sicherheits-Check-in. Späher Alpha und Charlie antworteten nicht. Ich könnte innerhalb oder außerhalb des Gebäudes und womöglich bewaffnet sein, warnte einer der Männer.

Da sie die Fahrstühle abgeschaltet hatten, war die Treppe ihr einziger Ausweg. Natürlich konnten sie einfach auf mich warten, aber sie wussten auch, dass ich mich genauso gut zurückziehen und sie später Bianchis Zorn überlassen könnte. Sie setzten ihre Jagd fort. Ich war offenbar die weniger beängstigende Option.

Ich konnte sie deutlich hören – die Absätze ihrer Stiefel dröhnten laut auf den Betonstufen. Sie unternahmen keinerlei Bemühungen, sich langsam und leise zu bewegen, um ihre Position nicht preiszugeben. Ihre Unterhaltungen über Funk waren aufgeregt und verwirrt. Bisher hatte ich Bianchis Stimme noch nicht vernommen, aber ich wusste, dass er zuhörte.

Eine schwere Metalltür öffnete und schloss sich einen Stock über mir. Ich hatte keine freie Sicht, aber meine Augen hatten sich genug an die Lichtverhältnisse gewöhnt, um Schemen zu erkennen, und ich konnte sie zudem anhand der Geräusche ausmachen. Sie kamen in einer fast ordentlichen Reihe die Stufen herunter – immer im Abstand von zwei oder drei Stufen. Ihre Angst hatte sie fast ihre gesamte Grundausbildung vergessen lassen. Sie waren wahrscheinlich noch jung und unerfahren – und hatten vermutlich noch nie jemanden getötet. Das machte meine Aufgabe umso leichter.

Ich sah vier Schatten, einer bog um die Ecke, drei kamen die Treppe herunter. Ich prägte mir ihre Positionen ein, als der erste Mann gerade von der letzten Stufe trat. Ich gab drei schnelle Schüsse ab. Einer von ihnen feuerte seine Waffe ab, während er zu Boden ging, und durchlöcherte die Tür. Der vierte zog sich die Treppe hinauf zurück und schrie: »Er ist hier! Er ist hier!« Der fünfte Mann, den ich nicht gesehen hatte, war vermutlich hinter dem vierten gewesen und auch die Treppe hinauf geflohen. Diese beiden würden ein leichtes Ziel sein, falls ich mich mit ihnen aufhalten wollte. Ich tat es eher aus Prinzip.

Ich nahm einem der gefallenen Männer sein Nachtsichtgerät ab, überprüfte die Munition des A2 und ersetzte das Magazin mit einem vollen von demselben Mann. Ich ließ beide Pistolen und ihre Munition im Treppenhaus zurück. Wenn es mir nicht gelang, den Rest des Teams mit einem A2 und seinen vierzig Schuss zu erledigen, verdiente ich es nicht anders, als zu sterben.

Die beiden verbliebenen Männer taten genau, was sie von mir erwartet hatten, und flüchteten aufs Dach. Durch eine angelehnte Tür konnte ich sehen, wie sie das Dach umrundeten und nach einer Leiter oder einer Feuertreppe außen am Gebäude suchten.

Ich wusste, dass es keine gab. Die Blaupausen hatten mir verraten, dass sie erst sechs Monate vor der Fertigstellung des Inneren installiert werden würden. Atlas Construction war beauftragt, das Gebäudeinnere zu priorisieren.

Ich nahm mir Zeit, um darüber nachzudenken, wie ich die beiden ausschalten konnte, während ich beobachtete, wie sie auf dem Dach auf und ab liefen. Einer von ihnen fluchte immer wieder »Scheiße« und der andere schrie ihn an, er solle sein »scheiß Maul halten«. Ich trat hinaus und erschoss sie beide, während sie sich noch stritten. Langsam wurde ich müde. Und es blieb immer noch Bianchi.

Ich setzte mich auf einen abgedeckten Belüftungsventilator, der noch nicht eingebaut war, nahm das Nachtsichtgerät ab und warf es beiseite. Vom Hauptgebäude von Gen-Tech, das nicht weit weg war, fiel genug Licht herüber. Von meinem Platz aus konnte ich die bunten Lichter der Stadt in der Entfernung funkeln sehen. Die Nachtluft war ein bisschen frisch, aber sie fühlte sich gut an. Die gesamte Szenerie hatte eine gewisse verkommene Romantik an sich – obwohl nur ein paar Meter entfernt zwei tote Männer lagen und ich mich bereit machte, einen weiteren zu töten. Ich hob die Stummschaltung des Funkgeräts auf und sprach hinein.

»Das Team ist ausgeschaltet. Ich bin auf dem Dach«, sagte ich, riss den Knopf aus meinem Ohr und warf ihn auf den Boden. Das A2 lehnte an meinem Bein, aber ich hatte nicht vor, es zu benutzen.

Er traf ein paar Minuten später ein, stieß die Tür auf und kam mit einem ziemlich stolzen Gesichtsausdruck auf mich zu. Er hatte sein Team in den Tod geschickt und gewusst, dass ich anrufen würde, sobald sie alle erledigt waren. Das war seine Art, mir zu zeigen, dass ich mich erst als würdig erweisen musste, bevor er sich mir stellte.

»Du wirst wohl langsam alt«, meinte er. »Du hättest schon lange fertig sein können.«

Ich zuckte mit den Schultern und legte das Gewehr auf den Boden.

»Egal, wie das hier ausgeht, der Junge ist längst weg. Wahrscheinlich besorgt er es gerade in diesem Moment irgendeinem Freier«, sagte er.

Ich zuckte wieder mit den Schultern. »Um ihn geht es hier nicht.«

»Wahrscheinlich nicht.«

Er bewegte sich absichtlich langsam, damit ich sehen konnte, wie er ein Karbonstahlmesser aus seinem Stiefel zog. Er deutete mit dem Kopf auf die Scheide mit Schlanges Messer – das höchstwahrscheinlich auch verchromt war –, die ich in meinen Hosenbund gesteckt hatte.

»Du hattest großes Talent«, erklärte ich und löste die Scheide. »Zu schade, dass sich herausgestellt hat, dass du ein psychopathisches Arschloch bist.«

Ich zog das Messer. Es war ein Standardbuschmesser mit einer glatten Klinge auf der einen Seite und einer gezackten auf der anderen. Es war schwer und gut ausbalanciert. Schlangentattoo hatte sich schöne Dinge geleistet. Während ich aufstand, ging Bianchi bereits zum Angriff über. Er holte in einem weiten Bogen aus – ich lehnte mich gerade weit genug zurück, um die Klinge an mir vorbeisausen zu lassen. Die Spitze hätte fast mein Shirt berührt. Auf diese Weise verschaffte er sich einen ersten Eindruck von meiner Ausdauer und meinen Reflexen. An diesem Punkt bewegte ich mich in erster Linie instinktiv.

Es folgten ein Schlagabtausch und einige Finten – die Messer waren dabei fast vergessen. Er war schneller und viel besser, als ich erwartet hatte. In meiner Erinnerung umfasste seine Kampftechnik eher brutale Kraft als schnelle Vorstöße. In seinen Schlägen lag eine Menge Kraft. Sein Umgang mit dem Messer hatte sich verbessert, genauso wie seine Beinarbeit. Es gelang ihm, mir die Beine wegzutreten und sich auf mich zu werfen, bevor ich mich erholen konnte. Der Schmerz hätte mir fast das Bewusstsein geraubt, als er drei harte Treffer auf meine bandagierte Wunde landete.

Ich warf ihn ab und sofort ging er wieder auf mich los. Dieses Mal fiel es mir schwerer, mich zu erholen, was mir einen tiefen, langen Schnitt an meinem rechten Unterarm einbrachte, als ich seinen Angriff abwehren wollte. Meine linke Schulter war ein einziger brennender Schmerz, während der Rest meines Arms taub wurde. Ich konnte kaum meine Finger bewegen. Er lächelte und lachte dann auf.

»Wir können es vertagen«, sagte er und drehte das Messer zwischen seinen Fingern. »Ich weiß, was ich hier mache, ist ein bisschen unfair … Dich anzugreifen, nachdem du gerade angeschossen und von meinem Jagdteam zermürbt wurdest …«

Doch ich ging auf ihn los. Das hatte er nicht erwartet. Ich hatte meinen Angriff so präzise getimt, dass sich das Messer gerade mitten in der Drehung befand und es ihm durch den plötzlichen Aufprall aus der Hand geschlagen wurde. Während ich ihn mit meinem Körpergewicht am Boden hielt, hörte ich, wie es mit einem metallischen Klappern über den Asphalt rutschte. Ich schlug einige Male fest zu – sein Kopf flog unter den Schlägen hin und her. Als ich aufhörte, war seine Lippe aufgesprungen und seine linke Wange blutete.

»Du dummes Arschloch!«, knurrte ich und hob erneut meine Faust. Meine Hand schmerzte und ich wollte nichts mehr, als wieder und wieder auf ihn einzuschlagen, bis ich seine Gesichtszüge nicht mehr erkennen konnte. Damit er mich nicht mehr ansehen und mich daran erinnern konnte, was er mir einst bedeutet hatte. »Ich habe dir alles gegeben und du …«

Ich hatte seit Jahren nichts Vergleichbares zu dem Ärger empfunden, der jetzt in mir aufwallte. Es ging nicht um Kai. Es ging nicht um Pete. Meine eigene berufliche Unachtsamkeit hatte dafür gesorgt, dass ich sie verloren hatte. Aber bei Bianchi war das etwas anderes. Hier hatte ich persönlich versagt – und für dieses Versagen würde ich mir nie vergeben können.

»Dann bring es zu Ende«, sagte er. Er atmete schwer, doch auf seinem blutigen Gesicht lag immer noch ein Lächeln. Er leckte über seine aufgeplatzte Lippe. »Vernichte, was du geschaffen hast.«

Ich packte ihn an der Kehle, um ihn zum Schweigen zu bringen. »Du hast nicht das Recht, irgendwas zu fordern.«

Er breitete die Arme aus und entspannte sich. Das Lächeln war unverändert. Mein Griff um seinen Hals lockerte sich. Ich lehnte mich zurück und stand auf. Er wirkte verwirrt, als ich von ihm wegtrat.

»Ich bin fertig«, sagte ich und ging auf die Tür zu. »Ich bin fertig mit dir ... und mit allem anderen.«

Selbst ich wusste nicht genau, was ich damit sagen wollte, aber ich wusste, dass ich gehen musste. Etwas Grauenhaftes wuchs und regte sich in mir und es war mir nur allzu vertraut. Ich wusste nicht, was es war, bis ich fast die Tür erreicht hatte und Bianchi wieder auf die Füße gekommen war. Er hob das Messer auf und kam auf mich zu. »Denkst du wirklich, dass du mich wieder einfach so zurücklassen kannst?«

Ich drehte das Messer in meiner Hand – der aufgeraute Metallgriff glitt über meine Handfläche. Als er näher kam und die Distanz zwischen uns sich verringerte, wuchs das nagende Gefühl in meinem Magen und drohte, sich durch meine Kehle einen Weg nach draußen zu bahnen. Es war das, was ich an jenem Tag in Vater gesehen hatte, als ich in der Ecke der Küche gekauert hatte. Sein absoluter Wahnsinn, der ihn dazu gebracht hatte, mit einem Teppichmesser nach mir zu stechen. Die Spitze hatte mich unter dem Auge erwischt. In diesem Moment hatte ich rot gesehen – das Blut, das aus dem Schnitt in mein Auge gespritzt war, aber auch das Blut, das auf Vaters monströse Fratze getropft war, als er das Messer erneut über den Kopf gehoben hatte. Ich konnte dieses Monster in Bianchi sehen und dasselbe Monster schlummerte auch in mir.

Sobald er in Reichweite war, riss Bianchi das verdeckte Messer in einem Bogen nach oben. Ich konnte es abblocken, doch der Aufprall warf mich zurück. Er ließ nicht locker, stürmte weiter vorwärts und schwang das Messer – er drängte mich zurück, sodass ich mich nur noch verteidigen konnte. Ich konnte nicht zurückschlagen. Ich stand mit dem Rücken zur Tür und wusste, sein nächster Messerstich würde tödlich sein.

Es schien, als wäre die Zeit stehen geblieben. Auch wenn Bianchi es nie zugegeben hätte, wusste ich, dass er für einen kurzen Moment absichtlich seine Deckung fallen ließ, sodass ich diesen Augenblick nutzen konnte. Ich trieb das Messer tief in seine Eingeweide. Sofort sprudelte mir warmes Blut entgegen und bedeckte meine Hand, als ich die Klinge einen Zentimeter nach oben zog. In derselben Sekunde rammte er sein Messer in die Tür – nur Zentimeter von meiner Kehle entfernt. Ich konnte spüren, wie die Klinge an meinem Hals vorbeiglitt. Er hatte die Schneide abgewendet. Es hätte unser gemeinsamer Tod sein sollen. Auf diesem Dach hätten noch zwei weitere Leichen liegen sollen.

Er öffnete den Mund, brachte jedoch kein Wort hervor. Als ich das Messer herauszog, sank er auf die Knie. Ich fing ihn auf, als er nach vorne kippte, und sank mit ihm zu Boden. Sein Körper zitterte heftig und er stieß ein tiefes Seufzen aus. Ich hielt ihn fest, während er starb. Sein Kopf ruhte an meiner Schulter. Sein Blut durchtränkte mein Shirt und lief mir in den Schoß. Es erfüllte die Luft mit einem metallischen Geruch, der mich an den Tag denken ließ, an dem ich Kai erschossen hatte.

Ich saß noch lange so da und hielt Bianchi in den Armen, selbst nachdem er tot war und sein lebloser Körper schwer auf mir lag. Ich legte ihn so, dass sein Kopf auf meinem Arm ruhte. Auf seinem blutigen Gesicht lag noch immer der Anflug eines Lächelns. Ich fuhr mit dem Daumen über eine seiner Narben, die über seine Wange und bis zum Kinn verlief. Er war noch warm und fühlte sich lebendig an. Fast erwartete ich, dass er die Augen aufschlagen würde.

Ich wusste nicht, warum er mir gestattet hatte, ihm das Leben zu nehmen – ich konnte Vermutungen anstellen, aber ich würde es nie wissen. Er nahm all die Dinge mit ins Grab, von denen ich wusste, dass er sie mit seinem letzten Atemzug hatte sagen wollen. Ich verstand seinen Hass auf mich. Hass ist leicht zu verstehen. Was ich nicht verstand, war seine Liebe.

Ich weiß nicht, wie lange ich dasaß, bis ich endlich aufstand und ging. Das Adrenalin hatte sich abgebaut und als ich die dreißig Treppen hinabstieg, hatte ich Schmerzen und mir war schlecht. Ich brauchte fast eine halbe Stunde, bis ich aus dem Gebäude heraus war und über die Baustelle wankte. Ich zog eine leichte Jacke aus dem Trailer des

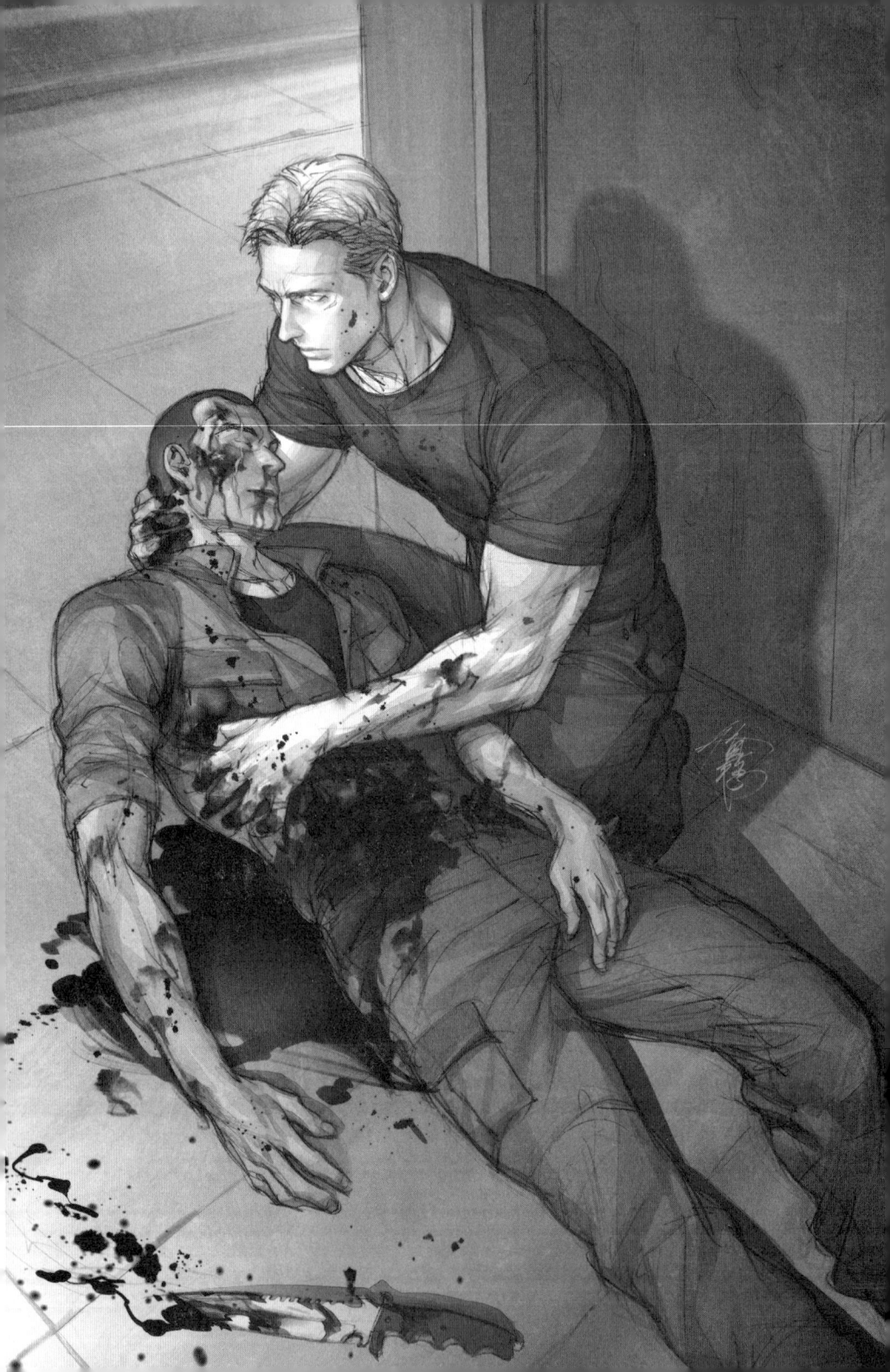

Vorarbeiters über, nur damit ich nicht zu Furcht einflößend aussah, während ich zum Parkhaus ging.

Der Turmuhr einen Block entfernt zufolge war es ein Uhr sechsundzwanzig. Ich stieg über drei Obdachlose, die auf Pappe schliefen, aber sonst begegnete mir niemand. Nach Mitternacht war das Parkhaus automatisch gesichert. Ich musste also nicht vor einem Parkplatzwächter vorgeben, nach einer langen Partynacht müde zu sein, während ich Kleidung trug, die vollkommen verdreckt war und nicht zusammenpasste.

Nachdem ich den Schlüssel aus dem Versteck hinter der Verkleidung des Hinterreifens hervorgeholt hatte, zahlte ich die Parkgebühr mit dem Geld aus dem Wagen und fuhr aus dem Parkhaus. Das war alles, woran ich mich später erinnern konnte. Ich wusste nicht mehr, wie ich durch die Straßen der Stadt gefahren oder wie ich auf den Highway gekommen war.

Ich konnte mich auch nicht daran erinnern, stundenlang bis zu meiner Hütte im Norden gefahren zu sein, als ich auf dem nicht asphaltierten Stellplatz daneben anhielt. Erst als ich den Motor abstellte, wurde mir bewusst, wo ich war. Draußen war es noch dunkel, doch am Horizont zeigte sich die erste Morgenröte. Ich drehte den Zündschlüssel, damit ich die Zeit sehen konnte. Es war fünf Uhr dreizehn. Auf der Fahrt hierher hatte ich sicher eine Menge Verkehrsregeln gebrochen.

Tony schlief auf dem Sofa, als ich hereinkam. Auf dem Boden neben der Fernbedienung lag eine Waffe. Er runzelte die Stirn, als er mich sah, fragte aber nicht, was passiert war. Er fragte nur, ob ich etwas bräuchte. Ich schüttelte den Kopf und ging ins Badezimmer.

Ich zog die Jacke, das Shirt und die Hose aus und warf sie auf einen Haufen neben der Toilette. Ich spritzte mir kaltes Wasser ins Gesicht und rubbelte es mit einem Handtuch trocken. Danach war dieses blutig und dreckig.

Meinen Verband hatte ich durchgeblutet. Der Schnitt an meinem Arm brannte, blutete aber nicht mehr. Ich zog den Bademantel an, der hinter der Tür hing, und kümmerte mich nicht darum, dass das Blut aus meiner Schulterwunde bereits durchsickerte, als ich in die Küche ging. Tony saß am Esstisch und wartete.

Er stand auf, holte zwei Bier aus dem Kühlschrank, öffnete die Flaschen und warf die Verschlüsse in die Spüle. Eins stellte er vor mich und setzte sich wieder. Er schwieg, während er sein Bier trank, doch er wandte den Blick nicht von mir ab. Als ich das Bier nicht anrührte, stand er erneut auf, holte eine Flasche Wasser aus dem Kühlschrank, öffnete sie und stellte sie vor mich. Wir saßen schweigend da und die Stille wurde nur erfüllt vom lauten Zwitschern der Vögel draußen. Ich hatte Schmerzen und war lange über den Punkt der Erschöpfung hinaus. Ich roch nach Blut. Aber ich war zu müde, um mich darum zu scheren.

»Ich hätte Pete in seinem Zimmer einschließen sollen …«, begann Tony, nachdem er sein Bier ausgetrunken und die Flasche auf dem Tisch abgestellt hatte.

Ich hob eine Hand und schüttelte den Kopf. »Hier geht es nicht um Schuld«, erwiderte ich und schob ihm mein Bier zu. »Du hättest ihn nicht davon abhalten können, in die Stadt zu kommen.«

Er nickte nur und trank. Ich nahm einen Schluck Wasser und stand auf – jeder Knochen in meinem Körper protestierte, als ich zum Küchentresen hinüberging. In einer der Schubladen, neben dem Besteck, wo ich Streichholzbriefchen, Tütchen mit Plastikbesteck und Scheren hinwarf, fand ich einen Stift. Ich riss ein Stück karierte Küchenrolle ab und setzte mich wieder. Meine Hand zitterte und ich konnte den Stift nicht richtig halten. Ich zeichnete einen Ring aus komisch aussehenden Schlangen, die einander jagten. Jede verschlang den Schwanz einer anderen. Ich zeigte ihm die Zeichnung.

Er zog die Augenbrauen zusammen und sein Blick, während er sie sich ansah, verriet mir, dass er sie erkannte. Er leerte sein zweites Bier und stellte die Flasche neben die erste.

»Ich muss sie finden.«

»Das ist nicht gut«, sagte er und holte sich noch ein Bier. Dieses Mal brachte er gleich das ganze Sixpack mit und ließ es auf dem Tisch stehen. Es waren noch drei übrig. »Das ist gar nicht gut.«

»Bianchis früherer Arbeitgeber«, sagte ich. »Ich muss mit ihm, ihr oder ihnen sprechen.«

Er nickte. »Ich kann dir in zwei Tagen die Adresse geben.«

»Ich habe nur einen«, erwiderte ich.

»Ich verfüge nicht über Petes Ressourcen, weißt du doch«, erklärte er. »Ich muss die Informationen auf klassischem Wege beschaffen. Du siehst beschissen aus. Du wirst ein paar Tage brauchen, bis du wieder der Alte bist.«

Er öffnete sich ein frisches Bier und warf den Deckel durchs Esszimmer in die Spüle.

»Petes Uhr tickt«, sagte ich. Ich erzählte ihm von der Droge, die man ihm verabreicht hatte. Die Vergewaltigung, das Brandzeichen und das Schlachthaus erwähnte ich nicht.

Er drehte die Flasche langsam zwischen seinen Händen und fluchte. »Ich hätte …« Er brach ab, als ich den Kopf schüttelte.

»Namen und Adressen«, sagte ich und stand auf. »Vierundzwanzig Stunden. Weniger wäre noch besser.«

»Dein Paket ist draußen im Verschlag.«

»Danke«, erwiderte ich. »Ich werde eine schöne lange Dusche nehmen und dann schlafen gehen. Weck mich, wenn du die Informationen hast, die ich brauche.«

Tony knurrte leise etwas vor sich hin, was vielleicht ein Ja war. Ich legte eine Hand auf seine Schulter, um mich abzustützen, bevor ich den nächsten Schritt machte.

»Alkohol betäubt den Schmerz«, sagte er.

»Ja …«, entgegnete ich und schlurfte davon. »Gute Nacht.«

Ich bewegte mich so langsam, dass ich vermutlich mehrere Minuten brauchte, bis ich die Küche verlassen hatte. Der Flur war dunkel.

Das einzige Licht kam von hinten. Unterwegs stützte ich mich mit einer Hand an der Wand ab. Das Badezimmer befand sich am Ende des Gangs. Ich warf ihm einen verzweifelten Blick zu. Es schien kilometerweit entfernt zu sein.

Ich hielt an einer Tür inne, die halb offen stand, und schaltete das Licht ein. Es war mein Schlafzimmer, doch jemand anderes war darin gewesen. Das Bett war zerwühlt und ungemacht. Die Kissen lagen auf dem Boden. Ich schob die Tür weiter auf. Die Scharniere quietschten leise.

Ein dunkelblauer Hoodie lag am Fußende des Bettes und eine enge schwarze Jeans hing über dem Stuhl am Schreibtisch. Ich trat in den Raum. Auch wenn mein Rücken entsetzlich schmerzte, als ich mich bückte, hob ich die Kissen auf und legte sie wieder aufs Bett. Pete hatte in meinem Zimmer geschlafen. Meistens schlief er auf dem Bauch und kuschelte sich an die Decke. Die Kissen warf er auf den Boden. Er brauchte sie nicht.

Ich setzte mich auf die Bettkante und studierte den Raum. Auch wenn der Junge nicht lange genug hier gewesen war, um sich das Zimmer zu eigen zu machen, konnte ich dennoch seine Anwesenheit spüren. Er hatte seinen ständigen Begleiter auf dem Nachttisch zurückgelassen: Ein kleiner braun-weißer Hase mit einer blauen Jacke lehnte an dem Reisewecker aus Plastik. Das Plüschtier war alt und abgenutzt. Ich hatte es zuletzt vor fünf Jahren gesehen. Normalerweise trug er es immer in einer Seitentasche seines Rucksacks bei sich.

Ich nahm den Hasen in die Hand – er war so groß wie meine Handfläche. Seine kleine blaue Jacke war an den Kanten ausgefranst. An einem seiner Ohren hatte sich eine Naht gelöst, sodass es tiefer herunterhing als das andere. Die Karotte, die an einer seiner Hände festgenäht gewesen war, war verschwunden. Der weiße Bauch war vergilbt. Als ich mit dem Daumen darüberstrich, löste sich das braune getrocknete Blut unter meinen Nägeln und in den Rillen meiner Haut. Ich rieb kreisförmig über seinen Bauch.

Für eine Weile empfand ich Frieden. Es gab nur Stille. Keine endlosen Schreie, die durch meinen Verstand hallten. Keine letzten Bilder von ihm, die vor meinem geistigen Auge aufblitzten.

Da war gar nichts.

Nicht einmal Bianchi.

Kapitel 10

Ich hörte, wie Tony wegfuhr. Das Rumpeln seines Trucks hallte durch die morgendliche Stille, als ich aus der Dusche kam. Ich war körperlich und seelisch wie betäubt. Ich hatte so lange solche Schmerzen ertragen müssen, dass das Gefühl einfach abgeebbt war. Ich machte mir nicht mal die Mühe, meine Wunden zu verbinden.

Bevor ich ins Schlafzimmer ging, sah ich mir das »Paket« an, das Tony für mich im Schuppen deponiert hatte. Es war ein schwarzer Metallwürfel, ein Meter zwanzig auf ein Meter zwanzig groß. Er stand auf zwei Achsen mit je sechs Rädern. Ein paar Zentimeter unter dem Deckel waren auf beiden Seiten tiefe Einkerbungen, die als Griffe dienten. MX2426 stand in weißer Schrift auf dem Deckel und den Seiten.

Ich musterte die Kiste noch eine Weile und umrundete sie ein paarmal. Hinten war ein Kontrollpanel mit einer Reihe von nicht beschrifteten Knöpfen und Schaltern angebracht. Ich konnte den Hauptschalter identifizieren, aber irgendwie fehlte mir der Wille, die Kiste zu öffnen. Sie stand mitten im Raum wie ein Fremdkörper, der nicht in meiner Nähe hätte sein sollen. Obwohl mir rational betrachtet klar war, dass Kai sich in einem inaktiven Zustand darin befand – dieselbe Doll, in die ich mich verliebt und für die ich alles aufgegeben hatte –, war ich nicht bereit, ihn zurückzubekommen. Vielleicht war es das Wissen, dass ich Pete verloren hatte, das in mir Schuldgefühle und Selbsthass verursachte. Es trübte die Erleichterung, die ich hätte empfinden sollen, weil ich Kai zurückhatte. Vielleicht hatte ich auch Angst, ihn wieder zu verlieren. Ich wusste es nicht und ich dachte auch nicht mehr darüber nach, als ich das Licht ausschaltete, die Tür zumachte und schlafen ging.

Das Klingeln eines Handys auf dem Nachttisch riss mich aus dem Schlaf. Für einen Augenblick wusste ich nicht, wo ich war oder warum mir alles wehtat. Ein stechender Schmerz, der mich plötzlich durchfuhr, vertrieb auch die letzte Benommenheit und ich fluchte. Ich rollte mich auf die linke Seite, von der das Geräusch des Telefons kam. Das Handy kam mir nicht bekannt vor. Als ich dranging und Tony sich meldete, wurde mir alles klar.

»Das wird auch Zeit«, sagte er. »Als ich vor acht Stunden das letzte Mal nach dir gesehen habe, hast du so tief geschlafen, dass ich schon dachte, du wärst tot oder so.«

Mit zusammengekniffenen Augen sah ich auf den Plastikreisewecker mit den Leuchtziffern bei der Lampe. Nachdem ich kurz nachgerechnet hatte, kam ich zu der Erkenntnis, dass ich fast zwanzig Stunden geschlafen hatte. Ich fühlte mich besser und die Erschöpfung war größtenteils verflogen. Abgesehen von der Steifheit meiner Gelenke, dem anhaltenden Schmerz in meiner linken Schulter und meinem Hunger fühlte ich mich gut.

»Ich habe dir was zu essen in den Kühlschrank gepackt und dir dieses Telefon besorgt, damit ich dich wenigstens erreichen kann.«

Ich dankte ihm und setzte mich auf. Die gesamte Hütte lag im Dunkeln. Nur die helle Mondsichel warf einen Streifen Licht durch das offene Fenster. Ich ging durch den Flur in die Küche.

»Ich habe jemanden für dich«, sagte er. »Aber er ist nur ein Regionalmanager. Er steht wahrscheinlich nicht weit genug oben in der Nahrungskette, um die Antworten zu liefern, die du suchst. Aber er sollte zumindest in der Lage sein, dir die Namen der Leute zu geben, die sie kennen.«

»Hast du irgendwelche Hintergrundinformationen über die Organisation, mit der ich es zu tun habe?«, fragte ich und schaltete das Licht in der Küche ein. In der Spüle zeugten eine Tasse, einen Teller und sechs Kronkorken von Tonys Besuch. Das war eine deutliche Verbesserung. Als er das letzte Mal bei mir gewohnt hatte, hatte er eine angebrannte Pfanne, drei dreckige Gedecke und ein halb gares halbes Hähnchen hinterlassen.

»Die Three Vipers. Schlauer Name, oder? Drei Geschwister führen das Familiengeschäft, das sie von ihrem ambitionierten Großvater geerbt haben, der das Geschäft aufgebaut hat, als er noch draußen in Long Island Nutten für die Mafia unterhalten hat. Sie sitzen an der Westküste, haben aber in jedem Staat der USA irgendeine Zweigstelle«, erklärte Tony. »Ich weiß nicht, wie gut du dich mit Menschenhandel auskennst. Vor fünf, sechs Jahren haben sie einen ziemlich großen Konkurrenten übernommen und jetzt … schätze ich, sind sie der größte und einzige Ring an der Westküste. Ihre einzige Konkurrenz, die auch viele Operationen in Teilen Nordamerikas unterhält, sitzt in Asien.«

»Russland?«, tippte ich. Ich inspizierte den aufgestockten Kühlschrank. Tony hatte drei Steaks dagelassen, die in ihren Styroporschalen eingeschweißt aufeinandergestapelt waren. Es gab einen Vier-Liter-Kanister Milch, der schon zu einem Drittel ausgetrunken war. Der Eierhalter war voll mit großen braunen Eiern. Verschiedene Gemüse waren in durchsichtigen Plastikbeuteln in die Gemüsefächer gestopft worden. Obwohl er wusste, dass ich nicht mehr trank, hatte er ein Sixpack Importbier in Glasflaschen im untersten Fach deponiert.

Ich hätte wirklich gern ein Steak gegessen, aber ich hatte keine Lust zu kochen. Also nahm ich stattdessen die Milch und den gesamten Eierhalter aus dem Kühlschrank.

»Zypern«, erwiderte er.

Ich trank direkt aus dem Milchkanister und zog einen großen Topf aus dem Schrank unter dem Tresen.

»Dieser Mann, mit dem ich reden soll«, fragte ich, während ich den Topf mit Wasser füllte, »ist er in New York?«

»In Vegas. Er leitet für die Organisation ein paar Bordelle außerhalb der Stadt und vermietet Edelprostituierte an die Hotels auf dem Strip.«

Ich legte die Eier alle in den Topf und füllte Wasser nach. Anschließend drehte ich den Herd an und nahm noch einen Schluck Milch. Aus keinem bestimmten Grund musste ich an das letzte Mal denken, als ich direkt aus dem Kanister getrunken hatte. Kai hatte mich ein paar Sekunden lang einfach nur angestarrt. Dann hatte er ein Glas aus der Spülmaschine geholt und es kommentarlos vor mir auf den Tisch gestellt. Er hatte mich nicht aus den Augen gelassen, bis ich schließlich das Glas benutzt hatte.

»Er ist ein ziemlich großer Kerl. Ehemaliger Bodybuilder«, fuhr Tony fort. »Verbringt seine gesamte Zeit im Fitnessstudio, wenn er nicht gerade Nutten verprügelt. Willst du, dass ich mitkomme?«

»Nein«, antwortete ich. »Ich brauche dich hier an der Ostküste, damit du ein Auge auf mein Paket haben und weitere Nachforschungen über Gen-Tech anstellen kannst. Außerdem solltest du an Moore dranbleiben.«

»Bist du sicher? Der Typ ist größer als du«, sagte Tony. »Viel größer.«

»Ich nutze meine winzige Gestalt, um zwischen seinen Beinen durchzuschlüpfen, wenn er versucht, mich zu packen.«

Es entstand eine kurze Pause. Nur das Knistern in der Leitung unterbrach die Stille zwischen uns. Dennoch wusste ich auch so, was er sagen wollte. Ich kannte ihn einfach schon zu lange.

»Ich weiß, du willst keine Entschuldigung von mir hören, aber du bekommst sie trotzdem«, erklärte er mit gedämpfter Stimme. »Der Junge ist wie mein eigener Sohn und ich … habe ihn hängen lassen. Ich habe dich hängen lassen.«

»Dein einziger Fehler war, dass du dich von ihm hast um den kleinen Finger wickeln lassen«, erwiderte ich. »Was passiert ist … war ganz allein meine Schuld.«

Erneut trat Schweigen ein.

»Bring mein Paket in einer Woche zu meinem Haus in den Hamptons. Gib Moore den Hausschlüssel, wenn du in einem Monat nichts von mir gehört hast. Ich sende dir seine Kontaktdaten. Sag ihm, er soll das Paket abholen und es behalten. Er weiß, was zu tun ist.«

»Ich mag keine ›Wenn du nichts von mir hörst‹-Pläne.«

»Ich auch nicht. Aber wenn ich sie nicht mache, denke ich während des Jobs über diese Dinge nach und dann mache ich Fehler.«

Er seufzte. »In Ordnung. Ich schicke dir in einer Stunde die Informationen.«

Ich dankte ihm und legte auf. Ich hatte keinen Laptop oder Internet in der Hütte. Ich kam nicht oft her. Es war fast vier Uhr morgens. Es gab nicht viel, was ich hätte tun können, außer mir ein sehr frühes Frühstück zu gönnen, das aus Eiern und Milch bestand. Dabei benutzte ich das Handy, um zu versuchen, mir einen Flug nach Vegas zu buchen.

Sein Name war Alfred Laurent Claybank. Er war sechsunddreißig. Er beschrieb sich selbst als einen abenteuerlustigen Fitnessguru, der die schönen Dinge im Leben liebte. Er suchte nach attraktiven, intelligenten Männern und/oder Frauen unter fünfundzwanzig, die er verwöhnen und lieben konnte. Er mochte italienisches und chinesisches Essen und gönnte sich mindestens zweimal im Monat ein Essen in einem Sternerestaurant. Gegenwärtig leitete er mehrere Resorts, fuhr das neueste Modell eines luxuriösen Mercedes-Cabrios und trug nur Designerlabels.

Ich sah mir sein Dating-Profil auf einem Laptop an, den ich auf dem Weg zum Flughafen gekauft hatte. Ich musste auf dem Flug ein paar Stunden totschlagen. Nachdem ich eine Mail von Tony gelesen hatte, die nur seine Adresse und seine Arbeits- und Trainingszeiten enthielt, stellte ich meine eigenen Nachforschungen über Claybank an. Er war auf fünf stark frequentierten Dating-Plattformen registriert.

Die Informationen auf allen fünf Seiten waren ähnlich und er hatte ein halbes Dutzend Fotos von sich hochgeladen. Er war weder besonders attraktiv noch besonders unattraktiv. Seine Statur war das einzig Interessante an ihm. Wie Tony gesagt hatte, war er ein großer Kerl. Er behauptete von sich selbst, eins fünfundneunzig groß zu sein und hundertzwanzig Kilo auf die Waage zu bringen. Er war ein ganzes Stück größer und schwerer als ich, aber ich redete mir selbstgefällig ein, dass ich es im Kampf mit ihm aufnehmen könnte, weil er einfach nur viel Masse hatte. Er war professioneller Bodybuilder gewesen und hatte die wenigen Titel, die er gewonnen hatte, aufgelistet. Er trug immer noch die künstliche Bräune, die sein blondes Haar mit den kleinen Löckchen einfach lächerlich aussehen ließ und kleine Kinder erschreckt hätte. Er musste einfach nur seine Muskeln spielen lassen, um seine Gegner in die Flucht zu schlagen, und hatte wahrscheinlich nie wirklich kämpfen müssen. Er könnte bestimmt ein paar harte Treffer landen, aber ich war ziemlich sicher, dass er nicht wüsste, was er tun sollte, wenn sein Gegner nach den ersten paar Schlägen nicht gleich zu Boden ging. Vielleicht besaß er ja auch eine verchromte Waffe.

Ich studierte noch eine Weile die Bilder und Profile und kam zu der Erkenntnis, dass er über diese Dating-Portale wahrscheinlich auch neue Prostituierte anlockte. Die Anzeigen waren unauffällig geschrieben. Er bot sogar gut bezahlte Jobs in seinen Resorts an, wenn die Dates ein Reinfall waren. Vermutlich verkaufte er nebenbei die Leute, die er angeworben hatte, an Bordelle und Hotels und strich das Geld ein, während er gleichzeitig die Operation für die Organisation leitete. Diese Theorie basierte auf nichts weiter als einer zufälligen Beobachtung und ich dachte immer noch darüber nach, als ich aus dem Flieger stieg. Ich mochte mich irren, aber ich hatte nicht das Gefühl, dass ich das tat.

Ein freundlicher älterer Herr in einer gekürzten Chino und einem blauen Baumwollhemd winkte mit einem kleinen Whiteboard mit meinem Namen darauf, als ich in die Lobby trat. Obwohl ich ihn bereits ansah und auf ihn zuging, wedelte er weiter mit dem Schild und rief meinen Namen.

»Tony hat mich geschickt«, erklärte er mit gesenkter Stimme, als könnten wir belauscht werden. »Sie wollen ins Mandarin Oriental, richtig?«

Ich nickte. Er ergriff meine Hand mit beiden Händen und schüttelte sie. Er war aufgeregt, schon fast aus dem Häuschen. Er deutete auf den Ausgang mit der Kennzeichnung ›Kurzzeitparkplatz‹ und ging voraus. Ich folgte ihm.

Er sagte, sein Name sei Gus, während er mir die hintere Tür aufhielt. Das Auto hatte schon mindestens zehn Jahre auf dem Buckel und war dunkelrot – außer dem rechten Kotflügel, der war grün und stammte offenbar von einem anderen Wagen. Auf dem Rücksitz lag eine saubere Decke. Er erklärte, dass er zwei Hunde habe. Ich konnte sie riechen.

»Entschuldigung«, sagte er und stieg auf der Fahrerseite ein. »Ich hätte ja ein schöneres Auto gemietet, aber für eine zehnminütige Fahrt erschien mir das übertrieben.«

Ich stimmte ihm zu. Er holte eine braune Papiertüte aus dem Fußraum auf der Beifahrerseite und reichte sie mir.

»Deswegen hat Tony mich gebeten, Sie abzuholen«, erklärte er, als er den Motor startete. Er rumpelte und stotterte ein paarmal, bevor er lautstark ansprang.

Ich konnte am Gewicht der Tüte erkennen, was sich darin befand. Ich öffnete sie erst, als wir aus dem Parkhaus raus waren, wo es keine Kameras mehr gab. Es war eine leistungsstarke Browning in einem Hüftholster mit zwei Magazinen. Ein Magazin steckte bereits in der Waffe. Das andere war ein geladenes Ersatzmagazin. Es war mehr, als ich brauchen würde.

»Woher kennen Sie Tony?«, fragte ich und steckte die Waffe und die Munition wieder in die Tüte.

»Amalia ist meine Nichte«, erwiderte er und sah mich im Rückspiegel an.

»Hat er Ihnen gesagt, warum Sie mir eine Waffe besorgen sollen?«

»Nein«, lachte er.

Sein herzliches, überlautes Lachen ließ mich schmunzeln. »Ich frage nicht nach Dingen, die man mir nicht sagt. Es sind immer die, die zu viel wissen, die eins aufs Dach kriegen.«

»Sie sind ein weiser Mann, Gus.«

Er drehte das Radio lauter, in dem ein Song lief, den ich nicht kannte, und sang fröhlich mit. Seine Stimme war gar nicht mal schlecht. Er sang immer noch, als wir vor dem Mandarin Oriental vorfuhren und ein verwirrter Portier auf uns zukam und mir die Tür aufhielt.

Ich gab Gus zwei Hundertdollarscheine, die er nach kurzem Zögern annahm.

»Das war eine sehr teure Fahrt in einem beschissenen Auto«, kommentierte der Portier, während wir zusahen, wie Gus davonfuhr.

»Er hat die Stimme eines Engels«, erwiderte ich und entschuldigte mich, um einzuchecken.

Als ich mein Zimmer betrat, war es später Nachmittag. Ich hatte noch drei Stunden, bis ich mich auf den Weg machen würde. Ich hatte einen Wagen gemietet, bevor ich angekommen war, und die Schlüssel zusammen mit einem Zettel des Parkservice lagen bereits auf dem Schreibtisch. Ich bestellte beim Zimmerservice ein Steaksandwich mit zwei Ofenkartoffeln als Beilage und gönnte mir endlich eine richtige Mahlzeit.

Während ich aß, studierte ich die wenigen Informationen, die ich gesammelt hatte. Außerdem suchte ich nach Nachrichtenmeldungen über Gen-Tech. Es gab nicht viel, außer einem kleinen Bericht darüber, dass das Kommunikationssystem für ein paar Stunden ausgefallen war. Die Leichen, die ich hinterlassen hatte, wurden nicht erwähnt. Dann las ich eine Mail von Moore. Er erzählte mir, dass er bei Gen-Tech kündigen würde, sobald er genug Material gesammelt hatte, damit ich Kai reaktivieren konnte. Er konnte mir nicht versprechen, dass Kai wieder ganz der Alte sein würde, aber ich könnte ihn dann zumindest »aufwecken«. Ich beantwortete die Mail nicht. Ich wusste noch nicht, was ich ihm sagen sollte. Wie sollte ich ihm erklären, dass ich nicht wollte, dass die Kiste geöffnet wurde?

In der Hitze von Vegas trage ich eigentlich lieber keinen Anzug, aber Waffen und Munition lassen sich unter einem Jackett einfach besser verstecken. Nachdem ich meine Schulter verbunden hatte, zog ich einen dunkelblauen Anzug und eine rote Krawatte an und fuhr zu dem Fitnessstudio, in das Claybank auf einem der Dating-Portale einlud, um »mich beim Workout mit den Gewichten zu sehen«. Im Anschluss versprach er mehr als nur einen Gesundheitsshake, wenn der Beobachter ihm gefiel. Er war ein schlauer Fuchs, der genau wusste, welche Worte er wählen musste.

Obwohl es fast sieben war, als ich am Fitnessstudio ankam, war es noch hell draußen. Es wies alle modernen Grausamkeiten auf, inklusive riesiger dunkelblauer und grüner Fenster, durch die man den Leuten beim Trainieren zusehen konnte. Pure Power stand in geschwungenen Neonbuchstaben auf einem Metallschild. Das Fitnessstudio befand sich in einem kleinen Einkaufszentrum, in dem es außerdem noch eine Bäckerei, ein Immobilienbüro, einen Spirituosenladen und ein Thai-Restaurant gab. Der Parkplatz war zur Hälfte belegt. Der meiste Betrieb herrschte in der Bäckerei und dem Thai-Restaurant. Das Fitnessstudio war nicht überfüllt, aber ich konnte Claybank durchs Fenster nicht entdecken. Er musste drin sein, sein geliebter Mercedes stand vor dem Gebäude, halb in einer Feuerwehreinfahrt, wo er vor der Sonne geschützt war.

Zweiundvierzig Minuten später kam er heraus. Er sah genauso aus wie auf seinen Profilbildern, nur seine Lockenmähne war geglättet und nach hinten gekämmt. Die Stylingprodukte, die es in Form hielten, glänzten im Licht der untergehenden Sonne. Er trug ein übergroßes Muskelshirt, das seine Arme und durch die tiefen Armausschnitte auch die Hälfte seines Oberkörpers zeigte, und graue Sweatpants, die über seinen dicken Waden spannten. Über eine Schulter hatte er eine Sporttasche geschlungen. Er trug eine Designersonnenbrille und ging beschwingt und fröhlich zu seinem Auto. Als er am Schaufenster vorbeikam, winkte er jemandem im Inneren zu und zeigte ihm ein Daumen hoch. Er war nicht bewaffnet. Das hatte ich auch nicht erwartet.

Ich folgte ihm, immer im Abstand von ein oder zwei Autos. Kurz bevor wir in eine Wohngegend einbogen, war die Sonne tief genug gesunken, dass die Straßenlaternen angingen. Nach ein paar Abbiegemanövern fuhr er in eine Einfahrt in einer Reihenhaussiedlung. Es gab viele Bäume, aber die Häuser sahen alle identisch aus. Nur die Außenverkleidung aus Plastik wechselte zwischen drei Brauntönen. Er parkte den Wagen und stieg aus, die Sporttasche hatte er wieder über die Schulter geschlungen und eine Laptoptasche in der Hand. Ich parkte auf der gegenüberliegenden Seite am Straßenrand und stieg ebenfalls aus.

Ich wusste nicht, ob noch jemand anders im Haus war. Ich ging nicht davon aus – es sei denn, er hielt seine früheren Dates dort gefangen. In seinem Dating-Profil war keine bessere Hälfte angegeben, aber andererseits hätte er vermutlich nicht viele Dates klarmachen können, wenn er in seinem Hauptwohnsitz mit jemandem zusammengelebt hätte. Ich vermutete, dass er seine Verabredungen hierherbrachte, statt mit ihnen in ein Hotel zu gehen.

Mit einer Faust hämmerte ich gegen die Tür, während ich in der anderen die Waffe hielt. Ich konnte hören, wie seine schweren Schritte die Treppe herunterkamen. Ich hatte ihn auf dem Weg nach oben erwischt. Außerdem konnte ich ihn fluchen hören, als er an die Tür kam.

»Ich bin heute Morgen versehentlich mit meinem Fahrrad an ihrem Auto entlanggeschrammt, Sir …«, begann ich. »Es tut mir wirklich leid – es ist nur ein ganz kleiner Kratzer. Ich wollte Ihnen Bescheid sagen, aber Sie waren schon weg, als ich zurückkam …«

Er fluchte noch lauter. Als er die Tür öffnete, schob ich die Waffe unter sein Kinn und drängte ihn ins Haus. Er war so überrumpelt, dass er gar nicht reagieren konnte. Ich hatte keine Schwierigkeiten, ihn unter Kontrolle zu halten.

»Ich weiß, Sie sind ein Stück größer als ich«, sagte ich und schlug die Tür hinter mir zu, »aber vertrauen Sie mir, wenn ich Ihnen versichere, dass Sie nicht stärker sind als mein Zeigefinger am Abzug. Setzen Sie sich.«

Ich legte eine Hand auf seine Brust und schob ihn zurück. Seine ursprüngliche Benommenheit war verflogen. Er wirkte verwirrt, als er mit erhobenen Händen rückwärtsging und sich auf ein schwarzes Ledersofa setzte, das gleich rechts von der Tür zum Arbeitszimmer stand.

»Ist schon in Ordnung«, beschwichtigte er. »Wir können doch darüber reden. Da brauchen wir doch keine Waffe, Kumpel.«

»Der Boss hat mich geschickt«, erwiderte ich. Es war eine spontane Idee, um ihm ein paar Antworten zu entlocken, statt sie aus ihm herauszuprügeln. In einer Wohnsiedlung musste ich vorsichtig sein, damit niemand die Polizei rief. Ich hatte keinen Schalldämpfer an der Waffe und die Nachbarn waren nur ein paar Meter entfernt.

Erst weiteten sich seine Augen, dann verengten sie sich wieder. »Weshalb?«

»Die Buchhaltung schickt mich«, erklärte ich. »Und je nachdem, was ich finde, auch die Personalabteilung.«

Er senkte seine Hände und faltete sie. Er war noch nicht beunruhigt, aber er wirkte besorgt.

Ich lehnte mich gegen den Türrahmen und sprach von dort mit ihm. »Der Boss mag es nicht, wenn Sie Ihre eigenen Nutten ins Haus einschleusen oder irgendwelche Treffen außerhalb vereinbaren und die Kohle selbst einstreichen.«

Er leugnete es nicht sofort rundheraus und ein paar Sekunden, nachdem der Moment verstrichen war, erkannte er auch selbst, dass er seine Chance vertan hatte. Endlich wirkte er verängstigt. Ein dünner Schweißfilm erschien auf seiner Oberlippe und an seinen Schläfen.

»Nein …«, war alles, was er nach ein paar Augenblicken hervorbrachte. »Welcher …?«

»Welcher der drei mich geschickt hat?«, fragte ich. »Spielt das eine Rolle? Es ist schon mehr als dämlich, kaum verschleierte Stellenanzeigen auf Ihren Dating-Seiten unterzubringen.«

Er blickte auf seine Hände. Er hatte angefangen zu zittern. Es war ein seltsamer Anblick, wie jemand so Großes zitterte wie ein Hund, den man im Winterregen ausgesetzt hatte. Ich amüsierte mich köstlich.

»Woher … weiß ich, ob Sie …?«, stotterte er, als hätte er all seine Willenskraft und all seinen Mut in diesem einen Moment aufgebraucht. Er beendete den Satz nicht.

»Rufen Sie doch an«, sagte ich. Ich zog mein Telefon aus meiner Tasche und warf es ihm zu. Er fing es auf, hielt es aber, als würde es seine Hände verbrennen. »Vielleicht erwischen Sie ja denjenigen, der mich geschickt hat. Vielleicht erwischen Sie auch einen der anderen beiden, die mir einfach sagen werden, dass ich ein gesamtes Magazin in Sie entleeren soll, nachdem Sie ihnen erklärt haben, warum ich hier bin.«

Er legte das Telefon auf den Beistelltisch und kaute auf seinen Nägeln. »Es waren nur ein paar«, beteuerte er. »Ich hab ein paar Hunderter verdient …«

»Solange Sie nicht zugeben, dass Sie Gelder vom Hauptkonto unterschlagen haben«, entgegnete ich, »denke ich nicht, dass Ihr Gehalt für Ihr Cabrio, die Designerkleidung oder die Essen in Sternerestaurants ausreicht.«

Ich trat näher auf ihn zu und setzte mich auf die Tischkante. Er atmete schwer – er hyperventilierte noch nicht, war aber kurz davor. Ich ließ ihm seinen Panikanfall und wartete, bis er sich weit genug beruhigt hatte, um mich anzusehen.

»Ich kann Sie bezahlen«, sagte er und Hoffnung stand in seinen geweiteten Augen. »Was auch immer Sie für diesen Job kriegen, ich gebe Ihnen das Dreifache. Lassen Sie mich einfach meine Sachen packen und geben Sie mir zwei Tage Vorsprung …«

»Alfred«, erwiderte ich und schüttelte den Kopf. »Wie gesagt bin ich hier, um eine kleine Abweichung zu untersuchen. Sie müssen nicht wegrennen und sich einen neuen Job suchen, wenn ich dem Boss nur erkläre, dass Sie zu blöd sind, um zu verstehen, was ein Interessenkonflikt ist.«

»Ja! Ja! Genau!«, rief er mit kindischer Begeisterung. »Ich kann Sie bezahlen!«

»Ich will etwas anderes als Geld.«

Er blinzelte und nickte energisch.

»Ich muss bei jemandem, der mir sehr nahesteht, eine große Schuld begleichen«, erklärte ich und hob mein Handy auf. Ich rief ein Foto von Pete auf, das ich in der Bildergalerie gespeichert hatte, und reichte es ihm. »Ich muss diesen Jungen finden.«

Er sah das Foto an. »Den hab ich noch nie gesehen.«

»Haben Sie von einem Typen namens James Bianchi gehört, der mal für die Organisation gearbeitet hat? Er müsste für Sicherheit und Ordnung zuständig gewesen sein.«

Wieder schüttelte er den Kopf.

»Dann warten einige Hausaufgaben auf Sie«, sagte ich. »Ich muss wissen, für wen in der Organisation Bianchi gearbeitet hat und ob diese Person in den letzten sechsunddreißig Stunden neue Ware erhalten hat – diesen Jungen.«

»Wir reden nicht wirklich miteinander …«, begann er.

»Dann haben Sie nichts, was ich will«, unterbrach ich ihn. »Sie finden unauffällig diesen Namen für mich heraus und ich sehe zu, dass sich diese ganze Geschichte in nichts auflöst. Wenn Sie den Jungen finden – noch besser. Dann lege ich beim Boss ein gutes Wort für Sie ein, wenn ich ihm berichte, und sehe zu, dass Sie eine Beförderung bekommen.«

Er fuhr sich mit den Fingern durch sein stark gegeltes Haar und löste dabei einige Strähnen.

»Sie haben vierundzwanzig Stunden«, erklärte ich und steckte die Waffe zurück in das Holster. »Wenn Sie versuchen wegzulaufen, wird der Boss das als Schuldeingeständnis auffassen. Hunderte Leute wie ich werden nach Ihnen suchen. Erledigen Sie das und alles läuft wie immer.«

Er seufzte schwer und nickte. »Wo kann ich Sie finden?«

»Wir treffen uns zum Abendessen«, lächelte ich. »Im Picasso im Bellagio. Bei Ihrer Vorliebe für gutes Essen sind Sie dort wahrscheinlich Stammkunde. Reservieren Sie uns einen Tisch um sechs.«

Ich stand auf und richtete meine Ärmel. »Wenn irgendjemand Wind von der Sache bekommt – der Boss oder jemand, den Sie für die Informationen ausquetschen müssen –, ist der Deal vom Tisch. Dann werde ich den Job zu Ende bringen und ich kann Ihnen versprechen, ich werde Sie finden.«

Er nickte wieder. Er brachte mich nicht hinaus oder wünschte mir eine gute Nacht, als ich zur Tür ging.

Vier Stunden lang beobachtete ich sein Haus und sein Auto. Wenn er hätte versuchen wollen, die Stadt zu verlassen, hätte er es längst getan.

Das Haus war still. Als ich schließlich zum Hotel zurückfuhr, war das Arbeitszimmer, in dem wir unsere kleine Unterhaltung geführt hatten, noch immer hell erleuchtet.

Einen Großteil des nächsten Tages verbrachte ich damit, Claybank zu verfolgen und ihn aus der Entfernung zu beobachten. Ich wollte nicht, dass er die Stadt verließ, sollte er doch noch die Nerven verlieren. Ich würde ihn töten müssen, wenn alles zum Teufel ging.

Ich beobachtete, wie er in sein Büro ging, das sich in einem der Bordelle befand. Es sah aus wie ein Gewerbebau mit grauer Fassade und getönten Scheiben. Er kam um zehn dort an und blieb bis drei. Ich zählte dreiundfünfzig Personen, die rein- und rausgingen, die meisten von ihnen Freier.

Ich folgte ihm zum Fitnessstudio. Er hatte immer noch das Sweatshirt und die Hose an, die er an diesem Morgen im Büro getragen hatte. Nachdem er seine Sporttasche aus dem Kofferraum geholt hatte, ging er hinein. Er wirkte nicht sonderlich nervös und wenn er sich wegen etwas Sorgen machte, zeigte er es nicht.

Ich rief im Picasso an, während ich Claybank durch die Fenster beobachtete. Er lächelte und flirtete mit einer attraktiven Empfangsdame in einem engen grünen T-Shirt, das das Logo des Fitnessstudios trug, und einem Paar dazu passender Shorts. Ich erhielt die Bestätigung, dass Claybank tatsächlich um sechs einen Tisch für zwei reserviert hatte.

»Guter Mann«, sagte ich und startete den Wagen. Ich fuhr zurück zum Hotel, um zu duschen und mich umzuziehen.

Ich war fünfzehn Minuten zu früh im Picasso. Obwohl ich mir nicht vorstellen konnte, dass Claybank über die Ressourcen verfügte, um in einer so kurzen Zeit und an einem so öffentlichen Ort einen Killer auf mich anzusetzen, war ich aus Macht der Gewohnheit früh da, um das Restaurant zu überprüfen und mir das Personal und die anwesenden Gäste anzusehen. Der Gästestrom hatte noch nicht eingesetzt. Der Laden hatte erst um halb sechs geöffnet.

Nachdem ich sichergestellt hatte, dass sich unter den Angestellten und den Gästen kein Killer befand, bat ich darum, an unseren Tisch gebracht zu werden. Ich wurde in eine kleine Ecknische im hinteren Bereich geführt, in der es nur einen Nachbartisch gab. Ein Vorhang, der momentan mit einer dicken Seidenkordel mit Troddeln zusammengebunden war, konnte zugezogen werden, um so wenigstens etwas Privatsphäre zu gewährleisten. Ich bat den Oberkellner, den anderen Tisch für mich zu reservieren. Er zögerte, bis ich ihm sechshundert Dollar zusteckte.

Claybank traf um fünf vor sechs ein. Er hatte sich in einen maßgeschneiderten Anzug geworfen, der seine muskulösen Arme und Beine umschmeichelte. Dieser Mann wusste, wie wichtig der richtige Auftritt war. Das Lächeln, das er mir zuwarf, war breit genug, dass ich sehen konnte, wie makellos seine Kronen waren. Beiläufig und lässig schlüpfte er in die Nische. Es wirkte fast, als wären wir seit Ewigkeiten befreundet.

»Warum wusste ich, dass Sie vor mir hier sein würden?«, fragte er.

Ich nickte nur. Er winkte einer sehr aufmerksamen Kellnerin, die sofort zu uns herübereilte. Bevor sie den Tisch erreicht hatte, bestellte Claybank eine Flasche des besten Weins des Hauses und zwei Gläser. Ich korrigierte die Bestellung auf ein Glas und ein Mineralwasser.

»Ah«, machte Claybank und berührte seine Kehle. »Können Sie deswegen nichts trinken?«

»Ich kann schon«, antwortete ich. »Ich will nicht. Wenn ich mir ansehe, wie gut gelaunt und pünktlich Sie zu dieser Verabredung erschienen sind, gehe ich davon aus, dass Sie die Informationen haben, die ich will.«

»Aber sicher!«, sagte er. »Es hat mich zwanzigtausend und das Versprechen, mehrere Monate Kostproben aus dem Katalog zu bekommen, gekostet, aber alle reden, wenn es um Geld und Gefallen geht.«

»Das freut mich zu hören, Alfred.«

Er sah aus, als würde er mich korrigieren und mich bitten wollen, ihn nicht beim Vornamen anzureden. Ich wusste, dass er den Namen Alfred nicht mochte und lieber mit seinem zweiten Vornamen, Laurent, angesprochen werden wollte. Doch er sagte nichts. Ich hätte ihn allerdings auch nicht Laurent genannt, selbst wenn er mich darum gebeten hätte. Er sah einfach nicht aus wie ein Laurent.

»Er hat für einen Kerl in Nordkalifornien gearbeitet, dessen Gebiet von San Francisco bis Seattle reicht. Sebastian DeSoto. Er hat sein Hauptquartier im Geschäftsviertel von Oakland, obwohl er eigentlich von San Francisco aus operiert.«

»Ist er noch dort?«

»Ja. Er kontrolliert die Bay Area, die Bürgermeister und die Cops. Warum sollte man ein so nettes Arrangement aufgeben?«, fragte er mit einem Grinsen. »Es gibt zwei große Flughäfen in der Nähe, auf denen das Unternehmen Privatmaschinen stehen hat. Das macht das Abholen und Abliefern von neuer und alter Ware leichter. Die machen eine Menge Geschäfte mit Asien.«

Auf dem Tisch brannte ein Docht in einer kleinen Schale mit Öl. Daneben stand eine rote Kristallvase mit zwei frisch geschnittenen Sonnenblumen. Ich konzentrierte mich auf das sanfte Flackern der Flamme, während er sprach. Irgendwie brauchte ich etwas, woran ich mich festhalten konnte, während ich Claybank zuhörte. Wut stieg aus meinen Eingeweiden langsam in meine Kehle auf.

Claybanks Lächeln verblasste. Was immer er hatte sagen wollen, die Kellnerin, die in diesem Moment mit dem Wein in einem silbernen Sektkühler an den Tisch kam, verschaffte ihm eine Verschnaufpause. Wir schwiegen, während sie mein Mineralwasser mit einer Limettenscheibe vor mich stellte. Als sie den Kühler und das Glas absetzte, erklärte Claybank, dass er sich selbst einschenken würde, und schickte sie weg.

»Denken Sie, dass der Junge dort ist?«, fragte er mit gesenkter Stimme.

Ich beantwortete seine Frage nicht. Stattdessen fragte ich nach Details über DeSoto. Er betete die Adresse in Downtown herunter, wo DeSoto ein Büro unterhielt.

»Sie müssen ihn nicht treffen, um den Jungen zu finden«, sagte er und schenkte sich ein Glas Merlot ein. »Sie wissen, wie das Unternehmen funktioniert.«

Ich beugte mich vor und lächelte ihn an. »Stellen Sie sich vor, ich weiß absolut nichts. Ich bin nur ein Waffenschwinger, der ein paar Schulden eintreiben soll.«

»Klar, klar! Sie sind aber kein Bulle, oder?«, fragte er und lachte nervös.

»Sehe ich aus wie ein Bulle?«

Er lachte wieder und trank das halbe Glas Wein in einem Zug aus. »Jeder einzelne Körper ist Ware. Es gibt detaillierte Aufzeichnungen darüber, was rein- und was rausgeht, in der … äh … Buchhaltung. Drei Stühle importiert aus Laos, vier Tische aus Quebec, ein Beistelltisch muss aussortiert werden, weil er nicht länger benutzbar ist und aus dem Inventar gestrichen wird, et cetera, et cetera.«

Er lächelte, während er mir clevere Beispiele nannte. »Solange die Einkommenssteuer bezahlt wird, kümmern sich die Bullen nicht wirklich um uns.« Er zuckte mit den Schultern. »Erst wenn man sich den Anteil des Staates schnappt, haben sie einen am Arsch.«

»Hat keine Bundesbehörde je versucht, ins Möbellager zu kommen?«

»Oh, sicher. Immer wieder«, erwiderte er und schenkte sich nach. »Und dann kriegen sie ein Möbellager zu sehen oder eine Porzellanfabrik oder was zur Hölle das Unternehmen sich sonst einfallen lässt. Nichts weiter als eine Fassade, die die Bundesbehörden oder die Bullen hin und wieder inspizieren können. Genau wie diese von der Mafia geführten Restaurants, die nie für die Öffentlichkeit geöffnet sind, aber trotzdem auf dem Papier eine Menge Geld machen. Nur dass das, was wir machen, natürlich um einiges größer ist und sehr viel mehr Geld den Besitzer wechselt. Was sie an Steuern bezahlen, ist nur ein Taschengeld. Und wenn diese Steuern die Oberen indirekt zu Komplizen machen – umso besser. Das verursacht Bauchschmerzen bei einigen wichtigen Leuten, während unsere Organisation sogar noch geschützter ist.«

Nach dem zweiten Glas war er leicht angetrunken und redete schneller und ungehemmter. Als er sich kein drittes Glas eingoss, übernahm ich das für ihn.

»Erzählen Sie mir von den Inventarbüchern«, sagte ich und schob ihm das Glas zu, bis er es nahm und noch einen Schluck trank.

»Sie werden jeden Sonntag abgegeben …« Er hatte Schwierigkeiten, »Sonntag« auszusprechen, und lallte. »Wir schreiben alles in diese verdammten Bücher. Wer zur Hölle schreibt heutzutage noch irgendwas in Bücher?« Er war inzwischen laut genug, dass er die Aufmerksamkeit einiger Leute auf sich zog. Eine Frau in einem grauen Pelz wandte sich von ihrer Dinnerbegleitung ab und warf uns einen missbilligenden Blick zu. »U… Und dann … verschicken wir sie per Kurier.«

»Es ist immer schön, physische Beweise für die Behörden anzusammeln.«

»Nicht wahr?«, erwiderte er und lachte. »Na ja, jedenfalls konnte ich über diesen … diesen Jungen nichts rausfinden. In den geschäftigeren Organisationen werden jeden Tag Hunderte von ihnen in andere Hurenhäuser gebracht oder verkauft oder nach Übersee verschifft. DeSotos Organisation ist sehr geschäftig. Vielleicht ist ihr Junge schon gar nicht mehr in Kalifornien.«

Er leerte das dritte Glas Wein, das ich ihm eingeschenkt hatte, und machte eine Handbewegung in meine Richtung. »Zeigen Sie mir noch mal das Handy … das Fo… Foto …«

Ich kam seiner Bitte nach. Er betrachtete Petes Foto mit einer eindringlichen Ernsthaftigkeit, während er sich ein weiteres Glas Wein einschenkte.

»Wahrscheinlich wurde er längst verkauft«, vermutete er und schob mir das Telefon wieder zu.

Dieselbe Frau, die uns den Wein gebracht hatte, kam mit den Speisekarten. Noch bevor sie sie uns reichen und das Tagesgericht herunterbeten konnte, bestellte ich es schon zweimal. Sie lächelte mich befangen an und ging.

»Wo sind die Schlachthäuser in DeSotos Gebiet?«

Er schüttelte energisch den Kopf. »Dort ist er nicht.«

»Was, wenn das die Bedingung für diese ... ›Möbelspende‹ gewesen wäre?«

Wieder schüttelte er den Kopf. »DeSoto ist ein verfluchter Geschäftsmann. Nur weil ihm jemand ein Stück erstklassiges Fleisch schenkt und sagt, er soll damit die Armen speisen, heißt das noch lange nicht, dass er es tun wird, nur weil man ihn darum gebeten hat. Scheiße. Ich würde das definitiv nicht machen. Er würde sagen: ›Danke für die Spende‹, und dann so schnell wie möglich den größtmöglichen Profit rausschlagen. Der Junge würde ihm problemlos jeden Monat einen fünfstelligen Betrag einbringen. Er wird ihn ganz sicher nicht ins Schlachthaus stecken, wo er vielleicht einen Tausender pro Woche bringt.«

Ich war beeindruckt von Claybanks offen dargelegten Theorien. Sie ergaben durchaus Sinn. Aber sie brachten auch neue Probleme mit sich, die ich noch nicht bedacht hatte. Wenn Pete verkauft worden war, würde es deutlich schwieriger werden, ihn zu finden – wahrscheinlich würde es in den nächsten zwei Wochen unmöglich zu schaffen sein. Mein Verstand raste und versuchte, diese neuen Informationen zu verarbeiten, als die Kellnerin zurückkam, um unsere Gläser aufzufüllen und uns einen Korb mit frisch gebackenen Brötchen hinzustellen. Claybank bat um eine weitere Flasche Wein, nachdem er ihr gesagt hatte, der »Scheiß« sei »fantastisch«. Sie informierte uns, dass das Essen bald kommen würde, und ging.

Claybank nahm sich ein Brötchen, riss es auseinander und dippte es in das Olivenöl mit Schalotten, das in einem Schälchen danebenstand. Ich hätte mich fast zu einem Kommentar hinreißen lassen, dass Weißbrot für einen Fitnessfreak eine Todsünde sei, aber ich stellte mir lieber vor, wie er morgen früh aufwachte und sich selbst hasste, weil er Brot zum Abendessen gegessen hatte.

»Wie komme ich an diese Aufzeichnungen, um den Eintrag zu finden, nach dem ich suche?«

Er hatte sich den Mund vollgestopft und war schon bei seinem zweiten Brötchen. »Das Brot ist gut«, bemerkte er, nachdem er heruntergeschluckt hatte. »Keine Chance. Der Scheiß ist kodiert. Nicht mal ich kann das lesen. Die Zahlen werden jemandem übergeben, der sie dann kodiert. Sie denken doch nicht, dass sich die Bullen einfach so einen der Kuriere schnappen könnten und so an die Bücher kämen?«

»Dann ist es auch völlig sinnlos, mir von den Aufzeichnungen zu erzählen.«

Er zuckte mit den Schultern. »Sie haben danach gefragt.«

Er stopfte das Brot in sich hinein, als wäre es seine erste Mahlzeit seit Tagen. Vielleicht machte ihn aber auch einfach der Alkohol hungrig. Er leerte den Korb und winkte damit bereits nach einem Kellner.

»Dann verschaffen Sie mir ein Treffen mit DeSoto«, entschied ich, nachdem ich meine Optionen durchgegangen war.

»Was?«

»Rufen Sie ihn an und bitten Sie ihn um einen Gefallen. Sagen Sie ihm, dass ein sehr guter Freund von Ihnen in die Bay Area zieht und für sein Unternehmen arbeiten will. Er fängt auf jedem Posten an, auch wenn er dafür überqualifiziert ist, solange er nur für dieses wundervolle Unternehmen arbeiten kann. Er würde sich sehr über ein Vorstellungsgespräch freuen.«

Ein Kellner kam und ersetzte den leeren Brotkorb durch einen vollen. Claybank hatte sich schon darauf gestürzt, bevor der Kellner weg war.

»Warum können Sie nicht einfach zu ihm gehen und ihm erklären, wer Sie sind? Er würde sie empfangen.«

Ich nahm den Merlot und leerte die Flasche. Sein Glas war randvoll. »Weil ich, im Gegensatz zu meinem Besuch bei Ihnen, keinen Grund habe, ohne einen Termin bei ihm aufzukreuzen.«

Er nahm den Wein und nippte daran. Er bemühte sich, es langsamer angehen zu lassen, obwohl er innerhalb von fünfunddreißig Minuten eine Flasche Wein und fünf Brötchen vernichtet hatte.

»Ihnen ist doch wohl klar, dass ich nicht wirklich für ihn arbeiten will. Ich will eine Gelegenheit, ihn von Angesicht zu Angesicht zu treffen.«

»Denken Sie, dass er Ihnen einfach so verraten wird, wo der Junge ist?«

Ich lächelte ihn an. »Machen Sie sich darum keine Sorgen, Alfred. Ich habe das Talent, jeden dazu zu bringen, mir zu sagen, was ich wissen will.«

Das Essen kam und die Frau, die uns bedient hatte, trug eine weitere Flasche Wein im Arm. Das Essen wurde von zwei ausdruckslosen Kellnern auf Silbertabletts und unter silbernen Gloschen serviert. Nachdem sie die Gloschen angehoben hatten, gingen sie und nahmen sie mit. Die Frau nahm die leere Weinflasche aus dem Kühler und ersetzte sie durch die volle. Nachdem sie sich erkundigt hatte, ob wir noch einen Wunsch hätten, ging sie ebenfalls. Niemand blieb, um uns zu erzählen, was man uns serviert hatte. Es war Wachtel gefüllt mit Pilzen und Trüffeln.

»Rufen Sie ihn an. Ich würde ihn gern morgen sprechen.«

Er knabberte an einer Stange angeröstetem Spargel, die er mit den Fingern aß.

»Jetzt?«

»Jetzt.«

Er dachte darüber nach, während er einen Drilling aß. Er wischte sich die Hände an der Stoffserviette ab und zog sein Handy heraus. Ich fing mit dem Essen an, während er ein paar Anrufe tätigte. Zunächst rief er jemanden an, um DeSotos Nummer in Erfahrung zu bringen. Er wählte die Nummer und erreichte DeSotos Assistentin. Ich hatte nicht erwartet, dass DeSoto das Gespräch persönlich entgegennehmen würde. Es folgte eine Menge Süßholzraspeln und Komplimente. Wahrscheinlich sprach Claybank so auch mit seinen Dates, um sie in einer falschen Sicherheit zu wiegen, bevor er sie in die Prostitution lockte. Er war ein guter Betrüger. Obwohl er im Augenblick betrunken war und Probleme bei der Aussprache einiger Worte hatte, kamen ihm in seiner Rolle die Worte flüssig über die Lippen. Sie war so gut einstudiert, dass sie ihm zur zweiten Natur geworden war. Ich war minimal beeindruckt.

Ich aß die Beilagen, bevor ich mich über die Wachtel hermachte. Währenddessen sprach er mit einer dritten Person. Ständig wurde er weitergeleitet. Ich legte mein Besteck hin, als ich erkannte, dass er endlich DeSoto selbst am Telefon hatte. Claybanks Tonfall hatte sich verändert. Seine Sätze waren nicht länger mit Kosenamen übersät.

»Sagen Sie ihm, dass ich mit Bianchi zusammengearbeitet habe«, sagte ich, »bevor Bianchi bei ihm angefangen hat.«

Es entstand ein Moment der Unsicherheit, bevor er den Satz stotterte, den ich ihm gerade vorgegeben hatte. Er schien genauer zuzuhören – vielleicht musste er sich nach einer ganzen Flasche Wein stärker konzentrieren oder vielleicht war DeSoto auch nicht so leicht um den Finger zu wickeln. Es folgten einige weitere Male »Ja« und »Okay, sicher«, bevor Claybank endlich auflegte. Seine Hände zitterten leicht, als er das Handy beiseitelegte. Bevor er das Wort ergriff, leerte er das gesamte Weinglas.

»Er hat gesagt, Sie sollen ihn in seinem Büro in Downtown, im Finanzdistrikt treffen«, erklärte er und brach die zweite Flasche Wein an. »Um zwei Uhr.«

»Guter Mann«, lobte ich.

»Heißt das, dass Sie mich vom Haken lassen?«

»Wenn Sie Ihre Bude sauber halten und nie wieder Ihre Dates ins Geschäft schleusen. Ich kann Ihnen versichern, der Nächste, der herkommt, um sich das genauer anzusehen, wird nicht so nett sein wie ich.«

Er nickte.

»Und wenn ich Sie wäre, würde ich niemals irgendjemandem gegenüber erwähnen, dass Sie mich getroffen haben.« Ich beugte mich näher zu ihm. »Nur einer der Bosse, Sie und ich wissen von dieser … *Überprüfung*. Wenn Sie sie erwähnen, könnten die anderen beiden davon Wind bekommen … und den Fall vielleicht wieder aufrollen.«

Er nickte wieder. Trotz seiner Größe, seiner Bräune und seines teuren Anzugs wirkte er wie ein übergroßes Kind, das kurz davor war, in Tränen auszubrechen.

Ich glitt aus der Nische und knöpfte mein Jackett zu. »Es war mir eine Freude, Geschäfte mit Ihnen zu machen, Alfred. Ich bin froh, dass wir beide einen Vorteil aus diesem Deal ziehen konnten. Das hätte eine sehr unangenehme Situation werden können.«

Er blickte zu mir auf, schwieg aber. Ich verabschiedete mich und ging. Als ich einen schnellen Blick zurückwarf, bevor die Türen des Restaurants sich hinter mir schlossen, bemerkte ich, dass er mir immer noch hinterherstarrte.

Kapitel 11

Ich fuhr nach Norden und mietete mich in einem annehmlichen Boutique-Hotel ein, das drei Blocks von DeSotos Büro entfernt war. Anschließend fuhr ich an dem Gebäude vorbei, um einen Blick darauf zu werfen. Mitten in der Nacht, wenn die Gegend nur von ein paar Straßenlaternen beleuchtet wurde, wirkte es wahrscheinlich nicht so imposant, wie es hätte sein sollen. Es sah aus wie jedes andere Gebäude in der Gegend, die nur durch hochwertige, subtile Plaketten voneinander zu unterscheiden waren. DeSoto Financial Services teilte sich ein bescheidenes Hochhaus mit vielleicht fünfzehn Stockwerken mit einer internationalen Bank. Obwohl es fast drei Uhr morgens war, wurde in der oberen Hälfte des Gebäudes noch gearbeitet – die meisten Fenster waren erleuchtet. Ich vermutete, dass sie DeSoto gehörten. Begleiter für einsame Männer und Frauen zu arrangieren war eine Rund-um-die-Uhr-Verantwortung.

Ich wurde bereits in der Lobby erwartet, als ich zwanzig Minuten zu früh zu meinem Termin erschien. Die Browning hatte ich im Hotelsafe gelassen. Auch wenn ich mich fühlte, als würde ich barfuß in eine Schlangengrube treten, als ich das Gebäude betrat, wusste ich auch, dass ich durchsucht werden würde, bevor ich DeSoto treffen durfte. In der Regel wird es als unhöflich angesehen, Waffen zum Vorstellungsgespräch mitzubringen.

Eine sehr junge und attraktive Schwarze in einer blauen Seidenbluse, die gerade so weit aufgeknöpft war, dass sie ihre Schlüsselbeine und eine Goldkette offenbarte, stand am Empfangstresen, als ich das Gebäude betrat. Der schwarze Bleistiftrock, den sie trug, war ablenkend eng. Obwohl sich noch zwei bewaffnete Sicherheitsleute in der Lobby aufhielten und eine weitere Rezeptionistin am Tresen saß, war sie die Einzige, die Blickkontakt mit mir aufnahm, als ich durch die Flügeltüren trat. Ihr Lächeln wurde breiter, als ich näher kam – ihre schimmernden roten Lippen waren die zweite Sache, die mich ablenkte. Ich erwiderte ihr Lächeln.

»Mr Lynch?«, fragte sie, als ich nur noch ein paar Schritte entfernt war. Die anderen drei machten sich nicht einmal die Mühe, zu mir aufzublicken.

Ich nickte. Ihr Lächeln wurde sogar noch strahlender und offenbarte gerade und makellos weiße Zähne. Sie war wahrscheinlich eins von DeSotos Vorzeigemodellen und stand auf der ganz teuren Seite des Menüs – wenn sie überhaupt Teil dieser Seite des Geschäfts war.

»Mein Name ist Nadine«, sagte sie. Sie reichte mir nicht die Hand. »Mr DeSoto hat mich gebeten, Sie in sein Büro zu begleiten.«

»Ich bin sehr früh dran.«

»Das wird Mr DeSoto freuen«, erwiderte sie und deutete nach rechts. Ich folgte zwei Schritte hinter ihr. Ihre Schritte waren sehr präzise, wie ich bemerkte, als ich ihren Hintern bewunderte. Wahrscheinlich hatte sie Lauftraining bekommen oder früher auf dem Laufsteg gearbeitet.

Wir sprachen kein Wort, bis wir den Fahrstuhl betreten hatten. In dem engen, abgeschlossenen Raum konnte ich ihr Parfüm riechen. Sie drückte auf die Fünfzehn.

Ansonsten gab es auf dem gesamten Bedienfeld nur noch einen weiteren Knopf, B2 – wahrscheinlich die Tiefgarage. Wir befanden uns in DeSotos Privataufzug.

»Falls Sie eine Waffe bei sich tragen, informieren Sie bitte so schnell wie möglich die Sicherheitsleute. Sollten Sie das nicht tun, werden Sie eher unsanft aus dem Gebäude entfernt«, erklärte sie. Sie strahlte unverändert. »Mr DeSoto ist sehr eigen, was Unterhaltungen angeht. Er stellt die Fragen. Sie werden nur welche stellen, wenn er es Ihnen ausdrücklich gestattet.«

»Bekomme ich ein Safeword?«

»Er mag auch keine Leute, die sich für witzig halten«, sagte sie. Der Fahrstuhl hielt an. Bevor die Türen sich öffneten, sagte sie in einem leiseren, anderen Tonfall: »Stimmen Sie einfach allem zu, was er sagt. Wenn Sie keine Fragen stellen, hat er nichts, wonach er Sie beurteilen kann, außer dass Sie sehr gefügig sind.«

»Er bevorzugt es also, wenn seine Hunde schön abgerichtet sind«, stellte ich fest.

»So was in der Art«, erwiderte sie. Die Tür öffnete sich. Sie winkte mir kurz zu, als ich aus dem Fahrstuhl trat. »Viel Glück, Mr Lynch.«

Das gesamte Stockwerk war für DeSoto reserviert. Bewaffnete Sicherheitsleute waren einen Meter entfernt von dem Fahrstuhl, aus dem ich gerade gestiegen war, postiert. Das Sicherheitsteam bestand aus vier Mann mit 9-Millimetern, Funkgeräten, Schlagstöcken, Handschellen und Tränengas. Sie standen teilweise hinter einer dicken, wahrscheinlich kugelsicheren Glaswand.

Ich erklärte ihnen, wer ich war, und ergänzte im gleichen Atemzug, dass ich unbewaffnet war. Sie filzten mich trotzdem und untersuchten mich mit einem Metalldetektor. Nachdem sie einigermaßen überzeugt waren, dass ich nicht bewaffnet oder verwanzt war, begleitete mich einer von ihnen in DeSotos Hauptbüro, das sich am anderen Ende des Stockwerks befand. Wir kamen an mindestens einem Dutzend verschlossenen, dunklen Räumen vorbei, aus denen kein Geräusch drang, bevor wir aus dem Gang traten. Ich wurde in einen Raum geführt und der Sicherheitsmann erklärte mir, ich solle dort warten.

»Warten Sie fünf Minuten, klopfen Sie und treten Sie nur ein, wenn Sie hereingebeten werden«, sagte der Wachmann und ging. Er ließ mich in einem gigantischen Empfangszimmer ohne Empfangsdame zurück. Mir gegenüber gab es eine Tür, von der ich vermutete, dass sie in DeSotos Büro führte. Aus drei Lautsprechern an der Decke drang klassische Musik. Zwei italienische Ledersofas und drei dazu passende Sessel waren die einzigen Möbel im Raum. In gleichmäßigen Abständen hingen Bilder an der Wand. Vier erkannte ich aus Magazinartikeln. Sie waren für zweistellige Millionenbeträge bei Christie's versteigert worden.

Ich studierte ein Bild von Peter Paul Rubens, als DeSoto sein Büro verließ und so leise auf mich zukam, dass ich ihn erst bemerkte, als er mich ansprach.

»Das habe ich mir in einem Bieterkrieg mit einem deutschen Industriellen gesichert«, erklärte er. »Hat mich fünfzehn Millionen mehr gekostet, als es eigentlich hätte kosten sollen.«

DeSoto war ganz anders, als ich erwartet hatte. Er war ein älterer Herr, fast zwanzig Jahre älter als ich. Er trug einen gepflegten Schnurrbart und sein elegant frisiertes Haar war von grauen Strähnen durchzogen. Es war nach hinten gekämmt und wirkte frisch geschnitten. In seinen Augenwinkeln bildeten sich Krähenfüße, doch sie ließen ihn nicht älter wirken, sondern verliehen ihm einen Ausdruck von Intelligenz.

Er wirkte wie ein Mann, der auf sich achtete, statt es seinem Reichtum allein zu überlassen. Er war in jeder Hinsicht das komplette Gegenteil von Claybank. Während er kaum einen halben Meter von mir entfernt stand, überarbeitete ich bereits, wie ich mit DeSoto umgehen würde.

»Einem Gemälde, das nur eine Handvoll Leute jemals zu Gesicht kriegen, ein solches Preisschild anzuhängen widerspricht irgendwie der eigentlichen Bedeutung von Kunst«, sagte ich.

»Wenn man genug Geld hat, um sich eine solche menschliche Errungenschaft leisten zu können«, erwiderte er und drehte sich um, »schert man sich vermutlich nicht mehr wirklich darum, in welche Richtung der moralische Kompass zeigt.«

»Touché.«

Er streckte mir seine Hand hin. Seine Nägel waren manikürt. Am Mittel- und Zeigefinger seiner linken Hand trug er zwei Silberringe. Er trug einen dunkelbraunen Kaschmirpullover über einer schwarzen Anzughose.

Als sich seine rechte Hand bewegte, erkannte ich die Form einer Waffe an seiner rechten Hüfte. Er hatte ein scharfes Auge. Sofort wusste er, dass ich sie entdeckt hatte, und grinste. Ich schüttelte seine Hand und ließ sie dann los.

»Man kann niemandem trauen«, erklärte er. »Nicht einmal den bewaffneten Männern, deren Gehaltsschecks ich unterschreibe.«

Ich nickte nur, obwohl ich mir sicher war, dass er die Waffe eher für Leute trug, die nicht für ihn arbeiteten. Ich stellte keine Fragen. Es spielte keine Rolle.

Er deutete auf zwei Sessel, die unter einem Panoramafenster zusammenstanden. Ich setzte mich in den einen, während er den anderen ein Stück wegzog und so drehte, dass er mich ansehen konnte. Dann setzte er sich ebenfalls. Ich erkannte, dass er mich testete. Er blieb in meiner Nähe, um meine Reaktion auf ihn einzuschätzen. Vielleicht war das Teil seines Auswahlverfahrens, aber jemand wie er führte in der Regel keine Vorstellungsgespräche. Er machte nur wegen meiner Verbindung zu Bianchi eine Ausnahme.

Ich wartete darauf, dass er das Wort ergriff, und nachdem einige Augenblicke vergangen waren, ohne dass einer von uns gesprochen hatte, sagte er schließlich: »Wollen Sie mir nicht verraten, warum Sie eine gehörige Degradierung hinnehmen wollen, nur um hier zu arbeiten?«

»Mir wurde geraten, nur zu sprechen, wenn ich gefragt werde.«

Er lachte. Es war ein hartes Lachen. So klang er wahrscheinlich, während er Kätzchen und Hundebabys in einen riesigen Fleischwolf warf.

»Ich bin mir für keinen Job zu schade«, erklärte ich. »Ich weiß, was ich wert bin, selbst wenn meine Arbeitgeber wollen, dass ich damit anfange, den Müll rauszubringen oder den Boden zu wischen.«

»Dom Ishikawa hat gesagt, Sie wären einer seiner besten Männer gewesen.«

»Sie haben meinen Hintergrund durchleuchtet«, stellte ich fest. Ein sehr vorsichtiger Geschäftsmann mit guten Kontakten. Nicht viele Leute wussten, dass ich für Ishikawa gearbeitet hatte, bevor ich mich selbstständig gemacht hatte, oder dass er der wahre Eigentümer der Dragon Lady war.

»Ich musste sichergehen, dass es wirklich einen Vincent Lynch gibt, wenn er schon seine Beziehungen spielen lässt, um ein Treffen mit mir zu arrangieren.«

»Natürlich«, sagte ich.

»Sie haben eine interessante Wunde am Hals«, bemerkte er. »Ist das ein Indiz für Ihre Fähigkeiten?«

»Ich sehe es lieber als ein Indiz für meinen Erfolg.«

Er trommelte mit seinem beringten Zeigefinger auf der Armlehne. Das rhythmische Klicken mischte sich unter die klassische Musik im Hintergrund. Ich konnte den Blick nicht abwenden. DeSoto hatte eine verräterische Körpersprache. Wahrscheinlich lag das an all den Jahren, die er in diesem gefährlichen Business verbracht hatte. Er war vielleicht ein bösartiger, berechnender alter Mann, aber er würde einen lausigen Pokerspieler abgeben.

»Sie haben Bianchis Namen benutzt, um einen Fuß in die Tür zu kriegen …«, begann er und überließ es mir, mir den Rest der Frage zusammenzureimen.

»Ich habe ihn kennengelernt, als er sich der Dragon Lady angeschlossen hat. Es war ein Langzeitauftrag in Kolumbien. Ich war sein Mentor und vier Jahre lang sein Teamleiter, bevor ich gegangen bin, um mein eigenes Ding zu machen.«

»Dann haben Sie ihm wohl alles beigebracht, was er weiß?«, fragte er mit einem amüsierten Grinsen.

»Ich habe mehr vergessen, als er weiß.«

Wieder lachte er. »Ich mag Sie«, sagte er. »Sie haben keine Angst vor mir.«

»Vielleicht kenne ich Sie einfach noch nicht gut genug, um Angst vor Ihnen zu haben.«

Lachfältchen bildeten sich um seinen Mund. Er lehnte sich vor, stützte seine Ellbogen auf seine Oberschenkel und faltete seine Hände zu einem Dreieck zwischen seinen gespreizten Knien.

»Hätten Sie Angst vor mir, wenn Ihre Loyalität zu mir mehr beinhalten würde als Ihre Fähigkeit, mit der Waffe umzugehen?«

Ich wusste nicht, was er meinte. Dann dachte ich, ich hätte es doch verstanden, nur um mir gleich darauf wieder unsicher zu werden. Ich vermutete, dass er davon sprach, dass ich ein paar Morde für ihn begehen sollte, um ihm zu beweisen, dass ich nicht für die Cops arbeitete. Seine beringte Hand auf meinem Knie beantwortete jedoch all meine Fragen auf einmal.

»Ich verstehe«, sagte ich. Ich konnte mir ein Grinsen nicht verkneifen, als die Erkenntnis mich traf. Er erwiderte das Lächeln.

»Sind Sie gar nicht besorgt?«

»Solange ich nicht auf dem Grabbeltisch irgendeines Bordells lande«, erwiderte ich.

Seine Hand fuhr an der Innenseite meines Oberschenkels hinauf – so weit sein Arm reichte – und verweilte dort. Die ganze Zeit suchte er nach einer Reaktion von mir.

»Sie scheinen an diese Art der Vorstellungsgespräche gewöhnt zu sein«, sagte er und knetete meinen Oberschenkel. Trotz seiner Absichten fühlte sich das gut an. Seine Berührungen waren sanft.

»Ich verstehe, dass ein potenzieller Arbeitgeber das Bedürfnis hat, den Wagen, den er kaufen will, gründlich zu inspizieren. Ein Blick unter die Motorhaube, ein Reifentest, eine Testfahrt«, sagte ich. »Manche sind einfach gründlicher als andere.«

Er verließ seinen Platz und beugte sich näher zu mir. Seine Hand ruhte immer noch auf meinem Oberschenkel, als er mich küsste. Es war ein zarter, vorsichtiger Kuss – eher ein Test als eine intime Geste. Sein Schnurrbart kitzelte an meiner Nasenspitze und meiner Oberlippe. Es folgte ein weiterer Kuss. Dieses Mal ließ er seine Zunge in meinen Mund gleiten. Ich erwiderte den Kuss – kostete ihn. Er schmeckte sauber. Er war weder ein Trinker noch ein Raucher. Er trug ein angenehmes Aftershave.

»Nicht schlecht bisher«, kommentierte er und setzte sich wieder.

»Ich kann auch auf Dinge und Leute schießen.«

»Haben Sie schon öfter mit Ihrem Boss geschlafen?«

»Ich gehe normalerweise nicht davon aus, dass das passiert. Aber ich bin auch nicht abgeneigt, wenn ich sie oder ihn körperlich attraktiv finde. Es ändert auf jeden Fall nichts daran, warum ich eingestellt wurde«, entgegnete ich. »Ich weiß, dass ich keine Fragen stellen soll, aber gehört das bei Ihnen immer zum Vorstellungsgespräch?«

Sein Lächeln blieb. »Nur wenn der Wagen, der mir vorgeführt wird, mir gefällt.«

Der Moment war gekommen. Die Karten waren aufgedeckt und jetzt kam es darauf an, wie ich mein Blatt spielen wollte. Das war auch ihm bewusst. Es war Teil des Tests. Ich machte keinen Einsatz. Das musste ich auch nicht.

»Kommen Sie heute Abend um acht hierher«, sagte er und erhob sich. »Wir essen zu Abend und beenden dieses ... Vorstellungsgespräch.«

Ich stand auf und beobachtete, wie er in sein Büro zurückging. Ich konnte seinen Kuss noch auf meiner Unterlippe spüren. Ich strich mit dem Finger darüber.

»Ich freue mich darauf«, sagte ich zu mir selbst.

Ich wählte legere Kleidung. Ein schwarzes Hemd und eine farblich dazu abgestimmte Anzughose. Keine Krawatte. Ein schwarzes Jackett. Passenderweise sah ich aus, als wollte ich auf eine Beerdigung. Da ich die Browning immer noch nicht mitnehmen konnte, nahm ich stattdessen meinen Füller mit. Ich hatte ihn selbst entworfen und in Deutschland anfertigen lassen. Seit ich das Flugzeug bestiegen hatte, war er meine primäre Waffe gewesen.

Ich zog ihn heraus und zeigte ihn den Sicherheitsleuten. Nach Feierabend waren sie nur noch zu zweit. Dann scannten sie mich mit dem Metalldetektor.

»Die Hülle ist aus Titan«, erklärte ich. »Das wird den Alarm auslösen.«

Der Kerl mit dem Metalldetektor nahm den Stift an sich, zog die Kappe ab und inspizierte die Spitze, bevor er ihn hinlegte. »Sie bringen einen Füller zu einem Treffen mit Mr DeSoto?«

Ich lächelte. »Das ist mein Glücksfüller. Ich habe ihn immer bei mir, wenn ich das Gefühl habe, dass ich einen Vertrag unterschreiben werde.«

Er fuhr mit dem Metalldetektor über meinen Körper und hielt nur inne, als er an meiner Gürtelschnalle und meiner Uhr piepte. Dann bedeutete er mir, den Füller wieder an mich zu nehmen.

»Immer geradeaus den Flur runter«, erklärte er. »Streunen Sie nicht herum. Die fünfte Tür links. Klopfen Sie und treten Sie nur ein, wenn Sie hereingebeten werden.«

Ich nickte zum Dank und steckte den Stift ein. Während ich den schwach beleuchteten Flur hinunterging, zog ich mein Jackett aus. Ich entdeckte Kameras, die genauso positioniert waren wie bei Gen-Tech – sie waren so ausgerichtet, dass sie jede Tür im Blick hatten. Obwohl ich noch in Sichtweite war, beobachteten die Sicherheitsleute.

An der fünften Tür hielt ich inne und klopfte einmal. DeSoto antwortete fast sofort: »Herein.« Ich blickte auf und zwinkerte in die Kamera, bevor ich eintrat.

Eine grau-weiß gefleckte Katze kam auf mich zu, als ich hereinkam. Ich hob sie hoch und hielt sie von mir weg, bevor sie die Gelegenheit hatte, sich an meiner Hose zu reiben.

»Wie würde es dir gefallen, wenn ich dich vollhaaren würde?«, fragte ich die Katze und setzte sie in einem Nebenzimmer ab. Ich beobachtete sie, bis sie davonstolzierte, auf einen Kratzbaum in der Ecke kletterte und sich auf der oberen Ebene hinlegte.

Was eigentlich ein halbes Dutzend durch Wände voneinander abgetrennte Büros der Geschäftsführung hätten sein sollen, war in ein riesiges einstöckiges Apartment verwandelt worden. Die schieren Ausmaße waren zunächst erschreckend. Doch die eigentliche Überraschung war die Einrichtung. DeSoto hatte keine Kosten gescheut, um in seinem Empfangsbereich ein paar Bilder im Wert von mehreren Millionen aufzuhängen, die nur er und ein paar seiner Kollegen je zu sehen kriegen würden. Für seine Wohnung hatte er sogar noch mehr Geld ausgegeben. Gold, Silber und Weiß. An der Decke hingen aus Belgien importierte Kronleuchter, die schwer behangen mit Kristallen waren. Die Möbel waren entweder restaurierte Antiquitäten oder italienische Handarbeit. Ich hatte in Villen, erstklassigen Suiten und einigen Palästen übernachtet und hätte nicht erwartet, dass mich noch irgendetwas beeindrucken könnte. Doch von DeSotos Apartment war ich beeindruckt.

»Ich hatte erwartet, dass Sie sich einen Tiger oder einen Panther als Haustier halten, kein Kätzchen«, sagte ich.

Er war aus einem Zimmer gekommen, bei dem es sich vermutlich um die Küche handelte. In dem kurzen Moment, als die Schwingtür offen stand, folgte ihm der Duft des Abendessens. Fisch, wahrscheinlich Schwertfisch.

»Kann ich Ihnen einen Drink anbieten?«, fragte er, während er zu einer sehr beeindruckenden und gut bestückten Bar ging.

»Nur Wasser«, erwiderte ich.

Er hatte den Kaschmirpullover gegen ein langärmeliges blaues Baumwollhemd eingetauscht, auf dessen linke Brusttasche das Logo einer örtlichen Sportmannschaft gestickt war. Dazu trug er dieselbe Hose wie am Nachmittag. Er trug noch immer seine Waffe, allerdings nicht länger versteckt. Es war eine kurzläufige Smith and Wesson.

»Bianchi ist tot«, sagte er und mixte sich einen Martini. Er sah mich nicht an, während er sprach.

»Und weiter?«

»Ich dachte, das würde Sie interessieren«, erwiderte er. »Schließlich war er früher Ihr Schützling und so weiter.«

»Ich hatte viele Schüler. Ich habe zu keinem von ihnen eine besondere Bindung.«

Er lächelte und kam mit seinem Drink und einer Flasche Wasser von der Bar. Er setzte sich neben mich aufs Sofa.

»Ich kenne Ishikawa nicht sehr gut, aber ich kenne ihn gut genug, um zu wissen, dass er für niemanden bürgt. Aber er hat in so hohen Tönen von Ihnen gesprochen, dass man den Eindruck bekommen konnte, er wollte ein Dutzend von Ihnen züchten.«

Ich zuckte mit den Schultern und öffnete die Wasserflasche, die er mir gereicht hatte. Er nahm ein paar Schlucke aus seinem Glas und stellte es dann auf den Beistelltisch. Er rutschte herüber, bis sein Bein gegen meines drückte. Er nahm mir die Flasche aus der Hand und stellte sie neben sein Glas auf den Beistelltisch.

»Hast du je mit ihm geschlafen?«, fragte er und seine Finger machten sich an meinen Knöpfen zu schaffen, während er sprach.

»Ich finde Ihre Eifersucht wirklich charmant.«

Er hatte flinke Finger. Während ich gesprochen hatte, hatte er drei Knöpfe geöffnet.

»Ich bin ihm nie begegnet«, erklärte ich. Ich fing seine Hand ab, bevor sie unter mein Hemd gleiten konnte. »Er war nur ein Name auf einem Scheck.«

Er wirkte überrascht, als ich seine Hand festhielt. Ich drückte sie und ließ nicht los. »Das letzte Mal, als ich einen Mann rangelassen habe, war ich nicht mal alt genug, um legal Zigaretten kaufen zu können. Bitte glauben Sie nicht, dass ich mich für meine Jobs prostituiere.«

Er entschuldigte sich nicht. Stattdessen wanderte sein Blick zu dem Verband unter meinem Hemd. »Was ist da passiert?«

»Ich bin vor ein paar Tagen in eine 5.56er-Kugel eines Scharf-schützen gelaufen.«

Einer seiner Mundwinkel verzog sich nach oben. Er wirkte, als wollte er in ein Lachen ausbrechen, doch stattdessen beugte er sich näher und küsste mich. Es war nicht mehr die zarte, eher verspielte als sexuelle Art, wie er sie noch am Nachmittag gezeigt hatte. Dieser Kuss war heftig, intensiv – und harsch. Als die Intensität des Kusses langsam abebbte, ließ ich seine Hand los. Seine Lippen lösten sich von meinen und wanderten über mein Kinn zu meiner Kehle. Ich schlang meine Arme um ihn – seine Waffe war in Reichweite, aber der Winkel war ungünstig.

Zunächst glitt meine Hand über den Griff – nur um zu testen, wie bewusst DeSoto sich seiner Verletzlichkeit war. Entweder bemerkte er es nicht, während seine Lippen zu meinem Schlüsselbein hinabwan-derten und seine Zähne über meine Haut kratzten, oder es interessierte ihn einfach nicht. Ich kam zu dem Schluss, dass ich hier drin keine

Waffe abfeuern konnte, ohne die beiden bewaffneten Wachen draußen zu alarmieren. Ich zog meine Hand zurück und löste mich von ihm. Es kostete mich einige Anstrengung, ihn weit genug zurückzudrängen, dass ich mich von ihm befreien konnte. Sein Atem ging schnell und seine Wangen waren gerötet. So wie sein Schritt gegen mein Bein drückte, konnte ich außerdem spüren, dass er sehr erregt war.

»Wir sollten das nicht hier tun«, sagte ich und richtete mich auf dem Sofa auf.

»Was meinst du?«

Ich schob ihn weiter zurück, sodass ich aufstehen konnte. Mein Hemd war halb aus der Hose gezogen. Aus dem Augenwinkel sah ich, wie die Katze, angelockt von der Aufregung, auf uns zukam. Sie sprang auf einen Sessel, faltete ihre Beine unter sich und beobachtete uns.

»Einfache Mathematik. Das Sofa ist neunzig Zentimeter breit und ich bin eins neunzig groß«, erklärte ich und beugte mich vor, um ihm einen flüchtigen Kuss auf den Mund zu geben. »Ich mache es nicht auf dem Boden und ich finde es nicht besonders erregend, dabei halb von den Möbeln herunterzuhängen. Schlafzimmer. Ich hole mir lieber am Kopfteil eine Beule, als dass ich mir auf dem Wohnzimmerteppich Verbrennungen hole. Gib mir fünf Minuten.«

Er lachte und sagte: »Der erste Gang rechts, zweite Tür.«

Ich nahm sein Gesicht in meine Hände, gab ihm einen weiteren flüchtigen Kuss und machte mich ins Schlafzimmer auf.

Das Hauptschlafzimmer hatte ein angeschlossenes Badezimmer, das halb so groß war wie das Schlafzimmer selbst. Während ich mich auszog, betrachtete ich die unglaubliche Dekadenz dieses einen Raums. Es gab einen Jacuzzi, in dem zehn Leute eine Orgie hätten feiern können. Die Dusche war drei auf drei Meter mit einem Boden aus italienischem Marmor – an der Decke waren mehrere verchromte Regenduschköpfe installiert. Die Toilette war uninspiriert und langweilig – einfache weiße

Keramik. Auf zwei Chromregalen lagen gefaltete Handtücher. An einem Haken daneben hing ein blauer Frotteebademantel.

Ich hängte meine Kleidung über den Rand des Jacuzzi und drehte die Dusche an. Ich nahm den Füller auseinander – ich leerte die Patrone und schraubte beide Enden der Spitze ab. Die Einzelteile steckte ich zurück in meine Hosentasche. Der Schaft und der Mittelteil bildeten einen langen Zylinder, der mit der Kappe endete, die ich abgeschraubt hatte, um die scharfe Kante darunter freizulegen. Es war eine ganz einfache Konstruktion, aber sie war so effektiv wie eine Kugel – solange ich genau zielte und beim ersten Versuch traf. Der einzige Unterschied zwischen einer Pistole und dieser Handwaffe war, dass das Töten hiermit sehr viel persönlicher war. Das kümmerte mich nicht. Ich hatte es schon vor Jahrzehnten aufgegeben, mir die Frage zu stellen, warum es mir nichts ausmachte.

Ich trat unter die Dusche, damit ich wenigstens ein bisschen nass wurde, und wickelte ein Handtuch um meine Hüften. Den Zylinder wickelte ich in eine Falte des Handtuchs an meiner Hüfte und drehte das Wasser ab. Als ich aus dem Badezimmer kam, war DeSoto bereits im Schlafzimmer.

Er hatte sein Hemd ausgezogen und war gerade dabei, seinen Gürtel aufzumachen, als er zu mir aufsah. Das Holster mit seiner Waffe lag auf der Kommode. Für einen Mann seines Alters hatte DeSoto sich gut gehalten. Er war wahrscheinlich besser in Form als die beiden Wachmänner am Ende des Flurs.

»Du hast eine wirklich beeindruckende Narbensammlung«, sagte er, während er seine Hose auszog.

Obwohl er mir bedeutete, zu ihm zu kommen, tat ich es nicht. Stattdessen ging ich zu dem riesigen Himmelbett und setzte mich auf die Kante. Er zog seine Unterwäsche aus, trat sie beiseite und kam auf mich zu. Nackt und ohne seine Designerkleidung und seine Waffe war er nur ein gewöhnlicher alter Mann mit einem ziemlich lüsternen Grinsen. Sein Körper und sein Schritt waren stark behaart – wie auf dem

Kopf war er auch ansonsten überall teilweise ergraut. Als er vor mir stand – und wahrscheinlich erwartete, dass ich ihm einen blies oder zumindest Hand an seinen halb steifen Schwanz legte –, war seine einschüchternde Fassade vollkommen verschwunden. Er war einfach nur ein Mann, der vergessen hatte, wer ich wirklich war. Für ihn war ich nur jemand, der ihm sexuelle Befriedigung verschaffen würde. Ich war nicht gefährlicher oder wichtiger als die Männer und Frauen, die er verkaufte. Sein Ego hatte ihn dazu gebracht, seine Waffe auf der anderen Seite des Zimmers liegen zu lassen, während er nackt vor mir stand. Ich hätte ihn problemlos mit bloßen Händen töten können.

»Ich habe immer noch das Gefühl …«, begann er und legte die Hände auf meine Schultern. Entschlossen schob er mich weiter auf die Matratze und drückte mich nach unten, bis ich auf dem Rücken lag. »… dass du mehr von mir willst als nur einen Job.«

Ich nahm seine Hände und zog ihn auf mich, dann rollte ich uns nach rechts und begrub ihn unter mir. Bevor er reagieren konnte, küsste ich ihn und schwang ein Bein über seine Taille, sodass ich seine Hüften zwischen meinen Knien einklemmen konnte.

»Sie haben einen guten Instinkt«, hauchte ich in seinen Mund, »auch wenn Sie nicht immer auf ihn hören.«

Er zog die Augenbrauen zusammen. »Soll heißen?«

»Sie werden von sehr gefährlichen Menschen angezogen, Mr DeSoto. Ich kann verstehen, dass das aufregend ist … aber es muss nur einer von ihnen …« Ich lächelte und überließ es seinem Verstand, den Satz zu beenden. Ich küsste ihn erneut. Dieses Mal war er nicht ganz so empfänglich. In seinem Körper baute sich eine Anspannung auf. Er war nicht mehr ganz so ahnungslos wie noch vor wenigen Augenblicken.

»Sie sind daran gewöhnt, dass die Leute Angst vor Ihnen haben, Mr DeSoto«, sagte ich und löste langsam das Handtuch um meine Hüften. »Der einzige Grund, warum Sie eine Waffe bei sich tragen, ist, ebendiese Leute daran zu erinnern, dass Sie das Sagen haben. Aber ich brauche keine Waffe, um Ihnen zu zeigen, dass jetzt *ich* das Sagen habe.«

Ich fing den Zylinder auf, als er aus der Falte des sich lösenden Handtuchs fiel. Das Handtuch rutschte von meinen Hüften. Es war noch nicht ganz heruntergefallen, aber unsere Schwänze lagen jetzt direkt aneinander. Er war nicht mehr so erregt wie noch zuvor.

»Ich werde Ihnen einige ganz einfache Fragen stellen und Sie werden sie beantworten«, erklärte ich und hielt die scharfe Kante unter sein Kinn. Ich ritzte die Haut gerade so weit an, dass er zusammenzuckte. »Sie können versuchen, sich zu wehren, aber ich muss das hier nur einmal in Ihre Brust rammen und Sie werden einen sehr schmerzhaften und tödlichen Herzinfarkt erleiden.«

Er entspannte sich ein wenig und nickte.

»Bianchi hat Ihnen vor ein paar Tagen jemanden gebracht«, sagte ich. »Braunes Haar, grüne Augen, dreiundzwanzig.«

DeSoto grinste und fing dann an zu lachen. »Heilige Scheiße, du versaust dir den Rest deines Lebens für einen verdammten Bengel? Denkst du, du kannst das hier ungestraft mit mir machen? Du solltest besser ab sofort immer einen Blick über deine Schulter werfen.«

»Wir sollten beim Thema bleiben, Mr DeSoto. Darf ich Sie Sebastian nennen? Ich meine, immerhin reiben unsere Schwänze gegeneinander, während wir hier plaudern.«

Sein Lächeln verschwand nur halb. »Ich mochte dich wirklich. Zu schade, dass du nicht …«

Ich drückte die scharfe Spitze des Zylinders fester in sein Kinn, bis sie die Haut durchbrach und ein einzelner Blutstropfen hervorquoll und durch die hohle Röhre lief. Er sog scharf die Luft ein und hielt den Atem an, bis ich sie wieder zurückzog.

»Er ist tot«, erwiderte er. »Gestorben, drei Tage nachdem er hier ankam.«

»Wirklich? Erzählen Sie mir, wie er gestorben ist. Ist es im Schlachthaus passiert?«

Er warf mir einen angewiderten Blick zu, als hätte ich etwas gesagt, das beleidigender war als das, was ich ihm gerade antat. »Denkst du, dass ich erstklassiges Fleisch an Straßenköter verfüttere?« Es war genau, wie der sehr betrunkene Claybank gesagt hatte. Sogar die Fleischanalogie war identisch.

»Der Junge hatte gleich am ersten Tag, als er ankam, Kunden. Habe ihn an eine schöne Party mit vielen Leuten in der Botschaft vermietet. Als er zurückkam, war er leicht beschädigt, aber noch gut genug für ein zweites Gruppendate in dieser Nacht …«

Ich reagierte, bevor ich die Informationen richtig verarbeitet hatte. Ich schlug ihn hart genug, dass ich ein leises Knacken in seinem Nacken hörte, und ein dunkler Bluterguss breitete sich auf seiner Wange aus. Er ein paar Sekunden war er benommen, dann lachte er wieder.

»Ist er dein Bastard? Ich hätte dich nicht für den Typ gehalten, der sesshaft wird und eine Familie gründet. Oder war er dein Fickspielzeug, bevor Bianchi ihn zu mir gebracht hat?«

Ich schlug wieder zu – fester dieses Mal. Blut lief in einem kleinen Rinnsal aus seinem Mundwinkel. Wahrscheinlich hatten seine Zähne seine Wange aufgerissen. Er hörte auf zu lachen.

»Die Droge, die Bianchi mir gegeben hat, um sie ihm zu verabreichen, hat ihn umgebracht«, erklärte er. Seine harte Fassade bröckelte und er zeigte Angst. »Ich kann es dir zeigen … Er hat nur drei Dosen bekommen, bevor er am Morgen des vierten Tags plötzlich tot war.«

»Und wie wollen Sie mir das zeigen?«

»Die Ausrüstung ist in meinem Privatbüro hier in der Wohnung. Ich kann dir zeigen, dass die Behandlung vor zwei Tagen abgebrochen wurde …«

»Davon weiß ich nur, dass Sie ihm die Drogen nicht weiter verabreicht haben, aber nicht, wo er ist oder ob ihn das Zeug umgebracht hat. Claybank meinte zu mir, dass Sie ihn höchstwahrscheinlich verkauft haben.«

»Ich verdiene mehr, wenn ich ihn vermiete …«

»Nicht wenn Sie ihn an solche Partys vermieten, wie Sie es bereits getan haben.«

Trotz der ernsten Lage, in der er sich befand, kehrte das Lächeln zurück. Er war sicher, dass er nicht hatte, was ich von ihm wollte, und ich war auch überzeugt davon. Ob Pete allerdings wirklich tot war, war eine andere Frage, auf die nur er die Antwort kannte.

»Wurde sein Tod in den Büchern vermerkt?«

Er wirkte überrascht, dass ich darüber Bescheid wusste. Und wenn Pete vor zwei Tagen gestorben war, hätte er das nicht fälschen können, um es mir jetzt zu zeigen. Ich stimmte Claybanks Einschätzung zu, dass die Bücher korrekt sein würden.

»Natürlich«, entgegnete DeSoto. »Auch das kann ich dir zeigen.«

Ich dachte über sein Angebot nach, kam aber zu dem Schluss, dass das nicht nötig war. Auch wenn ich ihn eigentlich hatte am Leben lassen wollen, bis er mir gesagt hatte, wo die Leiche war – wenn es denn eine gab –, hatte ich keine Lust mehr, ihm weitere Fragen zu stellen.

»Danke«, sagte ich und beugte mich hinunter, um ihm einen weiteren Kuss zu geben. Seine Miene wurde weicher – vielleicht dachte er, dass ich von ihm ablassen würde, dass ich mich womöglich sogar entschuldigen würde. Stattdessen rammte ich ihm die spitze Seite des Zylinders mit einem kräftigen Stoß seitlich in den Hals – mitten durch die Halsschlagader. Das dünne, leichte Metall schnitt mühelos durch das weiche Gewebe. Das Blut, das wie eine Fontäne aus der Röhre schoss, war warm und dickflüssig. Das teure Bettzeug saugte alles auf.

Ich ließ den Zylinder in der Wunde stecken und stand auf. Während ich zusah, wie er sich wand, zog ich das Handtuch von meiner Hüfte und wischte mir gedankenverloren nicht nur die Hand ab, sondern auch die vereinzelten Spritzer von der Brust. Seine Augen waren geweitet und er japste nach Luft, während seine Finger verzweifelt nach dem Zylinder tasteten, von dem nur noch ein Zentimeter herausragte, und versuchten, ihn herauszuziehen.

Ich ließ DeSoto liegen und machte mich auf die Suche nach seinem Büro. Die Katze saß im Türrahmen und sah mich sehnsüchtig an. Ich kraulte sie am Kinn.

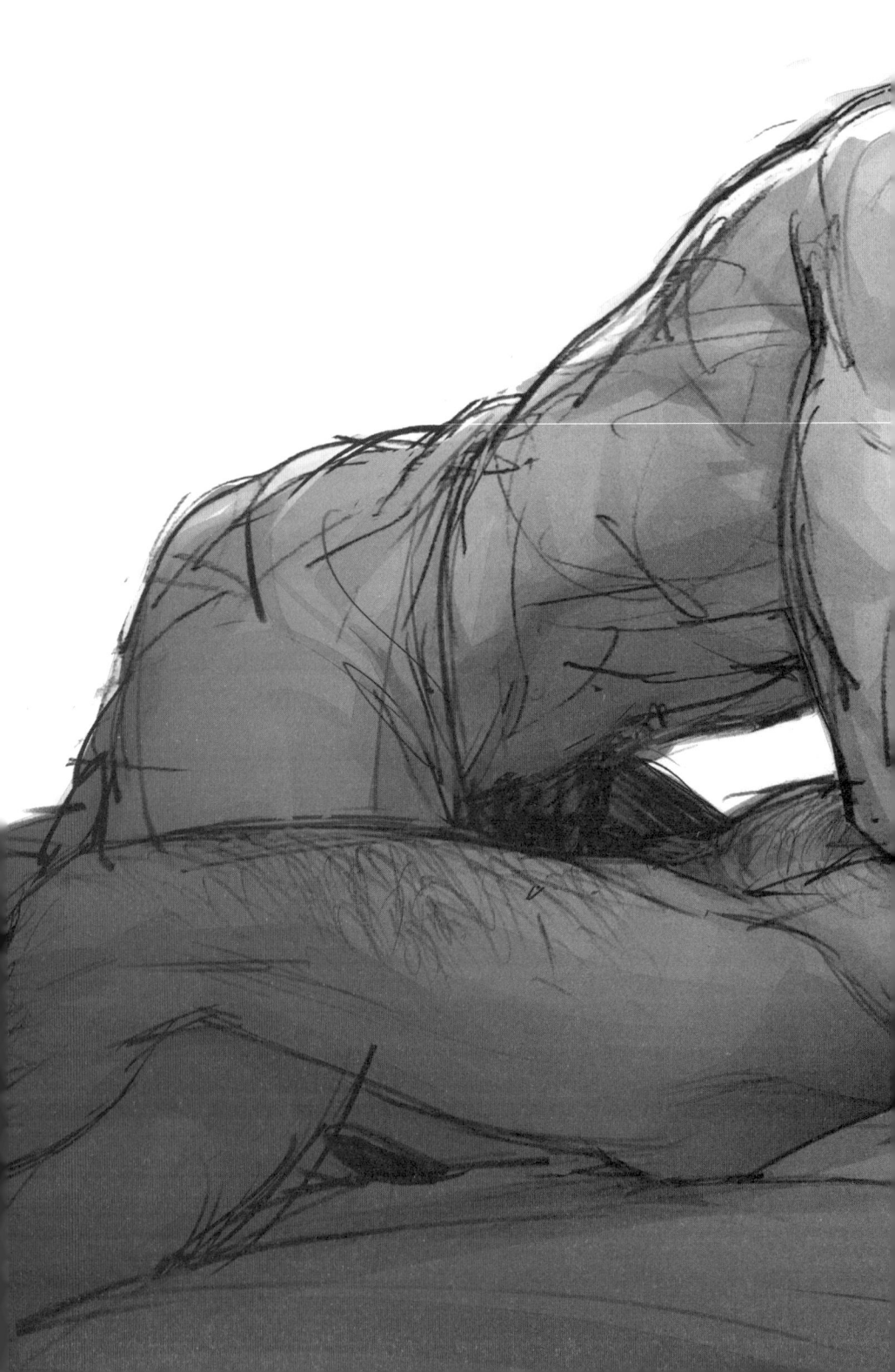

»Es würde mir viel Zeit sparen, wenn du mir zeigst, wo sein Büro ist«, sagte ich zu ihr. Doch sie presste sich nur gegen meine Hand.

Ich ließ die Katze in die Küche, wo ihr Futter- und Wassernapf standen, und überprüfte dann alle Zimmer. Das dritte war sein Büro. Darin stand ein großer Eichenholzschreibtisch mit einer Bankerlampe. Ein Ledersessel mit hoher Lehne war an den Tisch geschoben. Ansonsten war die Schreibtischoberfläche komplett leer. Nicht einmal ein Laptop stand darauf. Verglichen mit dem Rest der Wohnung war der Raum einfach eingerichtet. Nur ein paar Gemälde hingen an den Wänden und auf steinernen Sockeln standen zwei große Bronzen. Ich hatte keine Zeit, um mir anzusehen, welcher Künstler sie gemacht hatte und ob sie Millionen gekostet hatten wie die Kunstwerke, die am Empfang hingen.

In der untersten Schublade des Schreibtischs fand ich die Metallbox von Gen-Tech mit den aufgezogenen Spritzen. Sie war zusammen mit einer offenen Schachtel kubanischer Zigarren und einer geladenen Eagle dort hineingeworfen worden. Mir wurde schwer ums Herz, als ich vier leere Spritzen fand, wie DeSoto gesagt hatte. Für ein paar Augenblicke saß ich einfach nur da und starrte sie an, während ich versuchte, eine Entscheidung zu treffen: Wollte ich sichergehen, dass Pete wirklich tot war, oder wäre es besser, es nicht zu wissen? Schließlich schloss ich die Box und suchte weiter nach dem Buch.

Obwohl das Büro so spartanisch eingerichtet war, war das grünweiße Hardcover schwerer zu finden. Ich fand es in einem verschlossenen Geheimfach in einer Schreibtischschublade. Beim ersten und zweiten Durchwühlen hatte ich es nicht bemerkt. Das Buch war unter einem doppelten Boden in der mittleren rechten Schublade versteckt. Ich bog eine Büroklammer auseinander und knackte das Schloss, das mit einem Metalldeckel abgedeckt war, der fast unsichtbar mit der Holzoberfläche verschmolz.

Die Einträge waren noch nicht kodiert worden, aber die Spalten aus Zahlen und Buchstaben waren auch so schon ein Code für sich. Nichts war tatsächlich ausgeschrieben, wie Claybank es beschrieben hatte. Es gab keine Beschreibungen von Möbeln oder Keramik oder ihrer Herkunft. Ich wollte nicht nackt dort sitzen und sie entschlüsseln, auch wenn ich wusste, dass ich einige Stunden Zeit hatte, bevor irgendjemand nach DeSoto sehen würde.

Als ich ins Schlafzimmer zurückkam, war DeSoto längst tot. Der Metallgeruch frischen Bluts lag in der Luft. Als er gestorben war, war ein Großteil seines Bluts in das Bettzeug gesickert. Seine Augen waren aufgerissen und starrten an den Betthimmel. Es war ihm gelungen, den Zylinder halb herauszuziehen, aber selbst wenn er erfolgreich gewesen wäre, hätte ihn das auch nicht gerettet. Die Arterie war durchtrennt worden.

Ich zog den Zylinder heraus, wusch ihn im Waschbecken im Badezimmer aus und schraubte den Füller wieder zusammen. Ich duschte, zog mich an und nahm das Buch und die Metallbox mit. In der Küche fand ich eine Kühltasche mit Reißverschluss, in die ich die Sachen packte. Die Katze strich immer wieder um meine Beine und ich ließ sie gewähren. Ich musste für mein Date nicht mehr präsentabel aussehen. Ich machte ihr eine Dose Thunfisch auf und ließ sie neben dem Napf mit dem Trockenfutter stehen. Als ich die Wohnung verließ, war es fast zwei Uhr morgens.

Als ich den Kontrollpunkt erreichte, taten immer noch dieselben beiden Wachmänner Dienst. Einer von ihnen musterte die Kühltasche in meiner Hand.

»Reste. Wir sind nicht zum Abendessen gekommen«, erklärte ich mit einem Lächeln. »Ich glaube nicht, dass Mr DeSoto vor Mittag aus dem Bett kommen wird. Lassen Sie ihn bitte ausschlafen.«

Einer von ihnen wirkte, als wollte er weitere Fragen stellen, aber in letzter Sekunde wünschte mir der andere eine gute Nacht und ließ mich zum Fahrstuhl durch. Als ein lautes Ping die Ankunft des Fahrstuhls ankündigte, hörte ich, wie einer zum anderen sagte: »Halt die Klappe. Das geht dich nichts an.« Ich zielte mit Daumen und Zeigefinger auf sie, als sich die Fahrstuhltüren schlossen.

Einen Großteil meines Koffers hatte ich gar nicht erst ausgepackt, als ich eingecheckt hatte. Schnell sammelte ich zusammen, was ich aus der Tüte gezogen hatte, stopfte die Browning hinein und checkte aus. Um zwei Uhr dreißig war ich schon wieder auf dem Rückweg nach Las Vegas.

Noch am selben Tag flog ich zurück nach New York und kehrte zur Hütte zurück. Ich brauchte vier Tage, um hinter das Muster der Zahlen und Buchstaben zu kommen. Als er angekommen war, war Pete ins Inventar aufgenommen und, wie DeSoto gesagt hatte, drei Tage später wieder abgeschrieben worden. Es gab keine Details über das Wie und Warum, die Zahlen, die Pete zugeschrieben waren, wurden einfach ins Negative umgekehrt. Als Tony an diesem Abend anrief, erklärte ich ihm, dass er nicht in die Hütte zurückkommen müsste. Außerdem erzählte ich ihm von Pete. Sein einziger Kommentar war zwar: »Alles klar«, aber ich wusste, dass er weinte.

Ich hatte nicht erwartet, dass DeSotos Ermordung irgendwelche Reaktionen hervorrufen würde, außer vielleicht von der Organisation selbst. In den Zeitungen wurde der Mord als »plötzlicher Tod eines bekannten San Franciscoer Geschäftsmanns« bezeichnet.

Er war jemand, der leicht zu ersetzen sein würde, auch wenn er um fünf Ecken mit den Vipern verwandt gewesen war. Wenn sie der Polizei eine Ermittlung gestatten würden, hätte die Zugang zu den Büchern und allen Geheimnissen, die in dem schicken Apartment vergraben waren. Ganz zu schweigen von einer uneingeschränkten Einsicht in DeSotos Konten, in denen die Detectives nach einem Motiv suchen würden.

Genau darauf hatten die Bundesbehörden seit Jahrzehnten gewartet. Die Meldung erschien als Einspalter im Lokalteil der Bay Area mit einem Foto von DeSoto, wie er einem Obdachlosenheim eine riesige Scheckattrappe überreichte. Ich bat Tony nicht, zu überprüfen, ob ein Kopfgeld auf mich ausgesetzt worden war. Es war mir eigentlich herzlich egal. Es waren ohnehin schon fünf andere Kopfgelder auf mich ausgesetzt. Eins mehr würde da auch keinen verdammten Unterschied mehr machen.

Einen Monat später schickte mir Moore eine Nachricht, dass er bei Gen-Tech gekündigt hatte, auch wenn vom Unternehmen ohnehin nicht mehr viel übrig war. Ein Großteil des Doll-Programms war vernichtet worden und ein Wiederaufbau war zu kostenintensiv. Er beschrieb es als »ein Lagerhaus voller hübscher Schaufensterpuppen«. Ich nannte ihm die Adresse meiner Hütte, weil ich wollte, dass er Kai abholte. Am Telefon sagte er dazu nichts, aber er war wütend, als er ankam.

»Ich werde ihn nicht mitnehmen«, erklärte er, als er sich die Kiste ansah, die immer noch im Schuppen stand. »Nach allem, was passiert ist, und all dem Kollateralschaden ist es einfach nur arschig, ihn abzuschieben.«

Er drückte ein paar Knöpfe auf dem Kontrollpanel und ein Klicken erklang. Er ging um die Kiste herum und zog sie auf. Kai befand sich im Inneren – nackt, in einer fötalen Position zusammengerollt, geschützt in einer mit einer durchsichtigen, gallertartigen Flüssigkeit gefüllten transparenten Kugel. Durchsichtige Schläuche, die aus seiner Nase ragten, waren mit dem Boden des Containers verbunden. Seine geschlossenen Augen waren hinter einer dunklen Brille verborgen. Seine langen Haare waren wie ein Gespinst feiner Tentakel ausgebreitet und schwebten in der Flüssigkeit. Sie waren gewachsen.

»Eine künstliche Gebärmutter«, sagte ich.

Moore nickte. »Ich kann ihn aufwecken. Es könnte einen Monat dauern, bis er sich rebootet hat, und vielleicht erinnert er sich an Sie. Weil er nicht ans System angeschlossen war, als das Virus freigesetzt wurde, ist er in einem besseren Zustand als die meisten Dolls, die Gen-Tech noch hat.«

Ich fuhr mit der Hand über die dicke Glaskuppel und klopfte sanft dagegen. »Nein«, antwortete ich. »Wecken Sie ihn nicht.«

»Ich werde ihn trotzdem nicht mitnehmen«, beharrte er.

»Ich behalte ihn«, beteuerte ich. »Aber ich bin noch nicht bereit, ihn zu wecken. Ich bin gerade nicht in der Lage, mich um ihn zu kümmern.« Eine Weile lang schwieg er. Dann lächelte er, legte mir eine Hand auf die Schulter und drückte sie. »In Ordnung ... Ich werde auf Sie warten. Wir beide werden auf Sie warten.«

Es ist jetzt zehn Monate her, dass ich Kai das erste Mal wiedergesehen habe, nachdem ich ihn in Belgien verloren hatte. Moore schloss die Kiste und erklärte mir, wie ich sie öffnen konnte. Ich habe es nie wieder versucht.

Ich nahm einfache Jobs an, die risikoarm und schlecht bezahlt waren. Ich brauchte das Geld nicht, aber ich musste etwas tun. Ich konnte nicht einfach den ganzen Tag im Haus sitzen oder ins Fitnessstudio oder auf den Schießstand gehen. Meine Arbeit bestand also größtenteils daraus, Leuten zu folgen und im Auto zu sitzen und sie zu beobachten. Ich war unruhig, aber ich wusste auch, wenn ich die Jobs annahm, die ich eigentlich machen wollte, würde ich Fehler machen. Ich nahm Aufträge an, die keine großen Denkleistungen oder besondere Mühe erforderten. Ich schlug die Zeit tot, während ich herauszufinden versuchte, was ich mit mir anfangen wollte. Ich hätte mich vielleicht in der kleinen, feuchten Wohnung in Venedig verkrochen, wenn es nicht unmöglich gewesen wäre, die Kiste mit Kai über den großen Teich zu transportieren, ohne ungewollte Aufmerksamkeit zu erregen. Ich empfand es als mehr als unangebracht, sie in einem Lagerhaus wegzuschließen.

Bianchi hatte recht gehabt: Normalerweise fiel es mir leicht, die Vergangenheit hinter mir zu lassen und weiterzumachen. Aber irgendwas war dieses Mal anders. Ich behielt DeSotos Buch und ging wieder und wieder die Muster durch.

Ich hoffte, zu einem anderen Ergebnis zu kommen, dass irgendwo in diesen ordentlich notierten Zahlen und Druckbuchstaben ein Code versteckt war, der mir verraten würde, wo Pete war. Selbst wenn es nur seine Leiche wäre, wollte ich ihn nach Hause bringen. Es ging mir nicht wirklich darum, die Sache für mich abzuschließen, aber ich brauchte eine unumstößliche Bestätigung seines Todes statt dieser Indizienbeweise.

Es war zehn Tage vor Thanksgiving. Es hatte bereits vor einer Woche angefangen zu schneien. Ich war fünf Tage weg gewesen, um ein junges Popsternchen zu beschützen, dessen Musik ich nie zuvor gehört hatte. Als ich vor der Hütte vorfuhr, hatte ich das unbestimmte Gefühl, dass etwas nicht stimmte. Die Lampe auf der Veranda war an. Ich hatte sie so verkabelt, dass es mich warnen würde, wenn es jemandem gelungen war, ins Alarmsystem einzudringen. Auf meinem Handy waren keine Benachrichtigungen, dass jemand den Alarm ausgelöst hatte.

Statt ihn in die Garage zu fahren, parkte ich den SUV am Wegesrand und ging durch die Bäume neben der Hütte zurück zum Vordereingang. Im Schnee waren Fußspuren, die über den Weg zum Briefkasten ein paar Meter von der überdachten Veranda entfernt führten. Es waren die vertrauten geriffelten Schuhabdrücke des Postboten in Größe 44. Ein weiteres Paar Spuren folgte dem Pfad, führte die Stufen hinauf und verschwand in dem letzten halben Meter vor der Tür, den die Schneeverwehungen nicht erreicht hatten. Das Sicherheitspanel links von der Tür warf keine Warnungen aus, als ich den Code eingab, um den Status abzurufen.

Ich zog meine Waffe aus dem Holster unter meiner Jacke und ging ums Haus herum. Von dort gab es zwei Wege hinein. Ich ging durch den Keller und sicherte ihn, bevor ich die Treppe hinaufging. Als Erstes ging ich direkt in den Schuppen.

Die Tür war angelehnt. Ich spähte durch den Spalt und konnte nur einen Schemen ausmachen, der auf der Ottomane saß, die er herangezogen hatte. Schweigend beobachtete er Kai in der offenen Kiste, während er Kaffee aus einer Porzellantasse trank, die er mit beiden Händen festhielt. Er trug einen braunen Pullover, aus dem der Kragen eines weißen

Hemds herausragte. Sein Haar war ein wenig länger, als ich es in Erinnerung hatte. Ich beobachtete ihn eine lange Zeit – wie ein Phantom, dass sich schon bald in Luft auflösen würde. Doch das tat er nicht.

Langsam schob ich mit dem Ellbogen die Tür auf. Die Waffe hatte ich immer noch in der Hand, aber nach oben gerichtet. Erst als die Türscharniere schließlich ein leises Quietschen von sich gaben, blickte er über die Schulter und lächelte mich an.

»Warum ist er immer noch da drin?«, fragte er.

Kapitel 12

Ich schob die Waffe zurück in ihr Holster unter meiner Jacke und starrte ihn weiterhin einfach nur an. Ich hatte die Hoffnung sowohl aufgegeben als mich auch mit aller Kraft an sie geklammert, sodass ich am Ende nicht mehr wusste, was ich fühlen sollte. Sein Lächeln wurde noch breiter. Er stellte seine Kaffeetasse auf den Boden und kam auf mich zu.

»Ich hätte nicht gedacht, dass ich dich jemals so verwirrt sehen würde«, sagte er. »Nichts kann dich überraschen.«

Er schlang seine Arme um mich und vergrub sein Gesicht in meiner Brust. Er war warm und seine Umarmung fest. Schließlich hob ich die Arme und drückte ihn an mich. Für lange Zeit rührte sich keiner von uns.

»Es tut mir leid«, sagte ich zu ihm.

Er löste sich von mir – das Lächeln war immer noch da, aber seine Augen waren feucht.

»Eigentlich solltest du jetzt sagen: ›Willkommen zu Hause‹«, erwiderte er.

Ich strich ihm die Locken aus der Stirn und küsste sie. »Willkommen zu Hause, Pete.«

Der herrliche Moment seiner Rückkehr wurde unterbrochen, als er erklärte, er habe Hunger. Er nahm seine Kaffeetasse und führte mich in die Küche.

»Du hast nichts im Haus außer einer halb leeren Packung Orangensaft und einer Schüssel mit Thunfisch und Kidneybohnen. Und ich glaube, die sind inzwischen schlecht geworden. Nicht dass ich das Zeug angerührt hätte, wenn es nicht so wäre.«

»Ich war eine Woche weg«, erwiderte ich, während ich aus meiner Jacke schlüpfte.

»Zieh deine Jacke noch nicht aus. Ich glaube, du solltest noch mal zum Laden fahren«, sagte er. »Im SUV ist es bestimmt noch schön warm.«

Es fühlte sich seltsam an, als hätte sich nichts verändert, als hätte ich ihn erst vor wenigen Tagen gesehen und man hätte ihn mir nie genommen. Die Monate, die wir beide verloren hatten, existierten in diesem Moment einfach nicht mehr. Er saß am Küchentisch mit seinem zerzausten Haar und seinem leichtfertigen Lächeln – und jede Wunde, die im vergangenen Jahr brutal bei mir aufgerissen worden war, schloss sich. Dadurch bekam dieser Augenblick etwas Surreales.

»Was willst du essen?«, fragte ich ihn.

»Gegrilltes Käsesandwich«, antwortete er, ohne zu zögern. »Und zwar das mit viel Butter und Scheiblettenkäse. Nicht mit diesem vornehmen Käse, der von Ziegen aus Schottland stammt, oder so 'nem Zeug.«

»Ich glaube nicht, dass es das in irgendeinem Restaurant zum Mitnehmen gibt«, erwiderte ich. »Wie wäre es, wenn …«

»Mach mir eins«, unterbrach er mich. »Das hast du früher immer gemacht.«

»Das war *ein Mal*.«

Sein Lächeln wurde breiter. Es war derselbe Charme, den er bei Tony und anderen anwendete. Normalerweise war ich immun dagegen, aber dieses Mal gestattete ich mir nachzugeben.

Ich wollte ihn eigentlich nicht allein lassen, nein, das wollte ich nicht. Aber als ich ihn fragte, ob er nicht mitkommen wollte, sagte er, er wolle ein langes, heißes Bad nehmen. Er war per Anhalter hergekommen und hatte gerade erst die lange Fahrt hinter sich gebracht. Sein Fahrer, so sagte er, war ein Mann namens Bison, der in seinem Fernlastwagen gefrorenes Hühnchen aus Utah kutschiert hatte.

»Ich weiß, es war tiefgefroren und in Kisten verpackt, aber ich kann das Hühnchen immer noch riechen«, erklärte er.

Ich zog meine Waffe und legte sie vor ihm auf den Tisch.

»Die werde ich nicht brauchen«, sagte er und warf einen Blick darauf. »Wenn die Gefahr bestünde, dass mir etwas passiert, wäre es schon vor Tagen passiert.«

»Tu mir den Gefallen«, bat ich.

Er zuckte mit den Schultern und winkte, als ich wieder hinaus in die Kälte ging.

Der nächstgelegene Supermarkt war in der nächsten Stadt, zwanzig Minuten entfernt. Die meisten Nebenstraßen waren nicht geräumt, sodass die Fahrt sogar noch länger dauerte. Am Highway gab es kleinere Tankstellenshops, aber die führten nur Wasser, Alkohol, fertige Sandwiches, Chips und Süßigkeiten – nichts, was ich essen würde, und nicht das, was Pete wollte.

Die Stadt wirkte verlassen. Es waren kaum Leute auf den Straßen, obwohl es fast drei Uhr nachmittags war. Im Winter war nicht viel los. Das Hauptgeschäft hier waren die Touristen: Im Sommer waren es die Camper, im Herbst die Jäger. Im Winter und bis in den Frühling hinein war es ruhig. Die Hälfte der Läden war geschlossen – es würde mehr kosten, sie offen zu lassen.

Ich dachte über Pete nach, während ich Dinge in meinen Einkaufswagen warf. Es war offensichtlich, dass DeSoto mich angelogen hatte und dass das Buch nicht ganz korrekt war. Der Junge hatte fast ein Jahr gebraucht, um zu mir zurückzukommen. Bisher schien sein Gedächtnis intakt zu sein – bis hin zu der Tatsache, dass ich ihm mal ein gegrilltes Käsesandwich gemacht hatte. Das war das einzige Mal, dass ich je für ihn gekocht hatte. Aber etwas stimmte nicht. Es gab vier leere Spritzen. Ich war nicht optimistisch genug, um zu glauben, dass Gen-Techs Drogen überhaupt keinen Effekt hatten.

Auf dem Rückweg fuhr ich schneller, als es die kaum geräumten Straßen zuließen. Ich hatte eine kleine Panikattacke. Ich hatte Angst, dass ich mir Pete in meiner Hütte nur eingebildet hatte und dass ich mir irgendwie selbst eingeredet hatte, zum Laden zu fahren, um Schmelzkäse und Toastbrot zu kaufen. Mir war bewusst, dass ich aus dem Gleichgewicht geraten war, seit ich Gen-Tech zu Fall gebracht hatte. An diesem verdammten Ort waren Teile meiner Seele abgesplittert und nun war ich halbwegs überzeugt, dass ich Zeuge meines Abdriftens in eine falsche Realität wurde. Eine Realität, die sich mein Hirn zusammensponn, nur um mich davor zu bewahren, den Verstand zu verlieren.

In der Hütte war alles ruhig, als ich die Vordertür erreichte. Die halb volle Kaffeetasse stand auf der Arbeitsplatte neben der Spüle. Die Waffe, die ich auf dem Tisch liegen gelassen hatte, war verschwunden. Ich ließ die Einkäufe auf dem Küchentresen stehen und ging den Flur hinunter, während ich meine Jacke auszog. Durch die geschlossene Tür konnte ich leise Geräusche aus dem Badezimmer hören. Ich hatte mir also nicht eingebildet, dass jemand im Haus war. Das beruhigte mich zumindest so weit, dass ich zurück in die Küche gehen konnte, um die Einkäufe auszupacken.

Wenige Minuten später kam er aus dem Bad. Seine Haare waren noch nass und schnell durchgekämmt worden. Da bemerkte ich, dass er eine andere Brille trug, was sein Aussehen leicht veränderte. Das dicke Gestell, das er immer so gern getragen hatte, war verschwunden. Stattdessen hatte die Brille, die er nun trug, einen dünnen silbernen Rahmen. Er trug meinen Bademantel, der ihm viel zu groß war. Bei mir endete der Bademantel auf Oberschenkelhöhe. Ihm reichte er bis über die Knie. Er hatte die Ärmel mehrfach hochgekrempelt und dennoch hingen sie ihm bis über die Hände. Pete war immer zierlich gewesen. Doch in diesem Moment war ich nicht sicher, ob es an dem übergroßen Bademantel lag, dass er kleiner wirkte, oder ob er Gewicht verloren hatte, seit ich ihn zuletzt gesehen hatte.

»Ich habe nur die Klamotten, die ich anhatte, als ich angekommen bin«, sagte er, zog meine Waffe aus der Tasche des Bademantels und reichte sie mir mit dem Griff voran. »Ich habe vielleicht noch ein paar Sachen in deinem Zimmer gelassen, aber sonst besitze ich nicht viel.«

»Du kannst übers Handy Sachen bestellen und per Express schicken lassen«, erwiderte ich, nahm die Waffe und steckte sie wieder ein. Ich deutete ihm, sich zu setzen. »Wir sind hier ein bisschen ab vom Schuss.«

»Du hast nicht mal Internet. Wie kannst du hier draußen überleben?«

»Das muss dich zu Tode nerven, oder?«, fragte ich, zog mein Handy aus meiner Tasche und zeigte es ihm. »Damit habe ich mehr als genug Kontakt zur Außenwelt.«

»Du bist ein Dinosaurier«, erklärte er.

Ich schenkte ein Glas Karottensaft ein und stellte es vor ihm auf dem Tisch ab.

»Wir haben viel zu bereden«, sagte ich.

Er nahm das Glas und trank. Als er es wieder absetzte, war der Bademantel so weit von seiner Schulter gerutscht, dass ich eine Ecke des Brandings sehen konnte. Er zuckte zusammen, als ich die Hand ausstreckte, um den Kragen weiter herunterzuziehen und es mir anzusehen. Er saß ganz still, während ich mit dem Finger über das runde Schlangendesign fuhr.

Es war eine blasse Narbe zurückgeblieben – um einiges heller als seine Haut. Es wirkte wie ein Tattoo, das mit weißer Tinte gestochen worden war. Die Wunde hatte eine leichte Erhebung auf der Haut zurückgelassen, aber das Branding war sauber verheilt. Ich zog den Bademantel wieder hoch und setzte mich rechts neben ihn.

»Woran erinnerst du dich?«

»Ich erinnere mich an alles von dem Moment an, als du das Hotel verlassen hast, um zu Gen-Tech zu gehen«, erwiderte er und hielt dann inne. »Dann … nach dieser Geschichte mit Bianchi … bin ich in einem kleinen Raum zu mir gekommen. Eine ältere Frau hat das da versorgt.« Er deutete mit dem Kopf auf die Seite, auf der sich das Branding befand.

»Hast du DeSoto getroffen? Älterer Mann? Alt genug, um dein Großvater zu sein. Bart und Haare grau gesträhnt.«

Er nickte. »Er hat kein Wort zu mir gesagt. Er kam ins Zimmer, sah mich an, gab der Frau eine Metallbox und sagte ihr, ich solle jeden Morgen eine Dosis bekommen. Sie gab mir zu trinken und zu essen und verabreichte mir eine Dosis. Dann ging sie und sagte, ich solle mich ausruhen, ich würde am Abend erwartet. Der Raum hatte keine Fenster.

Er war drei auf drei Meter mit einem Bett und einer Toilette, wie eine Gefängniszelle, nur ohne die Gitterstäbe. Sie sagte mir, es sei neun Uhr morgens.«

»Weißt du, was die Droge, die sie dir verabreicht haben, mit dir gemacht hat?«

»Nicht genau«, erwiderte er und nahm noch einen Schluck Saft. »Aber ich hatte eine Vermutung. Als ich aufwachte … war alles wie im Nebel und ich war verwirrt … als hätte ich etwas vergessen. Ich wusste nicht, was es war, aber mir war klar, dass es etwas war, das ich wissen sollte. Es war, als würde ich an jemanden denken, an dessen Gesicht ich mich nicht erinnern konnte, oder als würde ich mich an ein Ereignis erinnern, ohne zu wissen, wo es stattgefunden hatte oder warum ich dort gewesen war. Es war, als würde ich ständig ein Déjà-vu erleben.«

Er verfiel in Schweigen. Seine Daumen strichen über die Seiten des halb vollen Glases. »Ich habe mich angestrengt, mich an dich zu erinnern. Wann immer ich wach war, habe ich mir gesagt, dass ich dich nicht vergessen durfte.«

»Du könntest mich nie vergessen, selbst wenn du wolltest«, sagte ich und wuschelte durch seine Haare. Ich stand auf und packte weiter die Einkäufe aus. Ich ließ das Toastbrot, eine Packung Butter und den Schmelzkäse draußen, alles andere packte ich in den Kühlschrank.

»Ich zählte die Tage anhand der leeren Spritzen in der Box. Am vierten Tag kam die Frau, die sich um mich kümmerte, mit einem Anzug rein und meinte, ich solle mich anziehen. An diesem Tag hat sie mir keine Drogen gegeben.«

Ich schenkte mir ein Glas Saft ein und trank es, während ich am Tresen lehnte. Tief in Gedanken versunken starrte Pete sein Glas an. Er brauchte etwas Zeit, um sich an die Ereignisse zu erinnern. Vielleicht versuchte er auch, Bruchstücke heraufzubeschwören, die fehlten oder durcheinandergeraten waren, und setzte sie zusammen, während er sprach. Ich drängte ihn nicht. Wir hatten alle Zeit der Welt.

»Dieses erste Mal …«, erzählte er und fügte die Sätze mühsam zusammen. »In der Botschaft … Ich schätze, nachdem die Geschäfte, die diese wichtigen Leute in die Botschaft geführt hatten, abgeschlossen waren, hatten sie eine ziemlich vulgäre Sexparty nach dem Essen. Wir waren zu zehnt – fünf Männer und fünf Frauen. Wir sollten uns um vierundzwanzig Männer kümmern und es hieß, wir würden schwer bestraft werden, wenn wir einen von ihnen verärgern sollten. Gegen Ende kamen ein paar Sicherheitsleute rein, die sich an den Resten bedienen durften. Einer von ihnen hat mich schwer verletzt. Ironischerweise hat das, was auch immer er mit mir gemacht hat, das Interesse eines Botschaftsgasts geweckt, der mich danach gekauft hat – ein sehr reicher Franko-Kanadier, der sein Vermögen mit Immobilien gemacht hat und in Toulouse lebt. Er verteilt großzügige Wahlkampfspenden und kauft sich so Politiker.«

»Drei Tage nachdem man dich nach San Francisco gebracht hatte, wurdest du aus DeSotos Büchern gestrichen.«

Er nickte nur. Diese Information sagte ihm vermutlich nichts, aber sie beantwortete meine Fragen. DeSoto musste Pete aus dem Inventar entfernen für den Fall, dass Bianchi zurückkam, um zu sehen, wie Pete sich nach zwanzig Tagen Behandlung mit der Droge und seinem Aufenthalt im Schlachthaus machte. Es hätte mich nicht gewundert, wenn Bianchi ein Video für mich hätte machen wollen – oder Pete sogar für einen kurzen Besuch persönlich vorbeigebracht hätte, nur um mich zu ärgern –, falls ich noch am Leben gewesen wäre und er mich nach diesen zwanzig Tagen immer noch in Gewahrsam gehabt hätte. Zumindest hätte ich das mit mir gemacht, wenn ich Bianchi gewesen wäre.

»Richard Bernard Lambert«, sagte er. »Er hat gesagt, dass er eine halbe Million für mich bezahlt hat.«

Ich wandte mich von ihm ab, um eine Pfanne aus der untersten Schublade zu nehmen, sie auf den Herd zu stellen und ihn einzuschalten.

»Er hatte verschiedene Gefährten, drei Mädchen und einen anderen Jungen. Falls es noch andere gab, habe ich sie nie getroffen. Ich bin ziemlich sicher, dass er sie auch gekauft hat. Die Mädchen waren älter als ich, der Junge ein paar Jahre jünger. Manchmal haben wir uns beim Abendessen gesehen. Ich weiß nicht, ob ihre Beziehung zu Lambert platonischer oder sexueller Natur war. Sie haben nicht mit mir gesprochen. Sie haben weder mich noch einander angesehen. Sie wirkten immer verängstigt. Ich glaube nicht, dass sie Englisch oder Französisch konnten.«

Ich nahm zwei Scheiben Brot und strich beide Seiten mit Butter ein. Ich blickte über meine Schulter zu Pete, als die Pause länger andauerte als zuvor. Auf seinem Gesicht lag ein entrückter Ausdruck, als würde er sehr eindringlich etwas in seinem Karottensaft betrachten.

»Und wie war deine Beziehung zu Lambert?«, fragte ich und riss ihn damit aus seinen Gedanken.

»Er hat lieber zugesehen, statt tatsächlich etwas zu … tun. Ich bin ziemlich sicher, dass er impotent war. Er hat nicht versucht, mit mir zu schlafen, und ich habe ihn auch nie nackt gesehen«, sagte Pete mit einem Schulterzucken. »Er hat mir erzählt, dass er beschlossen hatte, mich zu kaufen, nachdem er mich bei der Party beobachtet hatte. Er meinte, er hätte gewusst, dass ich neu sein müsste, weil ich noch keine Angst vor den Folgen zu haben schien, wenn ich Nein sagte. Ich habe mich gegen die Männer gewehrt, die mich benutzt haben. Das hat ihn angemacht.«

Er sagte das so geradeheraus und tonlos, als würde er etwas wiedergeben, das er in den Nachrichten gesehen hatte. Dieses Verhalten hatte ich schon einmal an Pete beobachtet – als er dreizehn war, nachdem ich ihn aus Kohlers Haus befreit hatte –, er hing einem Trauma nicht nach. Er überwand es, indem er es als ernsten Zustand akzeptierte, mit dem er fertigwerden musste, als hätte ein Arzt ihm mitgeteilt, dass er eine Krankheit hatte, die sein gesamtes Leben verändern würde. Sein Schutzmechanismus war, sich von den schrecklichen Dingen, die ihm widerfahren waren, zu distanzieren. Auf gesunde und bewusste Weise schuf er ein zweites Selbst, um sich vor dem Schmerz zu schützen. Trotz all der Schäden, die er von den vielen Menschen, die ihn in seinem Leben misshandelt und betrogen hatten, davongetragen hatte, bewahrte er sich sein Lächeln. Er hatte eine Unschuld behalten, die er mit Zähnen und Klauen verteidigte, und diese Unschuld machte ihn resistent.

»Er hat nicht oft was mit mir gemacht, vielleicht einmal im Monat«, fuhr Pete fort. »Vielleicht weil er noch andere hatte, mit denen er spielen konnte. Er hat gerne bizarre Geschichten erfunden, in denen ich eine Rolle spielen sollte, inklusive passender Outfits und manchmal auch Requisiten. Ich wurde bestraft und jemand hatte Sex mit mir. Es gab immer eine nicht einvernehmliche Komponente.«

Er hielt inne und kicherte. »Einmal musste ich eine Schuluniform einer Privatschule anziehen – karierte Hosen und eine Strickjacke mit einem aufgestickten Emblem. Jemand gab vor, der Direktor zu sein, ein sehr wütender Direktor, der mich gerade beim Rauchen erwischt hatte. Mir wurde der Hintern versohlt und dann musste ich mich mit Oralsex entschuldigen. Es war sozusagen eine, Achtung Flachwitz, mündliche Prüfung.«

Ich war nicht sicher, ob ich noch mehr hören wollte. Das waren die Voraussetzungen eines schrecklich klischeehaften Pornos, zu dem nur Teenager masturbierten.

»Du musst mir wirklich nicht alles erzählen«, sagte ich.

»Ich weiß. Aber ich möchte es – nur um den Ausdruck auf deinem Gesicht zu sehen«, grinste er. »Auch wenn das alles noch nicht lange her ist, möchte ich mich an das Ganze eher als eine lustige Episode erinnern statt an die schreckliche Realität.«

Ich bearbeitete die beiden Brotscheiben, bis sie auf beiden Seiten dick mit Butter bestrichen waren. Dann schöpfte ich mit dem Löffel einen Klumpen Butter aus der Packung und warf ihn in die heiße Pfanne. Sie zischte und rutschte in die Mitte der Pfanne, während sie schnell schmolz. Ich benutzte die flache Seite des Löffels, um die gesamte Pfanne gleichmäßig einzufetten, während der Rest der Butter brutzelnd schmolz.

»Ich habe gelernt, auf Kommando zu weinen, und ließ zu, dass der angeheuerte Kerl mich gewaltsam auszog. Der Sex war meistens schnell vorbei. Lambert mochte das Drama drum herum lieber als den eigentlichen Sex.«

»Du warst also die ganze Zeit in Toulouse?«, fragte ich.

»Ja«, antwortete er. »Ich habe nicht verraten, dass ich Französisch kann. So konnte ich sie problemlos belauschen.«

Ich legte die beiden Brotscheiben nebeneinander in die Pfanne. Der schwere Geruch von Butter stieg auf – dieser süßliche, ölige Duft war unglaublich stark. Pete schien sich auf die bevorstehende Mahlzeit zu freuen.

»Hast du versucht, mich oder jemand anderen zu kontaktieren? Oder hattest du in irgendeiner Form Kontakt zur Außenwelt?«

Nachdem ich die Scheiben einmal gewendet hatte, wickelte ich den Käse aus seiner Plastikfolie. Ich mochte weder den Anblick noch den Geruch dieser eingeschweißten Quadrate. Sie fühlten sich an wie dünne Blätter ausgerollten orangen Tons. Ich legte zwei Scheiben auf jedes Brot und sofort verliefen sie zu einer cremigen Masse, die an den Seiten herunterlief.

»Unter Aufsicht durfte ich Bücher lesen und fernsehen. Aber kein Internet. Kein Telefon. Nichts. Ich habe viel gelesen. Lambert hat in einem Flügel seines Anwesens eine beeindruckende dreistöckige Bibliothek. Ein Drittel der Bücher war auf Englisch.«

»Du hattest also keine anderen Aufgaben, wenn er nicht gerade eine Show geboten bekommen wollte?«

»Manchmal habe ich bei ihm im Bett geschlafen. Er hatte keinen Sex mit mir und hat auch nicht versucht, mich zu begrapschen. Er hat mich nur im Arm gehalten, während er geschlafen hat«, erklärte Pete. Er leerte seinen Saft. »Ich habe mit ihm geredet, wenn ich Gelegenheit dazu hatte. Er hat nie viel gesprochen – vielleicht weil ich für ihn nicht mehr als ein Möbelstück war. Ich denke, dass er sehr einsam ist. Wir waren nur seine Spielsachen, mit denen er sich die Zeit vertrieben hat, wenn die Einsamkeit zu stark wurde. Außer dem Dutzend Bediensteten und den Sicherheitsleuten hatte er keine Familie, die ihn besucht oder mit der er telefoniert hätte. Er hatte nicht mal einen Hund. Er wäre wahrscheinlich die Art Kunde gewesen, nach denen Gen-Tech gesucht hat. Aber ich schätze, die Gefährten, die er sich gekauft hat, waren billiger und leichter zu entsorgen als die Dolls.«

Ich stellte den Herd ab und klappte die beiden Brotscheiben zusammen, sodass der geschmolzene Käse aufeinanderlag. Das Brot war in der Pfanne schön angeröstet worden. Wenn ich mit dem Pfannenwender draufgedrückt hätte, wäre wahrscheinlich die ganze geschmolzene Butter herausgelaufen.

»Und wie bist du da rausgekommen?«

Ich servierte ihm das Essen auf einem Plastikteller mit dem Bild eines Corgis, der eine Frisbee im Maul trug, der irgendwie zwischen mein Geschirr geraten war. Tony hob immer die Plastikbecher und -teller der Fast-Food-Restaurants auf, in denen er öfter aß. Sie tauchten schneller wieder in meinen Schränken auf, als ich sie wegschmeißen konnte.

»Diese Abscheulichkeit kommt mir nicht auf einen meiner richtigen Teller!«, erklärte ich ihm und legte ein Buttermesser auf den Tellerrand.

Beim Anblick des Sandwichs wurden seine Augen groß und er lachte.

»Danke, Vincent! Das riecht so gut und sieht so lecker aus, dass ich es auch aus dem Müll essen würde.«

Ich wandte mich ab, damit er mein Grinsen nicht sehen konnte. Es fühlte sich gut an, den Jungen wegen einer solchen Kleinigkeit so glücklich zu sehen. Es fühlte sich normal an. So normal, dass es fast schon wieder unangenehm war. Ich wischte die Arbeitsplatte sauber und räumte die Butter und den Käse weg.

Hinter mir gab Pete einen begeisterten Laut von sich und verkündete, dass das Sandwich schmeckte.

»Mit viel Betteln«, fuhr er fort. »Es fing vor drei Monaten an. Ich flehte ihn an, mich den Computer benutzen zu lassen. Ich habe ihm geschworen, dass ich niemanden kontaktieren würde und dass er den Computer jederzeit überwachen lassen und den Internetzugang blockieren könnte. Es machte mich langsam, aber sicher wahnsinnig, in einem schönen Haus mit lauter Büchern eingesperrt zu sein, aber keinen Kontakt zur Außenwelt zu haben. Als Erstes bekam ich Privilegien wie ... dass ich die Nachrichten sehen durfte, wenn er im selben Zimmer war, aber ich bettelte und nervte ihn weiter.«

»Dafür hast du wirklich ein Talent.«

»Oh ja! Ich habe Vincent Lynch dazu gebracht, mir ein gegrilltes Käsesandwich zu machen.«

Ich holte den Kanister mit dem Karottensaft, füllte unsere beiden Gläser nach und setzte mich ihm gegenüber.

»Er gab mir einen uralten Laptop, mit dem ich rumspielen konnte – so wie man einem Welpen einen löchrigen Schuh gibt, auf dem er herumkauen kann. Ich musste nur einen Weg finden, ins Internet zu kommen, und schließlich ist es mir gelungen. Ich habe die Verbindung seines Handys angezapft, ohne dass er es bemerkt hätte. Er dachte, dass ich den Laptop nur haben wollte, um irgendwelche Sachen zu schreiben und auf der Tastatur rumzuhacken. Die meiste Zeit war ich ohnehin allein. Die Wachen und die Dienstmädchen kamen mich nur holen, wenn es Essen gab oder wenn er nach mir rief.«

Er hatte bereits das halbe Sandwich gegessen, das er diagonal durchgeschnitten hatte. Er trank etwas Saft, schnitt die verbliebene Hälfte noch mal in der Mitte durch und aß diese nun langsamer. Auf dem Teller waren Schlieren und Tropfen der flüssigen Butter fest geworden. Während er allein gelebt hatte, hatte der Junge wahrscheinlich die Butter am Stück in sich hineingeschoben und sie mit Schmelzkäsescheiben hinuntergespült.

»Sobald ich online war«, sagte er, nachdem er geschluckt hatte, »habe ich einen Tor-Browser installiert und war wieder ganz in meinem Element. Ich habe versucht, dich ausfindig zu machen, aber du warst irgendwie von der Bildfläche verschwunden. Über Gen-Tech konnte ich nicht viel finden. Nur dass Bianchi tot war und dass das Unternehmen still und heimlich in Dutzende kleiner Einzelunternehmen zerschlagen worden war. Aus einer Eingebung heraus suchte ich nach Sebastian DeSoto und als ich rausfand, dass er tot ist, wusste ich, dass du dahintersteckst. Was ich nicht wusste, war, ob die Organisation dich in den darauffolgenden Monaten ausgeschaltet hatte. Ich wusste nämlich, dass diese Familie es niemals zulassen würde, dass die Polizei in DeSotos Tod ermitteln würde. Ich habe beschlossen hierherzukommen, weil ich weiß, dass du dich in deiner freien Zeit gern an entlegenen Orten versteckst. Und selbst wenn du nicht hier gewesen wärst, dachte ich, dass die Hütte auch für mich ein gutes Versteck sein würde.«

Er nahm einen Bissen von dem verbliebenen Viertel des Sandwichs. »Ich habe in einem Promiklatschmagazin gesehen, dass du ein Mädchen, das nicht mal halb so alt ist wie du, auf der Promotour für sein Album babysittest. Und da dachte ich mir, dass du, da die Tour gestern zu Ende gegangen ist, vielleicht hierher zurückkommen würdest, falls du denn hier leben solltest.« Er hielt inne. »Und du solltest wirklich alle drei Monate den Sicherheitscode deiner Alarmanlage ändern.«

Er schob sich den letzten Bissen des Sandwichs in den Mund und spülte ihn mit dem letzten Schluck Karottensaft hinunter. Er seufzte zufrieden und lehnte sich auf seinem Stuhl zurück.

»Um mein letztes Abenteuer zusammenzufassen«, sagte er, »ich habe meine Flucht über das Internet arrangiert. Ich habe jemanden angeheuert, um mir einen gültigen Pass zu besorgen. Ich habe jemanden angeheuert, der mir ein Ticket vom Charles De Gaulle zum JFK Flughafen gebucht hat. Ich habe jemanden angeheuert, der vorgegeben hat, etwas zu reparieren, das gar nicht kaputt war. Ich habe den Eintrag in Lamberts digitalen Kalender geschmuggelt, während er für die monatliche Inspektion seiner Besitztümer außer Landes war. Ich habe einen Mann angeheuert, um eine kleine ferngesteuerte Bombe zu installieren, die ich zünden könnte, wenn ich bereit war. Ich habe jemanden angeheuert, der sowohl meinen Pass als auch mein Ticket hatte, um mich am Abflugtag zum Flughafen zu fahren, nachdem ich um vier Uhr morgens die Bombe im Heizungskeller gezündet hatte. Während all die Feuer- und Sicherheitsalarme heulten, bemerkte niemand, wie ich mich hinten rausgeschlichen habe, um zu meinem Fahrer zu kommen, der einen Block entfernt auf mich gewartet hat. Es hat mich zwei Monate Planung und eine Stange Geld gekostet. Geld macht vielleicht nicht glücklich, aber es hat mir auf jeden Fall geholfen, einem lebenslangen Unglück zu entkommen.«

»Und vom JFK bist du bis hierher getrampt?«

»Von Albany aus«, erwiderte er. »Wegen einer Schneesturmwarnung sind die Busse ausgefallen. Ich bin zu einer Raststätte drei Kilometer entfernt gelaufen und habe nach einer Mitfahrgelegenheit gefragt.«

»Wenn du schlau genug warst, darauf zu kommen, hättest du lieber Tony oder sonst jemanden anrufen sollen, statt mit einem Mann namens Bison in einen Hühnchentransporter zu steigen«, sagte ich. »Es ist höchste Zeit, dass du endlich deinen Führerschein machst.«

Er lächelte immer noch, als er seinen Stuhl zurückschob und aufstand. Er trat hinter mich, schlang seine Arme um meine Brust und legte sein Kinn auf meine Schulter.

»Ich hab vermisst, dass du mich immer bemutterst«, sagte er und gab mir einen flüchtigen Kuss auf die Wange. »Ich mag es, wenn du das tust. Danke, Vincent.«

Er richtete sich auf und sagte, dass er ein Nickerchen machen wollte. Die Butter und der Käse hatten ihn schläfrig gemacht.

Nachdem ich mir ein im Kern rohes Thunfischsteak gemacht und danach die Küche aufgeräumt hatte, ging ich in mein Zimmer, um mich ebenfalls hinzulegen. Es war nach sechs und draußen war es bereits dunkel. Ich schrieb Tony, dass Pete zurückgekommen war und dass es ihm scheinbar gut ging. Ich musste ihm sagen, dass er sich nicht die Mühe machen sollte, herzukommen, weil es in den kommenden vier Tagen ununterbrochen schneien sollte. Entweder würde er unterwegs stecken bleiben oder er würde für mindestens eine Woche hier in der Hütte festsitzen. Und Amalia würde ihm die Eier abreißen, wenn er Thanksgiving verpasste.

Ich las ein Teenie-Magazin, das meine letzte Auftraggeberin für mich signiert und mir als Abschiedsgeschenk gegeben hatte. Sie sagte, es sei ein Artikel über sie drin. Nachdem ich fünf Tage mit ihr verbracht hatte, wusste ich mehr über sie, als der Artikel offenbarte. Wie Ella wurde sie geschwätzig, wenn sie getrunken hatte, obwohl sie erst in drei Jahren legal würde Alkohol trinken dürfen. Stattdessen las ich einen Bericht über zehn Zwölfjährige, die eine Band gegründet hatten, obwohl keine von ihnen ein Instrument spielte oder ihre eigenen Songs schrieb. Die Mädchen trugen sehr erwachsene Outfits, die eng waren und so ziemlich alles zur Schau stellten, was sie hatten, auch wenn es noch nicht viel zu sehen gab. Die Fotos sahen aus wie von einer Kindermisswahl mit total überschminkten Mädchen. Aber wahrscheinlich hatten die Kleinen echtes Talent. Immerhin hatten sie im vergangenen Jahr sechsundfünfzig Millionen verdient.

Pete klopfte und schob gleichzeitig die Tür auf. Er sah mich an. »Darf ich reinkommen?«

Ich schlug das Magazin zu und sagte Ja. Er warf mir einen verwirrten Blick zu, als er das Teenie-Magazin erblickte, aber er fragte nicht weiter nach. Stattdessen legte er sich aufs Bett und kuschelte sich an mich. Er hatte sich von mir abgewandt und vergrub sich unter mir. Für lange Zeit schwieg er.

»Er wird nach mir suchen«, sagte er schließlich.

»Er wird dich nicht finden«, versicherte ich und legte einen Arm um ihn.

»Wenn ich dich bitten würde, ihn zu töten, würdest du es tun?«

»Ja«, antwortete ich. »Soll ich?«

»Nein, das war nur eine Frage.«

Wir waren still.

Als er wieder das Wort ergriff, war seine Stimme ganz leise: »Du hast mich Pete genannt.«

»Ja.«

»Habe ich dich gebeten, mich so zu nennen?«

»Ja.«

»Seit du mich so genannt hast, versuche ich, mich daran zu erinnern, aber ich kann es nicht ...«

Ich erhob mich gerade weit genug, um nach dem Nachttisch greifen zu können und den kleinen Hasen zu holen, der immer noch am Wecker lehnte. Ich zeigte ihn ihm. »Erinnerst du dich an den?«

Er nahm ihn und musterte ihn – immer wieder drehte er das kleine Stofftier in seinen Händen. Schließlich sagte er: »Nein.«

»Erinnerst du dich an deinen Vater? Deinen biologischen Vater?«

Er flüsterte eine Verneinung. Wir beide erkannten, dass ihm dieser Teil seiner Persönlichkeit genommen worden war – es waren keine bruchstückhaften oder verschwommenen Erinnerungen geblieben, alles war weg.

»Sein Name war Jeremy Matthews. Er ist an Leukämie gestorben, als du zehn warst. *Peter Hase* war dein Lieblingsbuch. Es war das erste, das du ganz allein gelesen hast. Das Buch, das du mit sechs zu Weihnachten bekommen hattest, wurde eines Nachts aus der Unterkunft gestohlen, in der ihr untergekommen wart. Dein Vater nahm Gelegenheitsjobs an, um dir zum neunten Geburtstag eine neue Hardcover-Ausgabe und diesen Hasen zu kaufen.« Ich streichelte sein Haar, das immer noch leicht feucht war, doch die Locken hatten sich schon wieder zusammengezogen. »Als du mit elf mit dem Hacken angefangen hast, war das dein Online-Nick und du hast dich mit diesem Namen vorgestellt.«

»Ich kann mich auch an meine Mutter nicht erinnern.«

»Ich weiß nicht viel«, erwiderte ich. »Aber ich kann dir alles erzählen, was ich weiß.«

Er nickte und kuschelte sich enger an mich. »Warum ist Kai immer noch in der Kiste?«, fragte er wieder. Ich streichelte weiter sein Haar. Ich wollte ihm nicht antworten.

»Ist es meinetwegen?«, bohrte er weiter, als ich nichts sagte.

»Nein.«

»Ich muss dich nicht ansehen, um zu wissen, dass du lügst, Vincent«, erklärte er und nahm meine Hand in seine. »Ich verstehe ja, dass du ein verschlossener Mensch bist und dass du mit dem Trauma der Gewalt, die du anderen antust, fertigwirst, indem du deinen Schmerz nach innen richtest …«

»Du hast zu viele Selbsthilfebücher aus Lamberts Bibliothek gelesen.«

»Intimen Themen auszuweichen ist ein sicheres Zeichen für jemanden mit Verlustängsten, vor allem wenn er sich gerade erholt hat von …«

Ich legte meine Hand sanft auf seinen Mund und sagte: »Das reicht für heute.«

Er zog meine Hand weg und drückte sie gegen seine Brust, so wie er immer die Decke hielt, wenn er sich zusammenrollte. »Ich weiß, du gibst dir die Schuld für das, was mir passiert ist, aber … für dich würde ich das alles wieder durchmachen. Und auch wenn ich Kai nie begegnet bin, weiß ich, dass er auch nicht wollen würde, dass du unglücklich bist. Unter keinen Umständen.«

Erneut schwiegen wir. Draußen hatte der Wind zugenommen und schlug die Äste gegen die Fensterscheiben.

»Wir werden die nächsten vier Tage eingeschneit sein«, erklärte ich.

»Und du wirst Dr Moore anrufen, sobald der Schneefall aufhört«, fuhr er fort, als ich es nicht tat.

»Und ich werde Dr Moore anrufen, sobald der Schneefall aufhört«, versprach ich.

After the Fall

Lynch hatte sich endlich an die Schwüle und die Hitze gewöhnt. Zumindest fast. Er war jetzt seit ein paar Monaten in Kolumbien, doch gegen den beißenden Gestank war sein Geruchssinn immer noch nicht abgestumpft. Sie hatten ihr Basiscamp am Rand des Dschungels aufgeschlagen. Es war weit weg von der Stadt entfernt, aber nicht zu weit von ein paar nomadischen Farmern, die sich mit ihren Familien auf einer unbeanspruchten Lichtung niedergelassen hatten. Sie hatten große Bäume gefällt und die Gräser abgehackt und dann alles verbrannt, was noch stand. Der Geruch von verbrannter Erde gepaart mit der schwülen Hitze trieb ihn in sein Zelt, wann immer er ein bisschen kostbare Freizeit hatte.

Der Job machte ihm nichts aus. Er war schon an schlimmeren Orten gewesen. Orten, an denen der Regen scheinbar nie nachgelassen hatte oder ihm die Kälte bis in die Knochen gefahren war. Die Hitze mochte er zwar nicht, aber es war nicht zu ändern. Wegen seiner Beförderung musste er hierherkommen.

Zweieinhalb Jahre hatte er gebraucht, um sich sein eigenes Team innerhalb der Dragon Lady zu erarbeiten. Damit war er etwa zehn Jahre früher befördert worden, als er erwartet hatte. Die Umstellung war ihm nicht schwergefallen, denn das Militär, das er hinter sich gelassen hatte, und die private Söldnertruppe, der er sich angeschlossen hatte, folgten denselben Protokollen. Die Missionen waren dieselben und auch der Job war derselbe. Der einzige wirkliche Unterschied waren die Summe auf dem Gehaltsscheck und der Name, mit dem er unterschrieben war.

Dumpfe Schläge gegen die Klappe seines Zelts ließen ihn von seiner Pritsche aufblicken. Der Anführer des zweiten der drei anderen Teams, mit denen er hier stationiert war, lugte hinein. Er hieß Shane O'Toole und war ein großer, schlaksiger Mann, der immer ein Grinsen im Gesicht hatte, selbst in einem Feuergefecht, was ihm eine seltsam beruhigende Präsenz verlieh. Seinen Louisiana-Slang hatte er nie ganz abgelegt, obwohl er in Maine aufgewachsen war. Er war zwölf Jahre älter als Lynch, aber die beiden kamen gut miteinander aus. O'Toole war einer der wenigen, die Lynch wirklich mochte und mit denen er sich unterhalten konnte.

»Ja?«, fragte Lynch und schlug das Buch zu, in dem er gelesen hatte. Es war *Der alte Mann und das Meer*. Mit dem Finger markierte er die Stelle, an der er stehen geblieben war. Das Taschenbuch war wegen der hohen Luftfeuchtigkeit aufgequollen. Das Cover war zerrissen und die Seiten hässlich vergilbt.

»Die Jungs sind in der Stadt, besaufen sich mit billigem Fusel und jagen den Nutten nach«, meinte O'Toole, zog sich einen Hocker heran und setzte sich. »Und du hängst hier rum, während du dir zu Hemingway einen runterholst.«

»Dann solltest du besser gehen. Ich werd nicht gern beobachtet.«

»Du warst heute nicht bei der Teamleiterbesprechung.«

»Wenn es nicht missionsrelevant ist, muss ich auch nicht anwesend sein«, erwiderte Lynch und schlug sein Buch wieder auf. »Bei den meisten dieser Treffen streitet ihr Jungs doch eh nur, wer die meiste Arbeit geleistet hat.«

»Wenn du da gewesen wärst, wüsstest du, dass dein Team einen Neuzugang hat.«

Lynch stieß ein Seufzen aus und machte ein Eselsohr in die Seite, die er gerade las. Er schob das Buch unter seine Pritsche und stand auf. »Ich hätte lieber einen der Jungs aus meiner alten Einheit gehabt, die sich mir anschließen wollten und die meine Anforderungen kennen, statt mir einen Neuen zurechtstutzen zu müssen.«

O'Tooles Mundwinkel spannten sich an. Lynch hatte ihn noch nie die Stirn runzeln sehen. »Der Typ ist gut und dem Boss gefällt seine Erfolgsrate, aber die Leute haben irgendwie Angst vor ihm, okay? Er hat 'ne ziemlich kurze Zündschnur. Der Boss will ihn behalten, aber … sagen wir einfach, es gibt nicht sehr viele Teamleiter, die ihn haben wollen oder mit ihm umgehen können.«

Lynch grinste. »Er ist also 'ne Handgranate, an der Ishikawa den Stift gezogen und sie dann in das Gebäude geworfen hat, in dem wir stehen.«

»So kann man es auch ausdrücken.«

»Und da habt ihr mal eben beschlossen, dass ihr ihn mir aufhalsen wollt?«

»Nee, das war der Boss. Er meinte, du würdest mit ihm fertigwerden. Dass du ihn genug zähmen könntest, damit er macht, was wir von ihm wollen, ohne dass er ein Blutbad anrichtet. Schon wieder.«

Lynch ließ diese Informationen auf sich wirken und versuchte, ihnen einen Sinn abzuringen.

»Lass es mich für dich zusammenfassen«, sagte O'Toole schließlich, nachdem Lynch zu lange geschwiegen hatte. »Es ist ein offenes Geheimnis, was du warst, bevor die Regierung dich von der Straße geholt hat. Du warst vielleicht wild, aber du hattest eine Gabe, auch wenn sie noch ungeschliffen war. Die Gabe, deine Wildheit …«, auf der Suche nach den richtigen Worten malte er Kreise in die Luft, »zu zügeln. Wer immer dich trainiert hat, hat dich gezähmt. Jetzt bist du ein braves Hündchen. Du kannst Leckerlis auf deiner Nase balancieren und frisst sie erst, wenn du die Erlaubnis dazu hast.«

Lynch lachte. Wenn jemand anders so was zu ihm gesagt hätte, hätte er ihm die Nase gebrochen. Doch O'Toole verstand ihn. Das tat nur sehr wenige Leute. Und noch weniger Leute wussten, wo Lynch herkam.

»Ich soll diesem Kerl also beibringen, ein Leckerli auf der Nase zu balancieren.«

»Mehr als das«, entgegnete O'Toole. »Lehr ihn Furcht und ihre Folgen.«

Zwanzig Minuten nachdem O'Toole gegangen war, ließ er sich von einem seiner Jungs die Akte des Neuen bringen. Der graue Ordner war dünn und enthielt vielleicht fünf Seiten. Auf dem Deckelblatt klebte ein Sticker, auf dem der Name des Mannes in schwarzem Marker stand.

James J. Bianchi.

Lynch legte sich wieder auf seine Pritsche und las das Dossier. Ein kleines schwarz-weißes Passfoto war mit einer Büroklammer an die Innenseite des Deckblatts geheftet. Der Mann war fünfzehn Monate jünger als er, wirkte aber älter. Sein Haar war raspelkurz geschoren. Eine lange Narbe verunstaltete sein Gesicht. Wie Lynch später lesen würde, stammte sie von einem Kampf in einer früheren Einheit. Ein Teamleiter, der um einiges größer war als Bianchi, hatte ihn, nachdem eine Meinungsverschiedenheit eskaliert war, zu einem Messerkampf herausgefordert. Es gab jede Menge Zeugen, aber niemand hatte etwas gesehen. Stunden später wurde der Mann ausgeweidet in der Nähe eines Sumpfs gefunden. Sein halber Körper war bereits von Alligatoren aufgefressen worden. Bianchi hatte sich indes eine neue Wunde zugezogen. Es war ein tiefer Schnitt, der sich diagonal über seine Wange zog.

Die Narbe sah schrecklich aus, doch sie zeigte jedem sofort, dass dieser Mann eine gewalttätige Vergangenheit hatte. Allein anhand dieser Narbe verstand Lynch, warum sein Vorgesetzter ihm die Aufgabe zugeteilt hatte, Bianchi einzuorden. O'Toole hatte es gut zusammengefasst, wenn auch auf eine wenig schmeichelhafte Art. Lynch kannte die ruhelose Gewalttätigkeit und die Wut, die immer kurz davorstand, überzukochen. Ihn selbst hatten diese fast ein Jahrzehnt lang geprägt. Jeden Tag hatten sie gedroht ihn zu verschlingen. Und das hätten sie auch, wenn man ihn nicht aus der Gosse gezogen und ihn gezwungen hätte, seinen permanenten Drang, anderen wehzutun, bevor er selbst zu Schaden kam, zu unterdrücken.

Er las die Akte nicht bis zum Ende. Nachdem er die Grunddaten und den detaillierten Bericht über den Vorfall gelesen hatte, schlug er sie zu und legte sie auf den Boden. Stattdessen nahm er sich seinen Hemingway und las darin weiter.

Bianchi kam drei Tage später an. Er saß auf dem Beifahrersitz eines Jeeps, der von einem örtlichen Teenager, den die Dragon Lady als Laufburschen angeheuert hatte, gefahren wurde. »Marty« Martinez wirkte verängstigt. Sein ganzer Körper war angespannt, als er auf das Camp zufuhr. Sobald er den Motor abgestellt hatte, sprang er aus dem Jeep, als würde dieser in Flammen stehen. Er rannte zum Kofferraum und zog eine Truhe und einen Seesack heraus.

O'Toole beobachtete ihn, während er draußen vor dem Kommandozelt eine Zigarette rauchte. Er richtete sich nicht einmal auf, als Bianchi auf ihn zukam.

»Haben Sie hier das Kommando?«

O'Toole schob sich die Zigarette in den Mundwinkel und streckte ihm die Hand hin. Nur widerwillig nahm Bianchi sie. Es war ein kurzer Handschlag.

»Habe ich«, antwortete O'Toole. »Aber Ihr Vorgesetzter ist gerade auf einer Mission unterwegs.« Er nickte zu einem Zelt auf der rechten Seite. »Da schlafen Sie.« Dann deutete er mit dem Kopf auf das größere Zelt auf der Linken, »Das ist die Messe. Die Dusche befindet sich neben dem Zelt. Und wenn Sie die Latrine suchen, folgen Sie einfach dem Gestank.«

»Seid ihr hier immer so gastfreundlich?«

O'Toole lächelte. »Wir werden nicht bezahlt, um Freundschaften zu schließen.« Er schnippte die noch brennende Zigarette in den Dreck und trat sie mit der Spitze seines Stiefels aus. »Willkommen in der Hölle. Lynch ist in einer Stunde zurück und kommt dann in Ihr Zelt.« Damit schlug er die Klappe des Zelts zurück, vor dem er stand, und ging hinein.

Bianchi sah zu, wie die Klappe sich schloss, und blickte sich dann um. Es waren ein paar Typen zu sehen. Sie musterten ihn neugierig, aber niemanden sprach ihn an. Daran war er gewöhnt. Er kannte es schon, dass die Leute seine Narbe anstarrten, doch es machte ihm nichts aus. Er war sogar ziemlich stolz darauf. Er ging auf das Zelt zu, zu dem der Junge seine Sachen gebracht hatte. Nachdem er seinen Passagier und sein Gepäck abgeladen hatte, war er sofort verschwunden. Doch Bianchi war es egal, denn er war auch daran gewöhnt.

Während er noch beim Auspacken war, rief eine Stimme vor dem Zelt seinen Namen. Er trat hinaus und stand vor einem Mann, der fast so groß wie er war. Er hatte kurz geschnittenes straßenköterblondes Haar und eine beeindruckende Statur. Die Kampfmontur unterstrich seine Figur, vor allem die ordentlich aufgerollten Ärmel, die sich über seinem Bizeps spannten. Als er Bianchis Namen wiederholte und die Hand ausstreckte, lächelte er nicht. Bianchi ergriff sie und schüttelte sie ein paarmal. Sein Handschlag war fest.

»Vincent Lynch«, sagte der Mann und senkte seine Hand. »Schon eingelebt?«

Bianchi zuckte nur mit den Schultern. Er wusste nicht, was er von Lynch halten sollte. Auch wenn er von seiner imposanten Statur beeindruckt war, hatte er etwas an sich, dass er auf Anhieb nicht mochte. Als er einen Schritt zurücktrat, wurde ihm bewusst, dass es an seinem Alter lag. Lynch und er waren mehr oder weniger gleich alt und doch hatte er bereits eine Position inne, die normalerweise Männern vorbehalten war, die deutlich mehr Lebenserfahrung hatten. Er war daran gewöhnt, dass Männer, die älter als er waren, ihm Befehle erteilten, die er dann manchmal befolgte. Deshalb nagte es an seinem Ego, dass er von nun an einen Mann in seinem Alter als Vorgesetzten hatte.

»Wir sollten uns unterhalten«, sagte Lynch nur und deutete auf das Dickicht, das sie umgab.

Es war später Nachmittag und die Hitze hatte etwas abgenommen, auch wenn die Luft immer noch feucht war. Zweiundfünfzig Männer waren diesem Camp in vier Teams zu je dreizehn Mann eingeteilt. Lynch leitete das Alpha-Team. In den Einsatz wurden immer nur zwei Teams gleichzeitig geschickt. Der Rest des Camps bestand aus Ortsansässigen, die man für einfache Arbeiten angeheuert hatte. Zu dieser Tageszeit waren die meisten Männer auf einem Einsatz oder in der Stadt. Dennoch bestand Lynch darauf, das Camp zu verlassen. Bianchi nickte nur und folgte ihm.

Bis sie sich einen halben Kilometer entfernt hatten, sprachen Sie kein Wort. Sie folgten einem ausgetretenen Pfad, der in das nächste behelfsmäßige Dorf fünf Kilometer entfernt führte. Dort hatten sich ein Dutzend Familien niedergelassen, die der Krieg aus der Stadt vertrieben hatte. Einige der Kinder erledigten die Wäsche, polierten die Stiefel oder putzten für die Söldner, während die älteren Frauen ihre Mahlzeiten kochten. Sie verließen den Pfad und bahnten sich ihren Weg durch weiter durch hohes Gras, unter tiefhängenden Lianen hindurch und über umgeknickte Baumstämme.

»Ich habe Ihre Akte gelesen«, begann Lynch, ging drei Schritte voraus und drehte sich beim Sprechen um.

»Also, was haben Sie verbrochen, um mich zu verdienen?«

Lynch blickte amüsiert über seine Schulter. »Es war keine Bestrafung, Bianchi«, erklärte er. »Aber wie ich sehe, sind Sie sich bewusst, welche Herausforderung Sie für eine Truppe wie diese darstellen.«

»Ist es nicht süß, wie Sie krampfhaft versuchen, höflich zu sein?«

Lynch erwiderte nichts. Vor ihnen lag eine kleine Lichtung, hinter der sich der weite Himmel erstreckte. Als sie ein Stück weitergegangen waren, konnte er das Tal sehen, das sich unter ihnen ausbreitete. Das Camp war auf einem Plateau errichtet worden, an dessen Kante sie nun standen. Lynch ging weiter und hielt an einem Anstieg an. Von hier aus konnte man auf die satten grünen Baumkronen des Dschungels, die sich bis zur geraden Linie der Bergkette am Horizont erstreckten, blicken.

»Wenn man hier so steht, kann man leicht vergessen, weswegen wir eigentlich hier sind«, sagte Lynch. Schließlich drehte er sich um und setzte sich auf einen Felsen, um das Bluetooth-Funkgerät in seinem linken Ohr zu überprüfen. Bianchi bemerkte, dass er abgesehen von einer Machete, die er in einer abgewetzten Lederscheide am rechten Oberschenkel trug, unbewaffnet war. Das war so ungewöhnlich, dass es sofort ins Auge stach. Söldner, die auf feindlichem Gebiet keine Schusswaffen trugen, waren schon so gut wie tot. Es grenzte an Arroganz mit möglicherweise tödlichem Ausgang.

»Reden Sie von der Aussicht oder ist das der Anfang eines Vortrags über meine Aufgabe, den Sie mir halten wollen?«

Lynch musterte ihn neugierig. »Warum sind Sie so defensiv? Denken Sie, ich habe mir nur aufgrund eines Stück Papiers eine Meinung darüber gebildet, wer Sie sind?«

»Etwa nicht?«, entgegnet Bianchi mit einem Lächeln. »Es hat doch einen Grund, warum wir diese Unterhaltung hier draußen führen.«

»Ja«, bestätigte Lynch. »Es gibt noch keine schalldichten Zelte.«

Bianchi blieb stumm und beobachtete, wie Lynch eine halb leere Packung Zigaretten aus der Tasche seiner Cargohose holte und eine herausklopfte. Er steckte sie sich in den Mundwinkel und zündete sie mit einem billigen Feuerzeug an, das er danach zurück in die Packung schob. Als er alles zurück in seine Hosentasche steckte, beobachte Bianchi dabei, wie er ihn beobachtete. Beiden war sich bewusst, dass jeder um den anderen herumschlich. Sie waren wie zwei wilde Hunde, die schnüffelten und einander tarierten, nur darauf wartend, dass der andere als Erster die Zähne bleckte.

»Mir ist egal, was Sie vorher getan haben«, erklärte Lynch und blies den Rauch aus. »Mir ist egal, was Sie zwischen den Missionen tun werden oder nicht tun. Mir ist egal, ob Sie mich oder sonst jemanden abgrundtief hassen. Ehrlich gesagt sind mir die meisten ziemlich egal, und Sie bilden da keine Ausnahme. Mich interessiert nur, dass der Job erledigt wird.«

»Sie klingen wie jeder andere verdammte Vorgesetzte, den ich bisher hatte.«

»Wir bekommen ja auch alle dasselbe Briefing.«

»Wirklich niedlich«, kommentierte Bianchi. »Sie haben auch noch Sinn für Humor.«

Lynch lächelte und nahm einen weiteren Zug von seiner Zigarette. »Stört es Sie, dass ich kein gruseliges altes Arschloch bin, das Ihnen sagt, was Sie tun sollen? Oder denken Sie einfach nur, dass Sie sowieso der Beste sind?«

Bianchis Grinsen wurde breiter. Er antwortete nicht.

»Ich kann Ihnen versichern, dass ich keine Schwänze lutschen musste, um an diesen Posten zu kommen«, sagte Lynch, der dieses Grinsen ganz genau deuten konnte. »Ich erwarte nicht, dass Sie eine hohe Meinung von mir haben, denn das ist mir scheißegal. Aber wenn Sie versuchen, mich oder mein Team zu provozieren, vor allem während eines Einsatzes, versichere ich Ihnen, dass ich Ihnen die scheiß Eingeweide genauso rausreißen werde, wie Sie Ihren letzten Vorgesetzten ausgeweidet haben. Und ich werde Ihre Leiche irgendwo liegen lassen, damit die Insekten ihre Eier darin ablegen können.«

Während er Lynchs Worte verarbeitete, stieg so etwas wie freudige Erregung in ihm auf. Sie waren mit einer solchen Leichtigkeit gesprochen, dass es keine leere Drohung war. Niemand hatte sich ihm bisher so mühelos entgegengestellt und ihn in seine Schranken verwiesen, vor allem nicht, wenn er seine Vorgeschichte kannte.

»Und warum glauben Sie, dass Sie das tun können … *Vincent?*«, fragte Bianchi. Er legte bewusst einen beißenden Sarkasmus in den Namen, um seine Zähne zu zeigen. Aufregung durchfuhr ihn. Was würde wohl passieren, wenn er Lynch provozierte?

Lynch nahm einen letzten Zug von seiner Zigarette und warf sie weg. Dabei ließ er sich viel Zeit. Er stand von dem Felsen auf, richtete seine Ärmel und klopfte sich den Staub von der Hose. Mit bedachten Schritten ging er auf Bianchi zu und blieb eine Armeslänge entfernt von ihm stehen. Bianchi konnte seine Aufregung nicht verbergen. Vielleicht wäre Lynch ihm tatsächlich gewachsen.

»Ich vermute, es gibt nicht viele Worte, die zu Ihnen durchdringen«, sagte Lynch, immer noch mit einem Lächeln auf den Lippen. Es war ein wissendes, gefährliches Lächeln. »Sie halten sich für den heißen Scheiß und niemand ist gut genug, um Ihnen Befehle zu erteilen, solange er sich nicht bewiesen hat. Aber so funktioniert das Leben nicht … *Schätzchen.*«

Bianchi setzte sich blitzschnell in Bewegung. Er führte einen harten Schlag gegen Lynchs Brustkorb aus, der ihm eine Rippe hätte brechen sollen. Doch Lynch hatte ihn kommen sehen und war ihm mit Leichtigkeit ausgewichen. Er konterte mit einem Schlag gegen sein Brustbein, der Bianchi für eine Sekunde den Atem raubte und dazu führte, dass er sich kaum noch auf den Beinen halten konnte. Darauf folgte ein weiterer Treffer von Lynch. Es war ein linker Haken, fast augenblicklich gefolgt von einem rechten in seinen Magen. Instinktiv riss Bianchi die Arme hoch, um seinen Kopf zu schützen. Er konnte nicht atmen und taumelte zurück. Anhand seiner schieren Masse hatte er bereits erkennen können, dass Lynch Kraft hatte, doch hatte er nicht erwartet, dass dieser sich auch schnell bewegen konnte.

»Hunde wie du brauchen eine ordentlich Tracht Prügel, um zu lernen, wer ihr Herrchen ist«, erklärte Lynch und versetzte ihm einen harten Tritt seitlich gegen das Knie, der ihn sofort zu Boden schickte. »Ich habe kein Problem damit. Überhaupt kein Problem.«

Er trat ihm kräftig in den Magen, ein zweiter Treffer an dieser Stelle. Erneut blieb Bianchi die Luft weg. Als er endlich wieder Atem holen konnte, hockte Lynch mit einem breiten Grinsen über ihm. Er wirkte … *glücklich*, fast schon psychotisch. Er packte Bianchi vorne am Hemd und zog ihn hoch.

»Ich musste mich jahrelang zurückhalten. Du hast keine Ahnung. Willst du wirklich wissen, warum ich dich hier rausgeschleppt habe?«, fragte er und trat zurück, während er Bianchi auf die Knie zog. »Damit ich dir meine Machete in die Kehle rammen kann, ohne dass es jemand sieht.«

Als endlich sein Instinkt übernahm, stürzte sich Bianchi nach vorn und nutzte all sein Körpergewicht, um Lynch anzugreifen und ihn umzustoßen, bis er schließlich auf ihm saß.

Seine Faust traf ihn hart an der linken Wange. Eine Spur von Rot zeigte sich. Mit einem linken Fausthaken streife er Lynchs Kiefer. Gerade noch rechtzeitig drehte dieser den Kopf weg. Dennoch traf er ihn am Mundwinkel und dieser platzte auf. Bevor er jedoch weitermachen konnte, warf Lynch ihn ab und brachte sich in eine Hockposition.

»Guter Junge«, sagte Lynch und wischte sich mit dem Handrücken das dünne Blutrinnsal von der aufgeplatzten Lippe. »Komm schon …«

Bianchi trug eine Waffe, dachte aber nicht daran, sie zu ziehen. Stattdessen öffnete der den Riegel, der sein Messer in seiner dicken Nylonscheide sicherte. Lynch schien sich davon nicht beeindrucken zu lassen und machte auch keine Anstalten, seine Machete zu ziehen. Er blieb in Lauerstellung und beobachtete statt Bianchis Hand seine Füße.

Auch wenn sein Instinkt ihm davon abriet, frontal mit gezücktem Messer auf Lynch loszugehen, tat er es trotzdem. Er kannte keine andere Möglichkeit, die Reaktion seines Gegners zu testen und seine Schwächen abzuschätzen. Auf diese Weise würde er Lynch in die Defensive drängen. Jede Abwehr konnte leicht zerschlagen werden.

Nicht so dieses Mal. Lynch blieb auf seiner Position und rührte sich nur, um die Stiche oder Schwünge mit dem Messer abzuwehren und ihm auszuweichen. Dabei studierte er Bianchi, passte jede Bewegung genau ab und prägte sich seine Beinarbeit ein. Nachdem er das Muster erkannt hatte, war es ihm ein Leichtes, Bianchis Handgelenk in der Aufwärtsbewegung zu packen und es hart zu verdrehen. Sein Daumen grub sich tief in Bianchis Puls, sodass seine Finger sich von dem Messer lösten. Mühelos fng er es mit der anderen Hand auf und riss es in einem weiten Bogen nach oben. Die Spitze zerschnitt Bianchis Hemd und riss seine Haut von der linken Hüfte bis zur rechten Schulter auf. Dann ließ Lynch Bianchis Handgelenk los und trat zurück.

»Scheiße«, war alles, was Bianchi beeindruckt hervorbrachte. Den Blick immer noch auf Lynch gerichtet, berührte er den brennenden Schnitt an seinem Oberkörper und betrachtete das Blut auf seiner Handfläche.

Lynch ließ das Messer wieder und wieder in seiner Hand herumwirbeln. Griff, Spitze, Griff. Er ging auf und ab. Sein Blick war wild. Bianchis Blut schien ihn zu erregen. An der Wange, wo Bianchi ihn getroffen hatte, bildete sich bereits ein blauer Fleck.

»Haben Sie keine Angst, dass ich einfach meine Waffe ziehe und Sie erschieße?«, wollte Bianchi wissen. Fast musste er über seine missliche Lage schmunzeln. Er wischte sich die blutige Hand an seiner Hose ab.

»Wenn ich Angst hätte, hätte ich dir die Waffe statt dem Messer abgenommen«, entgegnete Lynch. »Ich kenne Leute wie dich. Waffen sind einfach nur Werkzeuge. Messer hingegen sind was Persönliches. Zuzusehen, wie eine Kugel jemanden durchschlägt, ist nicht so erregend wie der Anblick eines Messers, das menschliches Fleisch aufreißt.«

In diesem Moment konnte Bianchi ganz genau erkennen, was für ein Mensch Lynch war. Etwas tief in seinem Inneren erwachte zum Leben. Es war das Gefühl, jemanden wie sich selbst gefunden zu haben. Und das, nachdem er so viele Jahre allein gewesen war, während er von einem Unternehmen zum anderen gewechselt war. Er hatte das eigenartige Gefühl, in einer fremden neuen Welt einen Vertrauten gefunden zu haben.

»Sie kennen Leute wie mich, weil Sie *sind* wie ich.« Bei diesen Worten musste Bianchi fast lachen. Als die Euphorie über ihn hinwegspülte, wurde ihm für einige Sekunden schwarz vor Augen. Er konnte nicht sagen, wann Lynch die Lücke zwischen ihnen geschlossen hatte. Als er wieder zu sich kam, drückte das Messer fest gegen seine Kehle. Lynch war ihm so nah, dass er den metallischen Geruch, vermischt mit Tabak, der von ihm ausging, wahrnehmen konnte. Aus dieser Nähe betrachtet konnte er das dämonische Grinsen in Lynchs Gesicht sehen. Es ließ ihn wie eine Art Monster wirken, wie Bianchi es noch nie zuvor gesehen hatte. Ein Monster, das dabei war, ihn mit Haut und Haaren zu verschlingen. Bianchi hatte noch nie Angst vor einem anderen Mann empfunden, doch jetzt konnte er spüren, wie die Furcht in ihm aufstieg. Das war kein Mensch, der da auf ihn herunterstarrte.

»Ist es das erste Mal, dass du wirklich Angst hast?«, fragte Lynch. Seine Stimme war rau und tief. »Vergiss nicht, wie sich das anfühlt. Wenn du dich mir gegenüber noch mal respektlos verhältst, wirst du darin ertrinken, verstanden?«

Bianchi konnte sich nicht erinnern, dass er genickt oder Ja gesagt hatte. Er war vollkommen hypnotisiert. Er spürte nicht mal, wie das Messer gerade tief genug eindrang, um einen haarfeinen Schnitt zu hinterlassen.

»Du hast zwei Optionen, vielleicht drei«, sagte Lynch und ließ das Messer bis zu dem Schnitt auf Bianchis Brust nach unten gleiten. »Wenn du keine Befehle befolgen kannst, pack deinen Scheiß zusammen und verschwinde. Dann hast du hier nichts zu suchen. Entgegen deiner Vorstellung geht es bei diesem Job um mehr als nur ums Töten.«

Die Messerspitze drang in den Schnitt ein und ließ Bianchi zusammenzucken. Frisches Blut trat aus.

»Option zwei«, fuhr Lynch fort. Er folgte dem Schnitt mit der Messerspitze und ließ sie tiefer eindringen, um die Wunde weiter zu öffnen. »Du kannst lernen, gut in dem zu sein, was du tust, statt etwas zu tun, von dem du glaubst, dass du gut darin bist. Als dein Teamleiter werde ich dich ausbilden. Und das bedeutet, dass dein Arsch mir gehört.«

Er nickte kaum merklich.

»Option drei eröffnet sich mir, wenn du keine der beiden Möglichkeiten annehmen willst. Ich schicke dich in einem Leichensack in die Staaten zurück.« Lynch zog das Messer zurück und rammte es in den Boden. Es verfehlte nur knapp Bianchis Ohr und blieb in der Erde stecken.

»Du magst vielleicht Talent für diesen Scheiß hier haben, aber das ist wertlos, wenn du nicht weißt, wie du es steuern kannst«, erklärte Lynch. Seine Stimme klang jetzt wieder normal. Er stand auf. »Ich war auch mal wie du. Aber wenn du weiter auf eigene Faust handelst, wirst du nie wie ich.«

Erneut zog Lynch seine Zigaretten aus der Tasche. Bianchi blieb auf dem Boden liegen. Er war immer noch zutiefst erschüttert. Nie hätte er es für möglich gehalten, dass er so etwas empfinden könnte.

»Essen gibt es um sechs. Um acht ist im Messezelt die Besprechung für den morgigen Auftrag. Wenn du zurück in die Stadt willst, um den nächsten Helikopter hier raus zu erwischen, geh zum Kommandozelt. Da ruft man dir einen Wagen.«

Mit diesen Worten zündete Lynch seine Zigarette an und machte sich, ohne sich noch einmal umzudrehen, auf den Weg zurück ins Camp.

Bianchi blieb liegen, so wie Lynch ihn zurückgelassen hatte. Er hatte die Arme und Beine ausgestreckt und starrte in den Himmel. Lynch war schon eine ganze Weile weg, obwohl er seine Gegenwart immer noch deutlich spüren konnte. Endlich brachte sich Bianchi dazu, sich zu bewegen, und er setzte sich auf. Das erste Abendrot überzog den Himmel. Er hatte keine Ahnung, wie spät es war, doch er wusste, dass es kurz vor sechs sein musste.

Als er wieder im Camp ankam, war deutlich mehr los als zuvor. Die zwei Teams, die im Einsatz gewesen waren, waren zurückgekommen, genauso wie die restlichen verstreuten Söldner. Das Rumpeln des Generators, der das Camp mit Licht versorgte, dröhnte durch die Nacht. Ein paar Leute sahen auf, als er an ihnen vorbeiging. Einige nickten ihm zu, andere warfen ihm kaum einen Blick zu, bevor sie sich wieder auf das konzentrierten, was sie gerade taten. Er unterschied sich nicht sehr von ihnen. Vielleicht wirkte seine zerrissene und blutige Uniform ein wenig fehl am Platz, aber ansonsten war er wie die meisten von ihnen ein Ausgestoßener.

Er ging in sein Zelt. Dort stand bereits ein Mann, der deutlich größer war als er und mindestens fünfzehn Kilo mehr auf die Waage brachte. Er hatte das Hemd seiner Uniform ausgezogen und trug nur sein grünes Unterhemd. Seine Glatze glänzte im Licht der einzelnen Glühbirne, die in der Mitte des Zelts an einem Kabel von der Decke hing. Er hatte einen ordentlich gestutzten Bart, der sein Kinn und seinen Kiefer betonte und war gebaut wie ein Panzer. Seine Statur stellte sogar Lynchs in den Schatten, nur war Lynchs Statur definierter und kompakter. Bianchi selbst war kein Freund von Krafttraining. Verglichen mit diesem Mann war er ein halbes Hemd. Er konnte sich ein sarkastisches Grinsen nicht verkneifen, weil er den Eindruck hatte, dass man ihn in dieser Freakshow falsch eingeschätzt und ihn in einen Ring mit lauter Kleiderschränken geworfen hatte.

Der Mann blickte von dem auf, was er gerade tat. Teile seines A2 Gewehrs waren auseinandergebaut und lagen auf einem dreckigen Lappen auf seiner Truhe. In ein glänzendes silbernes Handy hatte er seine Kopfhörer eingestöpselt. Während er die Teile reinigte, nickte sein Kopf im Takt der Musik.

Dann zog er die Kopfhörer ab, wischte sich die Hand an einem sauberen Tuch ab und streckte sie ihm hin. Wenn Lynchs letzte Worte nicht immer noch in seinem Kopf nachgeklungen hätten, hätte er die freundliche Geste vielleicht einfach ignoriert und sich abgewendet. Doch er erinnerte sich selbst daran, dass er, wenn er sich in diese Einheit einfügen wollte, sich Mühe geben müsste, seine Kameraden zu tolerieren. Vor allem die Kameraden, mit denen er ein Zelt teilte.

»Santana«, sagte der Mann. Bianchi ergriff seine Hand. Er hatte einen festen Griff. »Alle nennen mich Satan.«

»Wie passend«, bemerkte Bianchi, während er ihm die Hand schüttelte. »Bianchi.«

»Du bist also mein Ersatz«, sagte Satan, setzte sich wieder und zog den dreckigen Lappen auf seinen Schoß. Er reinigte weiter die Waffenteile. »In zwei Wochen bin ich hier weg. Meine Frau kriegt ein Baby. Da kann ich diesen Scheiß nicht mehr machen, auch wenn die Bezahlung verdammt gut ist.«

Bianchi zog sein zerrissenes Hemd aus, das durch die Blutflecke schwarz verfärbt war.

»Sieht aus, als hätte der Reaper dich ordentlich ins Gebet genommen«, kommentierte Satan mit einem Lachen. »Du hast Glück, dass dir nur 'nen Kratzer verpasst hat.«

»Soll heißen?«, fragte Bianchi und warf das Hemd aufs Fußende seiner Pritsche.

»In diesem Geschäft gibt's ziemlich viel Konkurrenz. Mit dem Scheiß lässt sich viel Geld machen. Viele reiche Leute wollen andere reiche Leute wegen ihres Einkommens oder ihrer Einkommensquellen töten, klar? Da blüht das Geschäft von Auftragsmördern und

Attentätern. Es gibt immer neue Start-ups. Ich hab gehört, du kommst von so einem. Aber die halten sich nie lange. Sie heuern Leute an, die 'ne Menge Leute töten wollen, aber sonst nicht viel zu bieten haben.«

Satan hielt inne, um Bianchis Reaktion abzuschätzen, doch sein Gesicht blieb ausdruckslos, als hätte er kein Wort von dem, was er gesagt hatte, gehört. Er hatte sein Unterhemd ausgezogen und es zu seinem Hemd geworfen.

»Scheiße, der hat dir ganz schön eine verpasst«, meinte Satan amüsiert.

»Ja«, war alles, was Bianchi dazu sagte, während er sich ein Handtuch nahm und den Schnitt an seiner Brust damit abtupfte.

»Die Dragon Lady ist nicht wie die anderen Läden, in denen du bisher warst«, erklärte Satan. »Es gibt einen Grund, warum die Bezahlung sehr viel höher ist als bei anderen Unternehmen. Leute, die herkommen und glauben, sie müssten nur ein paar Leute abmurksen und könnten dann einen dicken Scheck einsacken, halten keine Woche durch. Du spielst jetzt bei den Großen mit. Der Scheiß, den du bisher abgezogen hast, würde dafür sorgen, dass man dich in 'ner Holzkiste nach Hause schickt … wenn dafür überhaupt noch genug von dir übrig wäre.«

»Wie lange hast du für Lynch gearbeitet?«

Satan zuckte mit den Schultern und schien im Kopf nachzurechnen. »Seit er dazugestoßen ist. Früher war er beim Schwesterunternehmen, der Black Cat. Viele Typen haben denselben Fehler gemacht wie du. Sie haben geglaubt, er wäre nur ein hübscher Junge, der niedlich mit 'ner Waffe aussieht.« Satan lachte. »Aber er hat Arschlöcher erledigt, die größer und fieser waren als ich.«

Aus keinem ersichtlichen Grund erwiderte Bianchi sein Lächeln.

»Der Boss hat ihm sein eigenes Team gegeben und ich bin mit auf den Zug gesprungen und ihm hierher gefolgt«, erzählte Satan. »Aber so sehr ich auch will, ich kann nicht bleiben. Ich kann das nicht mehr machen. Nur eine Woche im Jahr zu Hause und dann noch ein Kind aufziehen, das geht nicht.«

»Klar.« Mehr sagte Bianchi nicht, bevor der das blutige Handtuch ebenfalls auf den Haufen warf.

»Du bist wahrscheinlich wütend und auch irgendwie beschämt, dass er dich nach Strich und Faden fertiggemacht hat, nachdem du kaum ein paar Stunden hier bist«, sagte Satan und sein Blick konzentrierte sich auf den Waffenlauf, den er sorgfältig mit einem Stab und einem Stück Stoff, das durch die Öse am Ende gefädelt war, reinigte. »Das ist keine Schande.«

»Echt.« Es war keine Frage, mehr eine Feststellung. Er zog ein frisches Unterhemd heraus und zog es an.

»Du solltest dich geehrt fühlen, dass er dich nicht zu Brei geschlagen und dir gesagt hat, dass du mit dem nächsten Flug verschwinden sollst. Wenn er dich bleiben lässt, heißt das, dass er Potential in dir sieht. Die Tatsache, dass du jetzt nicht verkrüppelt deine Sachen packst, bedeutet, dass du bleiben darfst.«

Bianchi zog ein frisches Hemd aus seinem Seesack und zog es über. Er knöpfte es nicht zu, sondern rollte nur die Ärmel auf. »Du redest über ihn, als wär er so was wie ein Gott.«

Satan lachte. »Da du das Glück hast, in seinem Team zu sein, wirst du das schon bald verstehen.«

Eine Uhr, die auf einem großen Ölfass stand, dessen offene Seite als Feuerstelle genutzt wurde, verriet ihm, dass es kurz nach halb sechs war. Er wollte nicht mehr mit Satan reden und ging nach draußen, um eine Zigarre zu rauchen.

Das Treiben innerhalb der Lichtung, um die sich die Zelte rangen, war interessant zu beobachten. Barfüßige Kinder aus der nahe gelegenen Siedlung halfen ihren Müttern im Messezelt oder jagten einem kleinen braunen Hund nach, der einen geknoteten Strick als Halsband trug.

Die Männer, die von ihrem Einsatz zurückgekehrt waren und noch immer ihre Einsatzkleidung trugen, tranken Bier aus Flaschen und rauchten. Der Himmel war inzwischen komplett dunkel geworden und die meisten Zelte waren erleuchtet. Er fühlte sich seltsam gemeinschaftlich und lebendig an, auch wenn die erwachsenen Männer alle Killer waren, von denen manche schlimmer als andere waren.

Er beobachtete das Treiben immer noch, während sich die Männer langsam zum Essen auf ins Messezelt machten.

Irgendwann kam Satan hinaus und versetzte ihm einen leichten Stoß. »Das Essen ist gar nicht mal schlecht«, sagte er. »Es ist nicht dieser Militär-Instant-Scheiß. Die Frauen sind von hier und kochen das, was sie auch ihren Kindern vorsetzen würden.«

Bianchi nickte nur und sah ihm nach. Auch wenn er nichts mehr gegessen hatte, seit er vor zehn Stunden aus dem Flieger gestiegen war, war er nicht sehr hungrig. Noch immer war er völlig vereinnahmt von dem, was am Nachmittag geschehen war. Wieder und wieder lief es vor seinem geistigen Auge ab. Als jemand eine starke Hand auf seine Schulter legte, schreckte er auf, erinnerte sich aber sofort wieder, wo er war. Er wirbelte herum und stand Lynch gegenüber.

»Gibt's zum Abendessen nur die kubanische?«

Einen Moment lang war er sprachlos. Es war ein eigenartiges Gefühl, in das Gesicht des Mannes zu blicken, der ihn hätte aufschlitzen können. Nun stand er keinen halben Meter von ihm entfernt und sah ihn mit einem leichten Lächeln an. Der dunkle Bluterguss auf Lynchs Wange stach deutlich, fast schon unheimlich, hervor.

»Ich … brauch nichts.« Er erstarrte, als Lynch sein Hemd hochzog und den Schnitt darunter betrachtete.

»Das Lazarett ist im Kommandozelt«, erklärte Lynch. »Entweder du isst erst und lässt das dann verbinden oder anders rum. Auf jeden Fall sollte sich das vor der Besprechung jemand ansehen.«

Er fühlte nicht mal einen Hauch des üblichen Anflugs von Rebellion, der ihn in solchen Situationen normalerweise überkam. Er empfand weder Hass noch Wut gegenüber sich selbst oder dem Mann, der ihm so gründlich den Arsch versohlt hatte. Es war ein seltsames Gefühl, nicht die übliche Verachtung zu verspüren, die ihn sonst überkam, wenn er an einem fremden Ort war. An einem Ort, an dem er erst noch beweisen musste, wer er war. Er nahm die Situation mit einer Art Galgenhumor. Voll und ganz hatte er akzeptiert, dass er jemanden getroffen hatte, der ihm überlegen war.

»Das werde ich«, war alles, was er sagte.

Lynch legte seine Hand erneut auf Bianchis Schulter und drückte sie, bevor er in Richtung Messezelt davonging.

Bianchi beobachtete, wie drei Kinder ihn umringten. Ein Kind hatte sein Hemd gepackt und zerrte daran. Er hockte sich hin und sprach mit ihm. Ein anderes Kind streichelte über den Bluterguss an seiner Wange.

»Der kleine Reaper der Dragon Lady ...«, sagte Bianchi mit einem Lachen, als er auf das Kommandozelt zuging.

Persona non Grata
Character ⊕ Sketches

Character
Sketches

Vincent
Lynch
(jung)

Petes
Alltags-
kleidung

Pete
(zweite Version)

James Bianchi
(Gegenwart)

Bianchi
(22 Jahre alt)

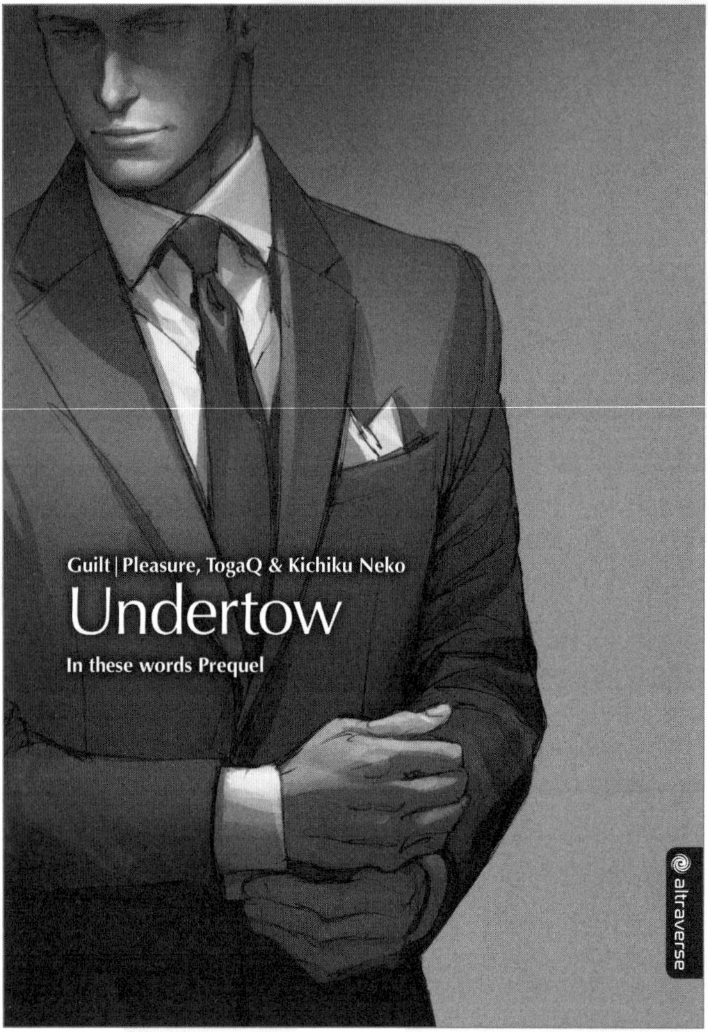

Guilt|Pleasure, TogaQ & Kichiku Neko

Undertow

In these words Prequel

PREQUEL ZU IN THESE WORDS

Undertow

Guilt|Pleasure: TogaQ & Kichiku Neko

Um sich die Liebe seiner Familie zu verdienen, hat Katsuya immer versucht, ein Musterkind zu sein. Aber als diese ihn sogar am Tag des Schulabschlusses übergeht, ist es ihm genug und er reißt wütend aus. Ziellos irrt er durch die Straßen Tokios und landet schließlich in einer Bar, in der ihm ein charmanter Fremder plötzlich ein verlockendes Angebot unterbreitet ...

Guilt | Pleasure, TogaQ & Kichiku Neko

In these words

1

altraverse

In these words

Guilt|Pleasure: TogaQ & Kichiku Neko

Psychiater Katsuya Asano soll einem Serienkiller, der jahrelang sein Unwesen getrieben hat, ein Geständnis entlocken. Eingesperrt auf engstem Raum verwickelt ihn der charismatische Täter immer tiefer in seine Psychospielchen und die Grenzen zwischen Realität und Traum verschwimmen immer mehr ... Gibt es eine Verbindung zwischen Katsuya und dem Mörder?

The Doll

Guilt|Pleasure: TogaQ & Kichiku Neko

Vincent Lynch ist ein knallharter Kopfgeldjäger, der weiß, was er will.
Er wird angeheuert, um eine »Doll« zurückzuholen, einen künstlichen
Menschen, der die tiefsten Sehnsüchte seines Besitzers erfüllen soll. Der
scheinbar einfache Auftrag stellt bald schon alles in Lynchs Leben in
Frage: Seine Prinzipien, seine Moral und sogar seine Wünsche ...

Boys Love 18+

altraverse
Guilt | Pleasure, TogaQ, Kichiku Neko & Suzume
New York Minute
In these words Prequel

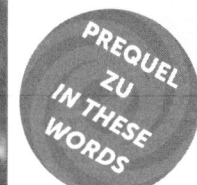

PREQUEL
ZU
IN THESE
WORDS

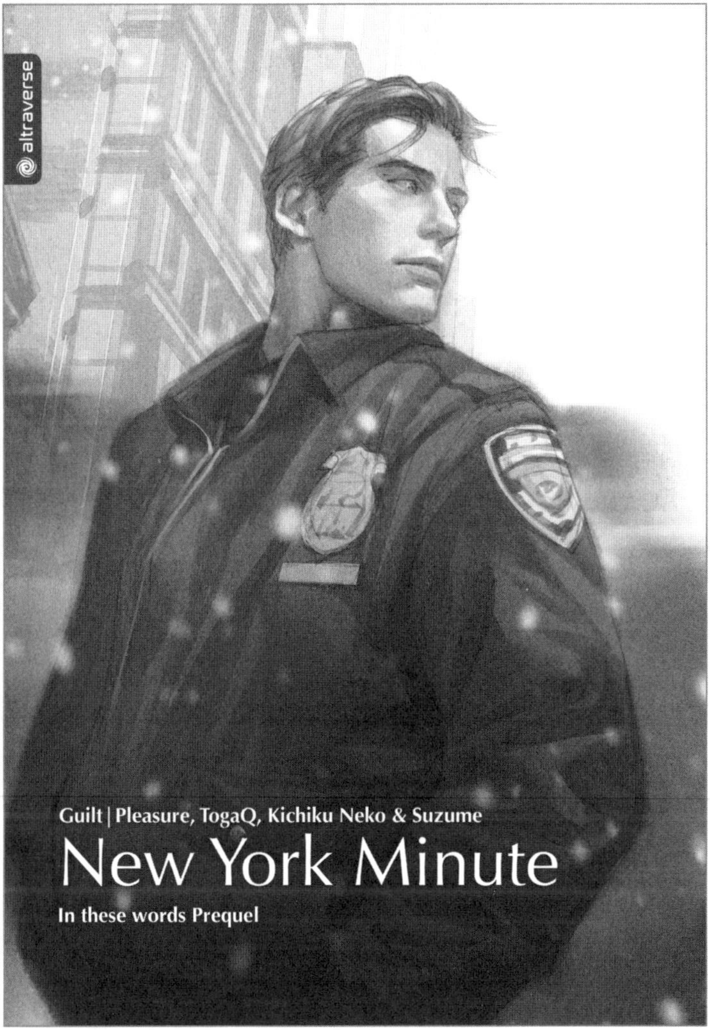

New York Minute

Guilt|Pleasure: TogaQ, Kichiku Neko & Suzume

Der verschlossene Katsuya Asano beginnt seine Karriere als Polizeipsychologe beim New York Police Department. Dort erregt er das Interesse des Mordermittlers David Krause. Ob es dem charismatischen Detective gelingen wird, Katsuyas Verteidigungsmauern niederzureißen und ihn für sich zu gewinnen?

Guilt | Pleasure, TogaQ & Kichiku Neko

Equilibrium Side A

In these words Prequel

PREQUEL ZU IN THESE WORDS

altraverse

Equilibrium

Guilt|Pleasure: TogaQ & Kichiku Neko

Eigentlich scheint es zwischen David und Katsuya gut zu laufen – bis Katsuya von Davids dunkler Vergangenheit erfährt. Er ist völlig fasziniert von der SM-Welt, in der sich David früher herumgetrieben hat, und will unbedingt eigene Erfahrungen machen. Aber ist ihre Beziehung stark genug, dieses Abenteuer zu überstehen?

Guilt|Pleasure, TogaQ & Kichiku Neko
The Bride

The Bride

Guilt|Pleasure: TogaQ & Kichiku Neko

Jesse ist mit seinem Auto gestrandet. Zum Glück bietet ihm ein Polizist
eine Mitfahrgelegenheit an. Jesse fällt der freundlichen Art des Polizisten
zum Opfer, ohne zu wissen, dass dieser ihn zu einem ungewöhnlichen
und verdrehten Familientreffen mitnehmen will, das sein Leben für immer
verändern wird.

Guilt | Pleasure, TogaQ & Kichiku Neko

Maybe someday

In these words Prequel

altraverse

Maybe someday

Guilt|Pleasure: TogaQ & Kichiku Neko

Sein allererster Fall führt den jungen Polizisten Kenji Shinohara under-
cover nach Hongkong. Er soll einen Jungen zurückholen, der von einem
Menschenhändlerring entführt wurde. Doch dann fliegt seine Tarnung auf
und plötzlich findet er sich selbst dem berüchtigten Menschenschmugg-
ler gegenüber ...

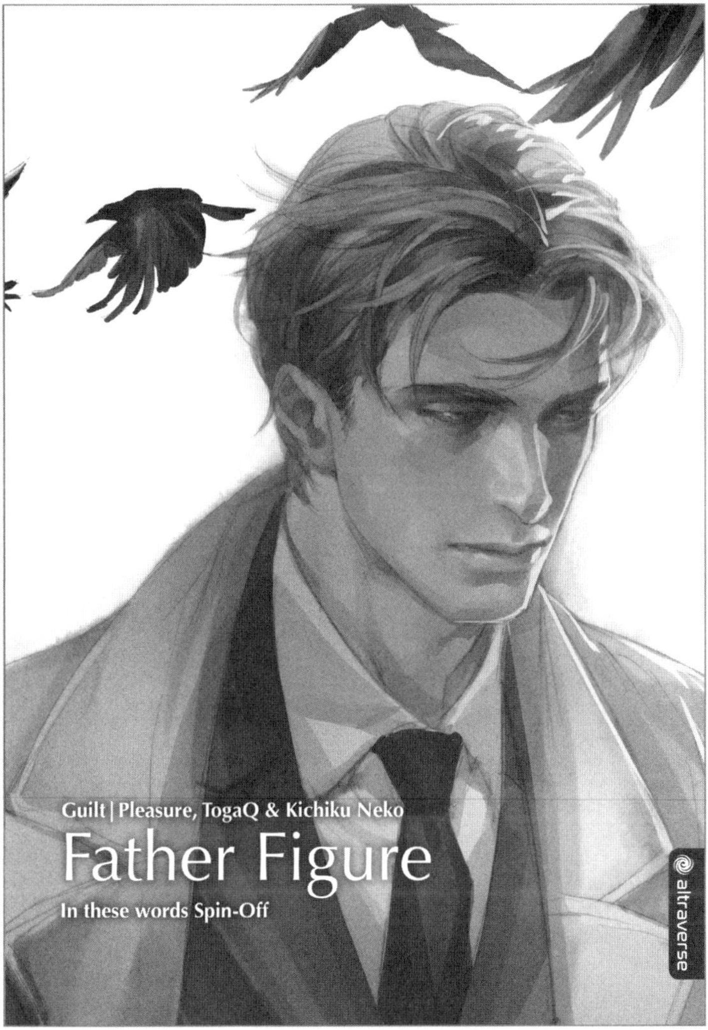
Guilt | Pleasure, TogaQ & Kichiku Neko
Father Figure
In these words Spin-Off
altraverse

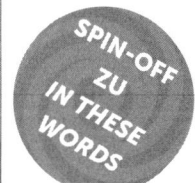

SPIN-OFF ZU IN THESE WORDS

Father Figure

Guilt|Pleasure: TogaQ & Kichiku Neko

Gabriel hat seinen Vater nie kennengelernt. Als Erwachsener macht sich der junge Polizist auf die Suche nach ihm. Doch was als bloßes Interesse an seinem ihm fremden Erzeuger beginnt, entwickelt sich schon bald zu einer krankhaften Obsession, die ihn dazu treibt, ihn ganz für sich allein haben zu wollen …

altraverse

Deutsche Ausgabe / German Edition
Altraverse GmbH – Hamburg 2021
Aus dem Englischen von Katrin Aust

Persona non Grata
© GUILT|PLEASURE 2018
All rights reserved.
First published in 2018 by GUILT|PLEASURE.
German translation rights arranged with GUILT|PLEASURE.

Redaktion: Anne Faltin
Satz + Herstellung: Madlyn Weyhe

Druck: CPI books GmbH, Leck
Printed in Germany

ISBN 978-3-96358-725-2
1. Auflage 2021

www.altraverse.de